A QUESTÃO AGRÁRIA NO CAPITALISMO DEPENDENTE
ELEMENTOS DA QUESTÃO SOCIAL E A RESISTÊNCIA DO CAMPESINATO BRASILEIRO

Editora Appris Ltda.
1.ª Edição - Copyright© 2024 da autora
Direitos de Edição Reservados à Editora Appris Ltda.

Nenhuma parte desta obra poderá ser utilizada indevidamente, sem estar de acordo com a Lei nº
9.610/98. Se incorreções forem encontradas, serão de exclusiva responsabilidade de seus organi-
zadores. Foi realizado o Depósito Legal na Fundação Biblioteca Nacional, de acordo com as Leis nos
10.994, de 14/12/2004, e 12.192, de 14/01/2010.

Catalogação na Fonte
Elaborado por: Josefina A. S. Guedes
Bibliotecária CRB 9/870

C538q
2024
	Chimini, Letícia
	    A questão agrária no capitalismo dependente: elementos da questão social
	e a resistência do campesinato brasileiro / Letícia Chimini. – 1. ed. –
	Curitiba: Appris, 2024.
	    222 p. ; 23 cm. – (Ciências sociais. Seção serviço social).
	
	    Inclui referências.
	    ISBN 978-65-250-5837-5
	
	    1. Reforma agrária. 2. Camponeses – Condições sociais. 3. Capitalismo.
	4. Serviço social. I. Título. II. Série.
	
	                                                              CDD – 333.31

Livro de acordo com a normalização técnica da ABNT

Appris
editora

Editora e Livraria Appris Ltda.
Av. Manoel Ribas, 2265 – Mercês
Curitiba/PR – CEP: 80810-002
Tel. (41) 3156 - 4731
www.editoraappris.com.br

Printed in Brazil
Impresso no Brasil

Letícia Chimini

A QUESTÃO AGRÁRIA NO CAPITALISMO DEPENDENTE
ELEMENTOS DA QUESTÃO SOCIAL E A RESISTÊNCIA DO CAMPESINATO BRASILEIRO

FICHA TÉCNICA

EDITORIAL	Augusto Coelho
	Sara C. de Andrade Coelho
COMITÊ EDITORIAL	Marli Caetano
	Andréa Barbosa Gouveia - UFPR
	Edmeire C. Pereira - UFPR
	Iraneide da Silva - UFC
	Jacques de Lima Ferreira - UP
SUPERVISOR DA PRODUÇÃO	Renata Cristina Lopes Miccelli
ASSESSORIA EDITORIAL	Jibril Keddeh
REVISÃO	Isabela do Vale Poncio
PRODUÇÃO EDITORIAL	Miriam Gomes
DIAGRAMAÇÃO	Andrezza Libel
CAPA	Bianca Semeguini

COMITÊ CIENTÍFICO DA COLEÇÃO CIÊNCIAS SOCIAIS

DIREÇÃO CIENTÍFICA Fabiano Santos (UERJ-IESP)

CONSULTORES

Alícia Ferreira Gonçalves (UFPB)
Artur Perrusi (UFPB)
Carlos Xavier de Azevedo Netto (UFPB)
Charles Pessanha (UFRJ)
Flávio Munhoz Sofiati (UFG)
Elisandro Pires Frigo (UFPR-Palotina)
Gabriel Augusto Miranda Setti (UnB)
Helcimara de Souza Telles (UFMG)
Iraneide Soares da Silva (UFC-UFPI)
João Feres Junior (Uerj)

Jordão Horta Nunes (UFG)
José Henrique Artigas de Godoy (UFPB)
Josilene Pinheiro Mariz (UFCG)
Leticia Andrade (UEMS)
Luiz Gonzaga Teixeira (USP)
Marcelo Almeida Peloggio (UFC)
Maurício Novaes Souza (IF Sudeste-MG)
Michelle Sato Frigo (UFPR-Palotina)
Revalino Freitas (UFG)
Simone Wolff (UEL)

Ao seu Pipoca, Dona Eva, Camarada Cacheado, Irmã Dorothy, Padre Josimo, menino Jonatas de Oliveira dos Santos, Bruno Pereira, Mãe Bernadete (Bernadete Pacífico), Doka (José Alberto Moreno Mendes) e tantos e tantas que tombaram defendendo o projeto societário que acreditam e que por essa sociedade lutam!

Quem luta não morre, segue vivendo através das sementes germinadas na terra, nos exemplos, nas ações e na esperança plantada em cada coração companheiro, que soma esforços, força e suor para que o sol nasça para todos e todas.
A luta pela terra e por emancipação humana segue sendo nossa e por isso seguiremos lhes fazendo PRESENTES!

AGRADECIMENTOS

À CAPES. A presente obra foi mobilizada por uma pesquisa que só foi possível com apoio da Coordenação de Aperfeiçoamento de Pessoal Nível Superior – Brasil (CAPES) – *¡Qué viva toda la ciencia!*[1]

Ao PPGSS da PUCRS, pela excelência na formação. Foi uma honra compartilhar desses anos de formação nesse Programa que é referência e luz para o Serviço Social Brasileiro e, mesmo assim, tem data para seu fim, pois não há vantagens financeiras para mantê-lo. Na pessoa da Prof.ª Dr.ª Jane Prates, mulher que leva formação ao seu mais alto grau de excelência, com competência e ternura, como nos ensinou Che Guevara. Na pessoa da Jane, agradeço a cada professora e professor, às funcionárias, às colegas, grupos de pesquisas, aos seminários, aos cursos de extensão e a todos os momentos que resultaram nos aprendizados múltiplos desse período. Sem dúvidas, deixei esse processo de doutoramento como um ser humano melhor.

À Roberta Traspadini, pelos encontros profundos, profícuos, doloridos e inspiradores sobre nossa América, quando estudamos e refletimos a questão agrária, a dependência e o imperialismo atravessados pela centralidade da terra! Socializar contigo foi um divisor de águas nesta obra e na minha vida. *Gracias*, camarada!

Ao querido companheiro Mathias Luce. Quero levar comigo a força e o respeito que você movimenta a docência e a humildade e a grandeza com que você ensina e aprende. Por fim, Mathias Luce ainda contribui com esta obra, somando no prefácio desta criação coletiva. *Gracias* pela generosidade, companheiro!

Aos orientadores Giovane Scherer, pela construção dos primeiros passos, e Emil Sobottka, por ter aceitado o desafio de me orientar até a linha de chegada, mas com um sentido de início de tudo. *Gracias*, professores, o Serviço Social ganha muito com vossas sapiência e sabedoria.

Ao Grupo de Reflexão Círculo Bolivariano Ruy Mauro Marini, que nasceu de perguntas, até então, muitas sem respostas. Aprofundar os estudos sobre Teoria Marxista da Dependência não garante as respostas para todas as perguntas, mas, sem dúvidas, auxilia na construção de caminhos revolucionários que nos levarão à emancipação humana de *Nuestra América*. *Gracias*,

---

[1] Inspirada na obra de Violeta Parra, com ênfase na canção "Me Gustan Los Estudiantes".

Patrícia, Vanelise, Tiago, Monique, Ricardo, Felipe, Jéssica, Laís e Paulo. Por todos e todas que passaram por esse rebelde e crítico grupo, que já anda se espraiando pelo Brasil afora, *gracias*, camaradas!

Ao MPA Brasil, por proporcionar a práxis na Luta de Classes, junto aos lutadores e lutadoras de uma mobilização que mostra a grandiosidade da coletividade e joga luz nos passos da utopia para que não nos percamos pelo caminho.

Ao povo do MPA Pará, nas pessoas de Mateus, Marcos Moisés, Marta Barriga, Pipoca (*in memoriam*), Luana, Eduardo, Ceará e Sofia. O povo do Pará respira a luta pela terra e transpira a reforma agrária popular, a solidariedade e a resistência. *Gracias*, camaradas! Em frente!

Ao Coletivo de Gênero desse Movimento que nos forja para a luta feminista, camponesa, popular e antirracista e reafirma o socialismo e a agroecologia! A esse Coletivo toda a minha admiração e honra em fazer parte.

Aos camaradas que somam na Campanha Contra a Violência do Campo, gratidão Coordenação "Provisória Permanente": Alonso e Alair (CONTAG), Alessandra (SMDH), Andreia e Carlinhos (CPT), Jordana e Jesus (MST), Antônio (CIMI), Eulina (MAM), Jaime (Cáritas), Nonata (MMC), Yamila e Sabrina (ABRA) vocês são a personificação do compromisso na luta e com a luta do povo.

Às companheiras Leila Denise e Josineide Costa, tive a oportunidade de falar de minha admiração por vocês e não deixei passar. Reafirmo a honra que tenho de estarmos juntas nas mesmas trincheiras da resistência, desde 2006, quando da primeira formação que fiz e que conheci Leila. Daqueles tempos idos, até os anos mais recentes, pude aprender com vocês que a luta se faz com estudos, com dedicação, com alma, com prática, com coragem e com o próprio corpo, como quando Josi e Leila fizeram greve de fome, com Frei Sérgio, para evitarem o desmonte da Previdência Social, para que camponeses e camponesas não perdessem o seu direito de segurado especial no momento de solicitar a aposentadoria quando o corpo já não aguenta mais a lida pesada, no Governo de Temer. A generosidade e a militância dessas mulheres contribuem, ainda, para os resultados deste livro. Gratidão, companheiras! *Adelante!*

À Rosiéle, Tuté e seus familiares, presentes da luta e na luta. A cada enxadada na terra, a cada plantio, a cada atividade coletiva, a cada semente resgatada, a cada colheita, quando fazem circular a produção campesina, a cada abraço na feira e na luta, a cada acorde da luta cantada, vocês constroem um futuro socialista, feminista e agroecológico! *Gracias*, comandantes!

Por fim e entranhado do mais puro amor, agradeço à minha filha, Giulia, que me acompanha nessa caminhada desde a barriga, ainda na Psicologia, que brincava, silenciosamente, na sala de aula da graduação, que tomava banho no banheiro da UNISC porque não dava tempo de ir e voltar, que aproveitou a festa de formatura e dançou mais do que eu. Nos seus cinco anos de vida, na época, ela sabia que aquele momento precisava ser comemorado. A intensidade da militância e as viagens constantes fez com que estivéssemos pouco tempo juntas nos anos seguintes. No mestrado, tu voltaste a conviver com as minhas correrias, três empregos e uma dissertação, enquanto tu travavas as tuas lutas individuais, especialmente para entrar na universidade. Me lembro de cada redação que tu fizeste antes das provas e percebia a tua força em cada uma delas. Tu venceste! Entramos juntas, tu na UFRGS e eu na PUCRS. No final do doutoramento, tu, entre provas, aulas, cursos, estudos, estágio, monitoria, cuidados com a pandemia e a luta junto ao Levante Popular da Juventude, ainda fizestes correções, sugestões, contribuições e críticas importantíssimas e, nos dias mais difíceis, ouvi de ti: "Mãe, amanhã vai ser um dia melhor"! Na concretização e finalização deste livro, deu sugestões e atentou para as bonitezas da arte popular e que, por fim, compõem a capa deste livro. Todas as vitórias da vida dedico a ti, Gi, a cada passo que avançamos juntas em direção ao mundo mais justo pelo qual lutamos. *Gracias, mi hija*, por tanto!

APRESENTAÇÃO

Em tempos de propaganda massiva para convencer que o "Agro é Pop", o "Agro é Tech", fazer o contraponto é um ato revolucionário. Letícia consegue, com maestria, demonstrar que não há nada de moderno e tecnológico no agronegócio brasileiro, exceto a crescente quantidade de venenos contida na comida que comemos. O livro vai além da descrição de que a formação social e econômica do Brasil foi, e continua sendo, sustentada na violência, no latifúndio, na monocultura para exportação e com base no trabalho compulsório. A grande contribuição de Letícia é demonstrar que é o movimento organizado dos/as camponeses/as que impõe limites ao avanço capital sobre terras alheias, não é o Estado com suas leis e aparatos reguladores, mas sim a luta e a resistência do povo organizado do campo, de norte a sul do Brasil, do interior do Rio Grande do Sul até o norte do Pará.

Como aponta a autora, apenas 30% das terras agricultáveis estão nas mãos da agricultura camponesa, e o restante com o agronegócio. Porém, ela é responsável por 70% dos alimentos na mesa dos/as brasileiros/as, mesmo contando somente com ⅓ do financiamento público. Após a leitura, não fica difícil perceber que o agronegócio sempre foi latifundiário, monocultor, exportador, violento e expropriador de terras, desde o ano de 1500. Então, não tem nada de moderno, de novo, é a velha elite agrária brasileira que se forjou no extermínio da população originária, na escravidão, na pilhagem de terras, na violência. Ao mostrar a história de lutas resistências do povo do campo, "a história que a história não conta", Letícia fornece subsídios teóricos e energia para a luta coletiva por uma nova ordem societária.

E não menos importante, este estudo preenche uma lacuna nas pesquisas em Serviço Social, que é a questão agrária vinculada com a questão social e o serviço social.

Herval de Souza Vieira Jr.
Economista, mestre em Política Social e Serviço Social

PREFÁCIO

O livro de Letícia Chimini, *A questão agrária no capitalismo dependente: elementos da questão social e a resistência do campesinato brasileiro*, trata sobre a dialética entre produção e reprodução do capital nas economias dependentes e suas implicações sobre a questão agrária que é fruto, ao mesmo tempo, de pesquisa acadêmica original e da militância da autora como quadro do Movimento dos Pequenos Agricultores (MPA) e da Rede Soberania. Estribado na práxis, como deve ser com toda análise oriunda da teoria baseada no método de Marx, o trabalho de Chimini perscruta a formação econômico-social brasileira enquanto parte do capitalismo dependente latino-americano e preocupada com a intervenção sobre a realidade social, para poder transformá-la. Resultado de sua tese de doutoramento, o trabalho de Chimini conjuga domínio das ferramentas da crítica da economia política com um texto portador da pedagogia dos movimentos populares, buscando ir além da linguagem hermética que muitas vezes predomina na academia. Assim, cada momento de seu trabalho se apresenta como um passo teoricamente embasado e voltado para a tarefa de, com a mediação da teoria, fazer com que as ideias se tornem força material no seio do movimento de massas. Lidando com temas complexos, a autora é bem-sucedida em transitar entre distintos níveis de abstração e aproximar diversas linguagens, como quando enuncia a interrogante "o que retrocede quando o capital avança?". Pergunta esta que preside o cerne de sua pesquisa. Conforme argumenta em sua análise, há determinados padrões de reprodução do capital que agudizam a exploração e expropriação capitalistas, assim como há determinadas formas políticas estatais que também concorrem para este. Com essa colocação, Chimini explicita o caráter relacional das diferentes categorias que expressam a totalidade social e sua processualidade no tempo histórico. Nesse sentido, três grandes temas perpassam o trabalho: os padrões de reprodução do capital no capitalismo dependente; a questão agrária e suas metamorfoses, diante do antagonismo provocado pela agricultura capitalista de exportação sob a mundialização do capital; e a importância da agricultura familiar camponesa e as lutas do movimento camponês para pensar e incidir sobre a questão social no Brasil. Especialmente, considerando as implicações da conjuntura em que foi desferido o golpe jurídico-parlamentar de 2016, entendido, a uma só vez, como consequência e causa da agudização da luta de classes no país, sob as tendências mundiais da atual quadra histórica. O livro de Chimini reveste-se, assim, de importância para a compreensão da questão agrária no Brasil, levando em conta as instâncias da totalidade social que vertebram a agenda de pesquisas e debates da teoria marxista da dependência, perspectiva teórica que lhe serve de referência e na qual atua como intelectual e autora. No momento em que se celebra a efeméride dos 50 anos da publicação de algumas das obras fundadoras da TMD, o livro que o leitor e a leitora têm em mãos honra essa tradição, oferecendo um conjunto de reflexões e análises para pensar o campesinato como parte decisiva do sujeito revolucionário. Minha leitura deste trabalho suscitou pensar que as conclusões do estudo de Chimini remetem às reflexões de Marx na Seção VII do Livro III de *O capital*, quando ele tratou do antagonismo entre o capital e o campesinato em passagens pouco conhecidas até hoje e as quais denotam uma visão que difere daquela de *O 18 Brumário*, quando abordou acidamente a subordinação de camadas do campesinato francês ao regime de Luis Bonaparte, mas que não pode ser tomada como um balanço categórico e fechado de Marx acerca do movimento camponês em geral. Que o diga a própria correspondência do teórico alemão com Vera Zasulitch. Mas, digressões à parte, a tese de Chimini comprova que a forma mercantil simples com que o campesinato lida na produção de valores de uso e a necessidade de acessar meios como financiamento, assistência técnica e canais de distribuição dos bens que produz para a sociedade – alimentos saudáveis e livres de venenos – é um elemento que se vê atravessado e antagonizados pelas tendências dominantes do padrão de reprodução do capital e do ciclo do capital na economia dependente, as quais se enfrenta. E consiste em uma das batalhas mais importantes na construção de um novo porvir. Aqui se revela toda a riqueza da tese da autora e das potencialidades transformadoras do movimento dos pequenos agricultores e do conjunto de organizações que integram a Via Campesina, cujo lema "globalizemos a luta, globalizemos a esperança" coaduna-se com o que, na teoria marxista da dependência, se defende como a necessidade de uma *integração soberana dos povos*. Uma integração que se contraponha à lógica da integração dos capitais, que submete os trabalhadores e trabalhadoras e a natureza e o meio ambiente ao imperativo da autovalorização do valor e sua lógica destrutiva. Com este livro, Letícia Chimini entrega uma contribuição destacada para o Serviço Social Crítico, para a teoria marxista da dependência e para as lutas de que participa, ao demonstrar como um movimento cuja gênese imediata esteve relacionada à demanda por uma política social mediante a reivindicação de um "auxílio seca", foi trilhando um admirável caminho, como um dos protagonistas de um sujeito coletivo e poderoso movimento popular, que disputa os rumos da sociedade e questiona a lógica do padrão de reprodução do capital, em defesa daqueles e daquelas que produzem a riqueza mas são expropriados do que lhes verdadeiramente pertence. Mas os quais podem assumir as rédeas de seu destino contribuindo, ao emancipar a si próprios, para o processo de emancipação de toda a humanidade.

Mathias Seibel Luce
Docente da Escola de Serviço Social da UFRJ e autor de
Teoria Marxista da Dependência: problemas e categorias (Editora Expressão Popular)

LISTA DE SIGLAS

ABEEF	Associação Brasileira dos Estudantes de Engenharia Florestal
ABRASCO	Associação Brasileira de Saúde Coletiva
ANVISA	Agência Nacional de Vigilância Sanitária
ATER	Assistência Técnica e Extensão Rural
CAPES	Coordenação de Aperfeiçoamento de Pessoal de Nível Superior
CAR	Cadastro Ambiental Rural
CBA	Congresso Brasileiro de Agroecologia
CEBRAP	Centro Brasileiro de Análise e Planejamento
CEPR	Centro de Investigação em Economia e Política
CIMI	Conselho Indigenista Missionário
CNA	Confederação da Agricultura e Pecuária
CONAB	Companhia Nacional de Abastecimento
CONSEA	Conselho de Segurança Alimentar e Nutricional Sustentável
CPT	Comissão Pastoral da Terra
CRAS	Centro de Referência da Assistência Social
CSA	Consumidores que Sustentam Agricultura
FAO	Organização das Nações Unidas para a Alimentação e a Agricultura
FEAB	Federação dos Estudantes de Agronomia do Brasil
FIOCRUZ	Fundação Oswaldo Cruz
FMI	Fundo Monetário Internacional
FSM	Fórum Social Mundial
ha	Hectares

IBGE	Instituto Brasileiro de Geografia e Estatística
ICMS	Imposto sobre Circulação de Mercadorias e Prestação de Serviços de Transporte Interestadual e Intermunicipal e de Comunicação
INCRA	Instituto Nacional de Colonização e Reforma Agrária
INPE	Instituto Nacional de Pesquisas Espaciais
ITERPA	Instituto de Terra do Pará.
MAB	Movimento dos Atingidos por Barragens
MAS	Movimento ao Socialismo
MCMV	Minha Casa Minha Vida
MDA	Ministério do Desenvolvimento Agrário
MDB	Movimento Democrático Brasileiro
MMC	Movimento de Mulheres Camponesas
MP	Medida Provisória
MPA	Movimento dos Pequenos Agricultores
MST	Movimentos dos Trabalhadores sem Terra
MTST	Movimento dos Trabalhadores sem Teto
OEA	Organização dos Estados Americanos
PA	Pará
PAA	Programa de Aquisição de Alimentos
PANCS	Plantas não convencionais comestíveis
PFDC	Procuradoria Federal dos Direitos do Cidadão
PIB	Produto Interno Bruto
PJR	Pastoral da Juventude Rural
PNAE	Programa Nacional de Alimentação Escolar
PNHR	Programa de Moradia Minha Casa Minha Vida Rural
PPGSS	Programa de Pós-Graduação em Serviço Social
PROCAD Amazônia	Programa Nacional De Cooperação Acadêmica Na Amazônia

PRONAF	Programa Nacional de Fortalecimento da Agricultura Familiar
RS	Rio Grande do Sul
SEAF	Secretaria Especial de Assuntos Fundiários
SIP	Sistemas Integrado de Produção
TJDFT	Tribunal de Justiça do Distrito Federal e dos Territórios
TMD	Teoria Marxista da Dependência
UDR	União Democrática Ruralista
UFPA	Universidade Federal do Pará

SUMÁRIO

1

INTRODUÇÃO 23

1.1 Metodologia de pesquisa 27

1.2 Movimento de constituição da questão agrária brasileira a partir de 1960 33

1.3 Estrutura 37

2

PRODUÇÃO E REPRODUÇÃO DO CAPITAL 45

2.1 A produção e reprodução do capital e a relação com a terra 52

2.1.1 O capital e as formas não capitalistas....................................... 56

2.1.2 O trabalho na formação do capital 59

2.2 O capital e as economias dependentes... 62

2.2.1 O capital e a terra nas economias dependentes 73

3

A QUESTÃO AGRÁRIA 77

3.1 A questão agrária no Brasil 78

3.2 O Estado e a intencionalidade para com o capital na questão agrária brasileira 84

3.3 O que retrocede quando o capital avança? 91

4

AS REFRAÇÕES DA QUESTÃO SOCIAL: VISIBILIZANDO O SERVIÇO SOCIAL NA QUESTÃO AGRÁRIA.. 99

4.1 O rural e seu povo na pesquisa da Pós-Graduação em Serviço Social no Brasil... 100

4.2 A fome e a questão agrária 104

4.3 Serviço social e questão agrária: mediações necessárias 111

5

CAMPESINATO: DA EXPROPRIAÇÃO À RESISTÊNCIA 121

5.1 Conjecturas sobre o Campesinato... 122

5.2 Intencionalidade política: reforma agrária popular e a defesa das soberanias... 131

5.3 A práxis dos movimentos sociais populares: agroecologia, organicidade e resistência.. 136

5.4 Processos emancipatórios nos territórios em disputa: Rio Grande do Sul e Pará ... 142

5.4.1 Processos emancipatórios de territórios em disputa: Pará – Brasil 147
5.4.2 Processos emancipatórios de territórios em disputa:
Rio Grande do Sul – Brasil 157
5.4.2.1 Igualdade de gênero na mobilização social: o Coletivo de Gênero do
Movimento dos Pequenos Agricultores – MPA/RS 165
5.5 Produção e reprodução do campesinato: tensionamentos, contradições,
desafios e superação...176

CONCLUSÕES...185

REFERÊNCIAS..191

APÊNDICE I...205

APÊNDICE II..207

APÊNDICE III...209

APÊNDICE IV...211

APÊNDICE V..213

APÊNDICE VI...215

APÊNDICE VII..217

APÊNDICE VIII...219

ANEXO I..221

INTRODUÇÃO

A construção de uma tese dá-se por meio de um processo que não ocorre de imediato. São resultados de uma série de vivências e de trajetórias que transcendem o mundo acadêmico, ainda que "a mudança da compreensão, não signifique, ainda, a mudança do concreto" (FREIRE, 1992, p. 28).

Assumimos que essa pesquisa foi inspirada por preocupações pessoais, profissionais e políticas, provenientes da vivência de 17 anos junto aos movimentos sociais do campo, sobretudo com o Movimento dos Pequenos Agricultores, no qual atuamos como técnica e militante.

Foi atuando junto ao Movimento dos Pequenos Agricultores que as perspectivas histórica, dialética e crítica, forjada na construção desta assistente social, pesquisadora, neta de camponesa e mulher adensou-se. Essas perspectivas estimularam as reflexões sobre a importância de revelar aspectos da realidade, de forma que essa construção possa contribuir para a emancipação social do campesinato diverso e que conflua para a totalidade da sociedade.

Quando iniciamos as atividades no Movimento dos Pequenos Agricultores – MPA em 2006, recém-formada em Serviço Social, cuja formação muito pouco ou nada foi perpassada pelo contexto rural, fomos chamados a intervir após o ato de suicídio da Dona Eva, agricultora do interior do município de Vale do Sol/RS. Naquele momento, ainda não conseguíamos compreender os motivos que levavam as famílias a permanecerem em um sistema integrado que lhes trazia sofrimento, causando, inclusive, a morte. As intervenções que se seguiram após o ato suicídio da Dona Eva estavam relacionadas com as denúncias aos órgãos competentes, Ministério Público e organizações de defesa dos direitos humanos.

Os sistemas integrados de produção da agricultura tradicional, assimilada pelo capital, valorizam em sua origem a monocultura, o uso de transgenia nas sementes e a extensa aplicação de agrotóxicos e agroquímicos.

Essa forma de produzir refere às tecnologias no campo que são justificadas pelos lucros milionários, gerando números expressivos de toneladas de produção e de exportação, erroneamente rotuladas como desenvolvimento. Isso contrasta com o baixo valor pago pela produção.

A "integração subordinada", desde o plantio, até a comercialização, ocorre sob o domínio do capital, em uma produção que inicia com as sementes transgênicas ou híbridas, que são engendrados pela indústria e pelo sistema bancário, bem como a utilização de agrotóxicos, e culmina na comercialização, cujo preço a ser pago ao camponês e à camponesa será definido por quem vai pagar e não por quem produziu. Essa realidade se contrapõe à pouca qualidade de vida e à situação econômica e social das famílias que produzem e que sofrem as consequências desse modo de produção imposto pelas transnacionais nos territórios, como aponta Dallabrida (2010):

> Significa ter claro que o aumento da eficácia do sistema de produção, comumente apresentada como indicador principal de desenvolvimento, não é suficiente para que sejam mais bem satisfeitas as necessidades elementares da população. Em alguns casos, ressalta [...] algumas atividades econômicas têm contribuído para a degradação das condições de vida de uma massa populacional, por exemplo, como consequência da introdução de técnicas sofisticadas. Outro exemplo, a manutenção de práticas apoiadas na utilização intensiva de energia, tem agravado a tendência a que o processo econômico se transforme numa ação crescentemente predatória. (DALLABRIDA, 2010, p. 156).

Na época citada, focamos nas literaturas disponibilizadas nas ciências agrárias e, posteriormente, nas ciências sociais aplicadas, para tentar compreender aquele contexto e as dificuldades encontradas pelas famílias para se desvencilharem dos sistemas integrados quando estes já não lhes serviam mais. Um sistema de produção que liga a produção familiar, diretamente, à indústria e que as amarras da compra garantida engendram um sistema com pouca autonomia e sem a garantia de preço (PORTAL EXPRESSO, 2020).

A denominada produção integrada, do suíno, dos ovos, do frango, do leite, do tabaco e de outros, favorece o agronegócio em detrimento da agricultura camponesa, pois dá a garantia da compra da matéria-prima para a indústria, mas não há garantia do preço a ser pago aos produtores.

Esse modelo de agricultura também impõe a utilização de insumos que são produzidos pelas indústrias, alterando na autonomia dos produtores nos processos de produção.

Atentando para a totalidade agrária brasileira, conforme o Censo agropecuário de 2006[2], 84,4% dos estabelecimentos agrícolas compreendem unidades familiares de produção que vivem na condição de pobreza, embora sejam responsáveis pela produção de 70% dos alimentos que vai à mesa no Brasil (BRASIL, 2009).

Os anos trouxeram outros contextos, igualmente de expropriação dos recursos naturais dos camponeses e camponesas, como a realidade das famílias de agricultores do interior de Encruzilhada do Sul, ilhadas pela monocultura do eucalipto. Ouvimos depoimentos sobre a terra que secou e vimos despejarem um agrotóxico chamado "2-4D" nas barrancas do Rio Camaquã, onde anteriormente plantavam arroz. Utilizam o referido agrotóxico antes do plantio de eucalipto e vimos o desespero dos pescadores da localidade da Caneleira, naquele mesmo município. Aliás, a liberação de agrotóxicos tem aumentado a cada ano, sobretudo a partir de 2016[3]. Em 2023, temos novo pacote de veneno aprovado pelo senado brasileiro.[4]

O ano de 2016, em que fizemos a seleção para o doutorado, tínhamos Dilma Rousseff como Presidenta da República. Naquele ano, ela foi impedida de concluir seu mandato, sem razões legais, com a justificativa de pedaladas fiscais. Um golpe jurídico-civil foi dado e desde então acirra-se ainda mais a dilaceração dos direitos sociais por meio do desmonte das políticas públicas que operacionalizavam programas sociais, precarizando ainda mais a vida do povo. De 2016 a 2018, ocorreu um governo de transição por seu vice, Michel Temer. Houve uma articulação política que propiciou que o governo posterior ao golpe trouxesse a lembrança dos tempos em que se viveu uma ditadura cívico-militar, com dezenas de militares nos cargos de ministro neste país.

---

[2] O Censo agropecuário de 2006, cujos resultados foram apresentados no final de 2009, é largamente utilizado, pois, pela primeira vez na história das pesquisas realizadas pelo IBGE, a categoria agricultura familiar é inserida. Os dados trazidos pelo último Censo, divulgado em 2017, reafirmam as condições desiguais no âmbito geral da agricultura camponesa familiar e do agronegócio que discorremos ao longo desses escritos. (BRASIL, 2017).

[3] "Fundação Oswaldo Cruz diz que agrotóxico vinculado a sementes transgênicas causa danos à saúde" (FIOCRUZ, 2013).

[4] Disponível em: https://reporterbrasil.org.br/2023/12/pl-do-veneno-aprovado-senado-governo-oposicao/#:~:text=O%20chamado%20E2%80%9CPL%20do%20Veneno,que%20tinha%20prazo%20para%20vencer. Acesso em: 21 dez. 2023.

Essa semelhança é possível em conformidade com um deslocamento de apoio político da sociedade e de um amplo setor do parlamento em direção às pautas econômicas neoliberais, aos costumes conservadores com atitudes autoritárias e à disseminação de notícias falsas sobre os adversários políticos, sob o espectro da ameaça comunista.

Afora os desafios enfrentados pelo povo brasileiro, o processo de doutoramento contou com desafios pessoais que, tenho certeza, de alguma forma, se refletem nestes escritos e que, de nenhuma forma, sugerem processos de vitimização. Esses relatos dão conta de obstáculos que vivenciamos no doutorado, ao qual apenas 0,2% dos/as brasileiros/as adultos/as têm acesso[5], então sim, trata-se de um privilégio. Dos obstáculos pessoais, talvez o que mais se reflete na feitura desta, é o fato de ter tido 3 (três) orientadores no decorrer desse percurso e todos com perfis muito distintos. A última alteração ocorreu no final do terceiro ano.

O ir e vir de Santa Cruz do Sul no primeiro ano, dando conta de dois empregos para custear os deslocamentos e as despesas da vida concreta, o trabalho de coordenação no Centro da Juventude na Restinga/Amurt/Amurtel no segundo ano, concomitantemente com as leituras das disciplinas que ainda restavam cursar e a frustração de não ter conseguido publicar nada consistente, nesse período, foram constantes. Por fim, no terceiro ano veio a tão sonhada bolsa, digo tão sonhada, pois, desde o Ensino Médio, meu desejo mais profundo era poder ter tempo e renda para me dedicar aos estudos.

Nesse terceiro ano, foram nove publicações e, enfim, senti-me na pós-graduação, podendo usufruir de tempo, de estrutura e de toda a formação de excelência que o Programa de Pós-Graduação em Serviço Social da PUCRS pode proporcionar. Ao final, ainda antes da última alteração de orientador, planejamos e organizamos a etapa que seria na UFPA (sanduíche), por meio do PROCAD/AMAZÔNIA.

Após 15 dias no Pará, a pandemia de Sars-Cov-2 (Corona vírus) asseverou-se e, com 20 dias precisei retornar, deixando planos, compromissos, tarefas a cumprir e uma pesquisa por realizar. Realmente, pensamos que em um ou dois meses eu pudesse retornar e concluir. Porém, esses poucos dias junto dos companheiros e companheiras do Pará foram muito intensos e serão parte do último capítulo, devidamente, registrados nos apêndices. A admiração pelo povo amazônico só aumenta, é luta, resistência e solidariedade em forma de povo!

---

[5] "Acesso a mestrado no Brasil é 16 vezes menor do que em países ricos" (Folha de S.Paulo, 2019).

Para além dos desafios pessoais, já antes da pandemia e que acompanhou até a defesa da tese, já havia a preocupação das várias situações e realidades políticas que perpassaram o tempo de feitura desta obra. Nesse ínterim, ocorre uma pandemia em que são necessárias medidas de distanciamento físico e social e vemos esse quadro se agravar e acirrar as desigualdades neste país.

Essa práxis gerou a necessidade de elaborar teoricamente sobre as contribuições que triangulam o Serviço Social, a questão agrária e a resistência a partir da mobilização e organização do campesinato e que, por fim, reafirmou o projeto ético-político da profissão, colocando o Serviço Social para pensar a questão agrária brasileira, suas atribuições e contribuições para análises e proposições de políticas públicas para esse campesinato diverso. Isso coloca para a categoria pensar, por exemplo, a fome, uma das expressões mais contundentes da questão social, por dentro da questão agrária.

Por questão agrária temos essa histórica de disputas pelas demarcações e limitações em torno das terras no Brasil, América Latina e Caribe e é um tema aberto na nossa sociedade. Aberto porque a reforma agrária nunca saiu da pauta de lutas do campesinato e faz com que suas expressões se façam no cotidiano, na vida concreta dos sujeitos e parte da realidade desse imenso campesinato diverso, que impõe limites ao capital ao custo de violência sobre seus corpos e territórios. Esse passado é muito presente e no Brasil é marcado por muitas lutas, muitos conflitos, muitas guerras e infelizmente muitos mortos, fazendo do Brasil o país que mais mata militantes ambientais e sociais, que lutam por terra, e trabalho, no mundo.

A abordagem dicotômica e cartesiana que molda culturalmente nossa visão do mundo, da sociedade, do trabalho, dos lugares e dos territórios, tem nos afastado de uma compreensão profunda da interligação entre a questão agrária e a questão social, assim como de suas ramificações nas diversas expressões que enfrentamos, pesquisamos, refletimos e resistimos. Sem a intenção de esgotar essa temática complexa, buscamos fornecer elementos que facilitem essa aproximação e, a partir desse entendimento mais amplo e crítico, trazer contribuições para o trabalho profissional

1.1 Metodologia de pesquisa

A pesquisa aqui apresentada e seu desenvolvimento convergem para o tema da questão agrária no Brasil e a atuação do campesinato nos processos de resistência, sendo delimitado pela atuação do campesinato, frente ao avanço do capital, entre os anos de 1960 e 2020, cujo objetivo é o de compreender os processos de resistência do campesinato frente ao acirramento do capital, a fim de contribuir com elucidações para a superação do sistema econômico hegemônico no Brasil. A construção se deu a partir do seguinte problema: como vêm se constituindo os processos de resistência do campesinato frente ao avanço do capital no campo brasileiro?

Para dar visibilidade aos processos emancipatórios que corroboram com a emancipação humana na América Latina, as reflexões que contribuem com tal temática são também mobilizadoras desta e foi respondendo às questões suleadoras[6] que organizamos os capítulos: : como o capital se relaciona com a terra nas economias dependentes? Como se conforma a questão agrária brasileira? Como se insere o Serviço Social na questão agrária brasileira? E, por fim, como o campesinato vem se constituindo enquanto força contra-hegemônica frente ao avanço do capital no Brasil? Foi respondendo essas questões que organizamos os capítulos.

Para a concretude desta pesquisa, Minayo (2007, p. 44) nos diz sobre a necessidade de apoiarmo-nos em um caminho do pensamento, com discussão epistemológica, com métodos[7], com técnicas e instrumentos operativos e com a marca pessoal e específica da pesquisadora que vai articular teoria e prática. Prates (2012, p. 117) expõe a premissa de Marx para "explicar o movimento de constituição dos fenômenos, a partir de sucessivas aproximações e da constituição de totalizações provisórias, passíveis de superação sistemática, porque históricas" em que,

> [...] nesse processo de apreensão, o autor considera fundamental dar visibilidade às contradições inclusivas que o permeiam e às transformações ocorridas no percurso, transformações estas que resultam de múltiplas determinações, cuja análise interconectada amplia a possibilidade de atribuir-se sentidos e explicações à realidade. (PRATES, 2012, p. 117).

Araújo (2010, p. 2) identifica que "as formulações críticas, sustentadas pelo materialismo histórico, propugnam uma educação referenciada principalmente em conceitos marxistas e gramscianos" que têm a finalidade de intervir na realidade. Prates (2012, p. 117) reforça que "a separação como

---

[6] A expressão "norteadora" dá referência em dar um sentido, no caso, o Norte. Optamos que o Sul também é um sentido, inspirados no mapa invertido da América do Sul, desenhado pelo Uruguaio Joaquim Torres García.

[7] A distinção entre método e metodologia é crucial na pesquisa acadêmica. Enquanto o método refere-se aos procedimentos e à forma de conduzir a investigação, a metodologia abrange o caminho escolhido para alcançar os objetivos propostos. Inspirada pela tradição marxista, esta pesquisa adotou uma abordagem que reconhece a importância das condições materiais, da dialética e da consciência de classe. O método empregado incorpora procedimentos específicos na coleta e análise de dados, enquanto a metodologia orienta-se pelo entendimento mais amplo das relações sociais e estruturas econômicas, refletindo a influência do pensamento de Marx na investigação.

parte do processo de análise" não corresponde a uma fragmentação e, sim, "permite um aprofundamento parcial", sendo fundamental ao processo "o retorno ao conjunto articulado; realiza-se, portanto, um movimento indutivo e dedutivo, do todo para a parte e da parte para o todo". Ou seja, embora possamos identificar os componentes que conformam o capital na relação entre as partes que singularizam o particular na totalidade, a organicidade do capital não é a mera soma das partes, mas a relação entre elas, que institui a diferença e também se determina a partir dela.

Por fim, em referência ao embasamento filosófico utilizado, o materialismo histórico e dialético aponta para o método que deve ser utilizado, como forma que dá coesão entre a teoria e a prática e para os vários desvelamentos e resultados desta pesquisa, que têm total implicação com o objeto, que, ao mesmo tempo, é o sujeito político. Netto (2011, p. 23) pauta algumas considerações ao método de Marx,

> Isto significa que a relação sujeito/objeto no processo do conhecimento teórico não é uma relação de externalidade, tal como se dá, por exemplo, na citologia ou na física; antes, é uma relação em que o sujeito está implicado no objeto. Por isso mesmo, a pesquisa — e a teoria que dela resulta — da sociedade exclui qualquer pretensão de "neutralidade", geralmente identificada com "objetividade".

A nossa pesquisa possui características de uma pesquisa qualitativa[8], com triangulação de dados obtidos por meio de pesquisa documental, bibliográfica e empírica (com dados primários). Dados quantitativos e qualitativos que Prates (2012, p. 121), em referência a obra marxiana d'O Capital, denomina de "contraprovas históricas", e que, na presente pesquisa, tem a chancela "da expressão dos sujeitos".

A escolha por apresentar dados quantitativos auxilia na descrição da realidade. São dados secundários com pesquisa no Censo IBGE, Censo Agropecuário, Atlas Agrário e contribuem para compreendermos os recursos aplicados na financeirização, no custeio de produção, nos investimentos em políticas públicas que atendem diferentemente e desigualmente o campesinato e o agronegócio, no território ocupado por cada segmento, na produção de alimentos e na produção de commodities, entre outros, que nos auxilia a visibilizar o papel do Estado na questão agrária brasileira.

---

[8] Segundo Minayo (2001), pesquisa qualitativa está relacionada com a objetivação do fenômeno, com a hierarquização das ações de descrever, compreender, explicar, na precisão das relações entre o global e o local, da totalidade com o particular, em determinado fenômeno; na observância das diferenças entre o mundo social e o mundo natural; na observação do respeito entre o caráter interativo e os objetivos buscados pelos investigadores, relacionadas às orientações teóricas e seus dados empíricos.

Os desdobramentos e as consequências do desenvolvimento do capitalismo apontam particularidades na conformação dos países periféricos de economias dependentes, que, por sua vez, cumprem funções na totalidade da engrenagem na mundialização do capital em sua forma financeirizada. Face a isso, nos cabe ressaltar que a questão agrária e a questão social partilham da mesma origem, sendo a terra utilizada para a pilhagem no capitalismo na América Latina.

Compreendemos que a pesquisa documental também foi suprida pela pesquisa bibliográfica. Dessa forma, recorremos aos trabalhos que analisaram os documentos que dão conta da compreensão da realidade, sobretudo sobre o uso da terra no Brasil. Esse intento contempla um gesto de valorizar as pesquisas já realizadas e que são de muita valia para as ciências sociais e humanas.

Uma das pesquisas utilizadas foi a tese de doutorado de Talaska (2016), "O espaço agrário brasileiro na perspectiva conceitual: dos aspectos legais às implicações territoriais", premiada pela CAPES em 2016, que trata do escamoteamento das desigualdades no acesso à terra no Brasil por parte do Estado, desde o período colonial até a atualidade, ao excluir os termos minifúndio e latifúndio dos documentos e da legislação brasileira, entre outras formas.

A pesquisa empírica ou pesquisa de campo dá-se pelo "mérito de assinalar, com vigor, a importância da experiência na origem dos conhecimentos", conforme Gerhardt e Souza (2009, p. 19). A pesquisa empírica dispôs do objetivo de ouvir os sujeitos sociais que, no cotidiano, fazem do seu trabalho a sua luta, e de sua luta a maior parte de suas vidas. À luz do método em Marx partimos "dos homens realmente ativos, do seu processo de vida real" (MARX, 2007, p. 94).

> Não se parte daquilo que os homens dizem, imaginam ou representam, tampouco dos homens pensados, imaginados ou representados para, a partir daí, chegar aos homens de carne e osso; parte-se dos homens realmente ativos [...], do seu processo de vida real. (MARX, 2007, p. 94).

Os procedimentos da pesquisa empírica ocorreram por meio de entrevista, com roteiro semiestruturado. O roteiro de pesquisa utilizado foi baseado em 3 (três) categorias: Trabalho/produção e renda; Participação coletiva/mobilização social e; Histórias de vida. Essas categorias são transversais às análises, visto que o concreto real é perpassado pelos processos de trabalho e que no caso do campesinato organizado estão, diretamente, relacionados com a produção de alimentos, com a preservação do meio ambiente, com o impacto dessa produção na economia, com os processos de resistências e com a luta de classes.

Foram entrevistadas duas famílias do Rio Grande do Sul (duas pessoas por família), duas famílias do Pará[9], sendo um destes também liderança nacional do Movimento dos Pequenos Agricultores com representação na Via Campesina[10]. As outras duas lideranças são dos estados do Piauí e de Rondônia. Foram seis entrevistas com oito partícipes ao total, cujas respostas complementam as análises, fechando a triangulação de dados. Outrossim, cabe sublinhar que as respostas da pesquisa empírica não foram comparadas entre si (uma família com a outra ou um entrevistado com o outro), visto que a dinâmica da pesquisa e a elaboração desta não deixam margem para análises estruturalistas, conformando uma demonstração em construção.

A seleção dos partícipes para a pesquisa empírica deu-se de diferentes formas e compreende uma amostra dirigida. No RS, tínhamos o contato de duas famílias que saíram da monocultura do fumo e que atualmente têm a propriedade diversificada, com participação em feiras, com a comercialização direta e o fornecimento e mobilização de um grupo de CSA[11]. Essas duas famílias participaram da pesquisa da dissertação de mestrado da autora e, na época (2014), estavam em uma fase ainda de transição do SIP do fumo para a diversificação e produção de alimentos agroecológicos

Os dados obtidos no material empírico foram trabalhados após a pesquisa bibliográfica e concomitantemente com o levantamento dos dados quantitativos para contribuir com mais elementos da realidade. Com observação participante, partimos do concreto, conforme disposto, na busca das análises teóricas e, após a pesquisa bibliográfica, retornamos ao concreto para elaboração das reflexões e das considerações.

> O concreto é concreto porque é a síntese de múltiplas determinações e, por isso, é a unidade do diverso. Aparece no pensamento como processo de síntese, como resultado, e não como ponto de partida, embora seja o verdadeiro ponto de partida, e, portanto, também, o ponto de partida da intuição e da representação. (MARX, 1974, p. 122).

---

[9] Evidenciamos que no estado do Pará esse questionário foi mobilizador para uma pesquisa maior, que será aplicada com os assentados e acampados da reforma agrária, que são militantes do Movimento dos Pequenos Agricultores.

[10] A Via Campesina no Brasil é composta pelos seguintes movimentos sociais populares: Movimento dos Trabalhadores Rurais Sem Terra (MST), Movimento dos Pequenos Agricultores (MPA), Movimento dos Atingidos por Barragens (MAB), Movimento de Mulheres Camponesas (MMC), Federação dos Estudantes de Agronomia do Brasil (FEAB), Comissão Pastoral da Terra (CPT), Pastoral da Juventude Rural (PJR), Associação Brasileira dos Estudantes de Engenharia Florestal (ABEEF), Pescadores e Pescadoras Artesanais e Conselho Indigenista Missionário (CIMI).

[11] Grupos urbanos (se denominam coprodutores) de Consumidores que Sustentam Agricultura (CSA), que se organizam e pagam cotas adiantadas e auxiliam nas despesas e custeio da produção dos agricultores de forma antecipada, se (co)responsabilizando pela produção dos alimentos que consomem na cidade.

A pesquisa realizada para o Mestrado (Desenvolvimento Regional pela Universidade de Santa Cruz do Sul – UNISC) deu-se apenas com as mulheres, pois buscava demonstrar o papel das mulheres na diversificação do tabaco[12]. Elas aceitaram, novamente, fazer parte e, desta vez, decidiram que a família participaria da entrevista, visto que a agricultura camponesa é também familiar.

No Pará, as lideranças auxiliaram na escolha dos entrevistados, que são assentados e acampados da reforma agrária e militantes do Movimento dos Pequenos Agricultores (MPA). A primeira entrevista aconteceu durante a mobilização para ocupar o ITERPA, em ato alusivo ao Dia Internacional de Luta das Mulheres, com um companheiro histórico da luta pela terra no Pará. Como estávamos em plena mobilização, Seu "Pipoca" concordou em participar da entrevista e deixamos as formalidades da pesquisa para um momento posterior, mas, infelizmente, o companheiro faleceu dias depois. A Banca de qualificação sugeriu manter a entrevista e conversamos com a Coordenação do Movimento do Pará, pessoas que eram a família dele e, inclusive, que providenciaram e se responsabilizaram por todo o ato e gastos fúnebres do companheiro. Ao final, conjuntamente, compreendemos a importância de mantermos as falas desse querido companheiro nesta pesquisa. Seguimos aprendendo com sua luta e a ele dedicamos a tese, mobilizadora desta obra.

Foram entrevistadas lideranças do Movimento dos Pequenos Agricultores, ligados à Via Campesina e que, além de lideranças, realizassem a missão do campesinato. A escolha por duas lideranças mulheres foi proposital, visto que a luta por justiça é perpassada pelas estruturas do patriarcado e pela desigualdade de gênero. Outrossim, ratificamos que todos os entrevistados e entrevistas possuem papel de liderança, seja em âmbito regional ou nacional.

As entrevistas (pesquisa empírica) permitiram ver a totalidade na singularidade do cotidiano dos camponeses e camponesas, que também são lideranças de movimento social popular e possuem representatividade nos espaços coletivos de defesa da agricultura camponesa familiar. Foi possível identificar a realidade concreta dessas famílias, seus relatos históricos e seu cotidiano com exame teórico e com o desenvolvimento histórico da questão agrária no Brasil.

> No atual contexto internacional, somente com o uso do termo Movimentos Populares poderemos caracterizar que somos organizações que vêm do povo, sendo que, em nosso entendimento, o povo, especialmente nos países de economia

---

[12] "Gênero no meio rural: a mulher na diversificação produtiva, no contexto da monocultura do tabaco, no município de Agudo/RS-Brasil" (CHIMINI, 2015).

> dependente e subordinada, não é outra coisa senão a classe trabalhadora, em seu sentido amplo, como a classe que vive do seu próprio trabalho. (STÉDILE, 2018, *online*).

Ao procurarmos explicações ante ao exposto, Marini (2000, p. 153), ao explicar o método de exposição utilizado por Marx, nos elucida que "uma vez concluídos o exame das questões gerais, as questões particulares do modo de produção capitalista são analisadas de forma idêntica nos dois livros seguintes" e isso reflete o simples ordenamento formal de exposição, que referencia a própria essência do método dialético, que faz coincidir o exame teórico de um problema com o seu desenvolvimento histórico.

Os sujeitos do campesinato vivenciam e vivenciaram as consequências do sistema capitalista que interferiu no modo de ser, de viver e de trabalhar e isso se manifesta no seu próprio desenvolvimento histórico. Trazemos essa análise para a introdução para atentarmos para além das formas aparentes de engendramento da produção e reprodução do capital, e que carregam possibilidades de superação desse sistema e o quanto essa perspectiva tem centralidade na forma de fazer circular alimentos e na forma como são produzidos pelo campesinato organizado e mobilizado, priorizando cadeias curtas de comercialização, que permitem diálogo diretamente entre produtores e consumidores, e a forma agroecológica de produção.

Ao atentarmos para o movimento de constituição para além das formas fenomênicas da questão agrária brasileira, o processo histórico remete ao século XIX como transição e ao século XX como derradeiro para a condição de economia dependente e que vai contribuir com os fundamentos da questão social no Brasil, com expressões que se acirram pelas condições postas pelo capitalismo dependente e que configuram o cerne da superexploração.

Com isso, ratificamos as análises feitas à luz da crítica da econômica política e da atuação do capitalismo nos países latino-americanos, conjecturadas pela Teoria Marxista da Dependência (TMD), para compreendermos a questão agrária no Brasil e os processos de lutas e resistência do campesinato organizado e mobilizado, sujeito político da história.

1.2 Movimento de constituição da questão agrária brasileira a partir de 1960

A implementação da Revolução Verde no Brasil ratificou a escolha de um desenvolvimento econômico por meio do modo de produção capitalista, que se deu a partir da década de 1950, com ênfase a partir de 1960, e contou com o apoio e com o financiamento do governo brasileiro, principalmente, no período denominado desenvolvimentista, com a Era Vargas, Juscelino Kubitschek e, principalmente, no período do Regime Militar. A partir de então, ocorre o que Rocha (2000) denomina de uma "ideologia da modernização agrícola", representada a partir do binômio modernidade e desenvolvimento, este visto como crescimento econômico, homogeneizando as culturas à serviço da engrenagem total do capital, acentuando o papel agroexportador de monocultivos com alto impacto de destruição ambiental, incluindo a destruição da diversidade dos territórios.

A Revolução Verde consistiu na intensificação da produção com objetivo de exportação. A subsistência dá lugar à monocultura, as sementes crioulas e/ou tradicionais perdem espaço para sementes híbridas e transgênicas, o conhecimento milenar dos camponeses e camponesas é considerado atrasado e a característica talvez a mais marcante desse processo é que, para iniciar a produção, é necessário endividar-se para a aquisição dos insumos e dos maquinários necessários para a intensificação da produção agrícola. Esses insumos e maquinários foram denominados de "pacotes tecnológicos", termo que não fora cunhado aleatoriamente. O seu contraponto remete ao atrasado que, por sua vez, designa tudo o que esteja relacionado com a própria agricultura camponesa familiar.

Conforme aponta Etges (2001), desde a década de 1950, vem sendo disseminada pelas instituições que reproduzem e disseminam a ideologia burguesa, pela academia, pela mídia, pelo mercado, por instituições do Estado, uma compreensão do que seja desenvolvimento rural, entendido como intensificação da atividade agropecuária, com utilização de insumos modernos, máquinas e larga utilização de agrotóxicos, visando à alta produtividade e à produção em larga escala, voltada, basicamente, para atender o mercado externo (ETGES, 2001, p. 131).

As tecnologias levadas ao campo relacionam-se, diretamente, com o trabalho e conectam-se aos conhecimentos que modificaram o modo de produção, inserindo no território novas formas de fornecimento da produção e contratos de dependência com as transnacionais alimentícias, modificando e impactando na autonomia do trabalho e no modo de produção histórica do campesinato.

Essas mudanças, exógenas ao campesinato, foram amplamente defendidas sob o argumento de contribuir para o fim da fome, visto que acarretariam o aumento da produção. Como resultado, temos a monocultura incentivada em detrimento à produção diversificada e o que era alimento foi alçado à categoria de mercadoria, a miséria aumentou e a urbanização intensificou-se como evidencia Santos (2003):

> A intensificação da agricultura para exportação tornou-se imperativa para a modernização; O equipamento comprado no exterior deve ser pago. O resultado é o abandono parcial ou total da agricultura de subsistência[13]a, e assim a necessidade de pagar pelos alimentos com divisas estrangeiras. Uma comparação entre elementos díspares da nova ideologia urbana e da nova ideologia rural aponta uma urbanização mais intensa e uma pobreza mais aguda. (SANTOS, 2003, p. 31).

A Revolução Verde adentrou em todos os territórios do Brasil de diferentes formas, e buscamos retratar as extremidades da realidade deste país que tem a maior área agricultável do mundo. Nesta pesquisa, trazemos duas unidades federativas, Pará e Rio Grande do Sul, como territórios de análise. Temos consciência que dois estados não dão conta da totalidade do país, porém, cabe ressaltar que o posicionamento de extremos geográficos, sul e norte, distantes 3.140 km em linha reta e 3.843 km por estradas, auxilia na visualização continental que tem o Brasil.

Ilustração 1 – Distância da capital do RS até a capital do PA

Fonte: elaborada por OpenStreetMap[14] a partir de dados informados pela pesquisadora

---

[13] Deixo para reflexão o significado da palavra "subsistência", que remete ao sustento, sustentação, sobrevivência, a manutenção da vida, da provisão de mantimentos e alimentos, mas que nas condições impostas pelo Estado capitalista coloca o campesinato brasileiro em condições materiais de *subexistência*.
[14] Distância entre Belém, PA, Brasil, e Porto Alegre, Rio Grande do Sul, Brasil (2020).

Outrossim, embora distintos, são territórios perpassados pelas expressões da questão agrária e que sofrem com as intervenções do capital internacional, nas diferentes formas que o capital se apresenta, seja, por exemplo, pelas transnacionais do tabaco, pelas transnacionais da mineração, de terras, pelas empresas de energias "renováveis", do dendê, da exploração da palma, da extração da madeira, da pecuária, dentre entre outras, com seus mecanismos jurídicos e "modernos"[15] de grilagem de terras[16].

Na época a mobilização era manifestado devido ao descontentamento em diversos estados do Brasil, mas foi no Rio Grande do Sul que reuniram milhares de camponesas e camponesas em acampamentos nas rodovias do estado, sobretudo da Região Norte, com a tarefa de reivindicar políticas públicas, direitos e organizar o povo. O RS é berço dos movimentos sociais populares da Via Campesina, nascida das crises que assolam o campesinato e que se intensificaram em determinados tempos históricos. Dali, partem para todo o território nacional e latino-americano, espraiando a luta e a organização coletiva e popular. No Rio Grande do Sul, a centralidade da luta dos movimentos sociais populares, na sua origem, deu-se por políticas públicas para a agricultura camponesa familiar. Já no Pará a centralidade da luta popular se dá pelo Direito à terra, direito assegurado pelo art. 2º do Estatuto da Terra[17] (Lei n.º 4.504 de 30 de novembro de 1964), descrito a seguir:

> Dispõe sobre o Estatuto da Terra, e dá outras providências: Art. 2° É assegurada a todos a oportunidade de acesso à propriedade da terra, condicionada pela sua função social, na forma prevista nesta Lei.
> § 1° A propriedade da terra desempenha integralmente a sua função social quando, simultaneamente:
> a) favorece o bem-estar dos proprietários e dos trabalhadores que nela labutam, assim como de suas famílias;
> b) mantém níveis satisfatórios de produtividade;
> c) assegura a conservação dos recursos naturais;
> d) observa as disposições legais que regulam as justas relações de trabalho entre os que a possuem e a cultivem.

---

[15] Assistam ao vídeo documentário "Terra Limpa", produzido pela CONTAG durante a missão da Comissão Nacional de Direitos Humanos (CNDH), em Pernambuco no ano de 2023. O material traz a questão da violência no campo e a prática da "limpeza da terra", que vêm aumentando os conflitos e os despejos de milhares de famílias. Disponível em: https://www.youtube.com/watch?v=g4fd52nEv1E. Acesso em: 22 dez. 2023.

[16] "O termo grilagem surgiu de uma prática para dar aspectos de envelhecimento a falsos documentos, inserindo-os em uma caixa com grilos, que os deixava amarelados e com buracos, dando uma aparência 'forçada' de que os documentos seriam antigos. Essa prática ocorre sobre terras públicas que recebem a denominação de terra grilada" (TJDFT, 2021).

[17] "É assegurado a todos a oportunidade de acesso à propriedade da terra, condicionada pela sua função social, na forma prevista nesta Lei" (Lei n.º 4.504, 1964).

§ 2° É dever do Poder Público:

a) promover e criar as condições de acesso do trabalhador rural à propriedade da terra economicamente útil, de preferência nas regiões onde habita, ou, quando as circunstâncias regionais, o aconselhem em zonas previamente ajustadas na forma do disposto na regulamentação desta Lei;

b) zelar para que a propriedade da terra desempenhe sua função social, estimulando planos para a sua racional utilização, promovendo a justa remuneração e o acesso do trabalhador aos benefícios do aumento da produtividade e ao bem-estar coletivo.

§ 3° A todo agricultor assiste o direito de permanecer na terra que cultive, dentro dos termos e limitações desta Lei, observadas sempre que for o caso, as normas dos contratos de trabalho.

§ 4° É assegurado às populações indígenas o direito à posse das terras que ocupam ou que lhes sejam atribuídas de acordo com a legislação especial que disciplina o regime tutelar a que estão sujeitas.

As particularidades do sistema capitalista, nos países periféricos de economia dependente, como o Brasil, acirram a luta de classes e geram processos coletivos de enfrentamento e de resistência, enquanto classe trabalhadora. A história e a resistência do campesinato não são recentes e a revisão bibliográfica, juntamente com as histórias de vida e de luta dos entrevistados, dão conta de visibilizar a organização coletiva do campo brasileiro enquanto força propulsora dos processos de lutas, bem como desvelam as contradições por estarem inseridos no modo de produção capitalista.

Outras particularidades fazem parte desses estados e dos demais territórios do Brasil, comuns também ao continente latino-americano e caribenho e são discorridos no percurso deste livro.

1.3 Estrutura

O capítulo 1, que é a introdução, contempla a trajetória da pesquisadora[18] enquanto etapas da vida coletiva (práxis), a metodologia da pesquisa e o movimento de constituição da questão agrária brasileira a partir de 1960.

O capítulo 2 estrutura as categorias e os conceitos utilizados. Se, no primeiro capítulo partimos das motivações de trabalho, o segundo, apresenta algumas das análises teóricas organizadas por Marx e Engels e pelos demais

---

[18] Por isso escrevemos na terceira pessoa do plural, pela compreensão do quanto da coletividade há nesta caminhada.

autores marxistas que, igualmente, partem da vida concreta para elaboração teórica. Nesse capítulo tratamos da produção e da reprodução do capital em suas categorias básicas para compreendermos a composição orgânica do capital, a mercadoria, o lucro, o valor de troca, o valor de uso, as etapas da produção e da circulação e o papel da força de trabalho na produção do valor, que cumpre a missão de acumular mais capital.

A produção e reprodução do capital é analisada na sua relação com a terra e com a origem do capitalismo na acumulação primitiva que converge para acumulação e concentração, bem como discorremos sobre as formas de renda da terra. Nessa origem, também relacionamos o capitalismo com as formas não capitalistas, nas perspectivas de Marx e de Luxemburgo, que nos levam ao período colonial de nossa América Latina e Caribe e com as formas dinâmicas de exploração, de expropriação e de opressão.

> A propriedade fundiária moderna, por comparação, não pode, de modo algum, ser compreendida sem o pressuposto do capital, porque não pode existir sem ele e aparece historicamente de fato como uma forma engendrada pelo capital, posta como forma adequada a ele, da configuração histórica precedente da propriedade fundiária. Por essa razão, é precisamente no desenvolvimento da propriedade fundiária que podem ser estudadas a vitória e a formação progressivas do capital, razão pela qual Ricardo, o economista da época moderna, considerou com grande senso histórico as relações entre capital, trabalho assalariado e renda da terra dentro dos limites da propriedade fundiária, para determiná-las em sua forma específica. (MARX, 2011, p. 194).

No último subitem desse capítulo, abordamos o capital nas economias dependentes dos países periféricos, sob a regência de Marini, Günder Frank, Bambirra e outros, que nos valem da Teoria Marxista da Dependência para compreensão dos engendramentos do capital e da condição do subdesenvolvimento sob a tutela do imperialismo, subimperialismo e superexploração.

Dedicamos o terceiro capítulo para a questão agrária no Brasil. Primeiramente, atentamos para a conformação histórica que estrutura a distribuição de terras e, consequentemente, os recursos naturais para acumulação de capital. Ao longo da história, de processos e de decisões políticas de acumulação, a elite agrária – latifundiários – e a elite industrial vão pactuando para o desenvolvimento e para a expansão capitalista, favorecendo mais a indústria internacional e menos o mercado interno, bem como a produção de *commodities* para exportação em detrimento da produção de alimentos.

Nesse ínterim, desvelamos o Estado e a intencionalidade para com o capital. O Estado apresenta sua intencionalidade em favor das elites brasileiras e do capital internacional, por meio da legislação e da legitimação da bancada ruralista, que representa o agronegócio. Essa intencionalidade pode ser demonstrada a partir dos dados do Censo Agropecuário dos anos de 1970 até 2017 e cujas desigualdades são visibilizadas, comprovando o que a teoria já apresenta e que os movimentos sociais populares já denunciam: a fome é causa e consequência do sistema econômico hegemônico vigente.

Percorremos a implementação da Revolução Verde e analisamos essa importante etapa de aprofundamento do capital no campo brasileiro e suas consequências na agricultura camponesa familiar. Por fim, vislumbramos as consequências do desenvolvimento do capitalismo pelas refrações da questão social que são acirradas na medida em que o capital avança.

No capítulo seguinte, o quarto, além de visibilizar o Serviço Social na questão agrária, tivemos o intuito de vislumbrar o alcance teórico das produções dos Programas de Pós-Graduação em Serviço Social, bem como suas contribuições no rural, enquanto território, e do campesinato, sujeito mais atingido pelo avanço do capital no meio rural. Aqui, cabe-nos atentar para a relevância que tem essa pesquisa frente ao diagnóstico das pesquisas mobilizadas pelos descritores *rural* e *campesinato* junto ao banco de teses e dissertações da CAPES[19], sem limitador temporal.

Esses dados quantitativos são aprofundados no referido capítulo, mas dessa exposição, extraímos que o descritor *rural* deu visibilidade há um total de 40.025 trabalhos. Após, aplicamos o filtro das Ciências Humanas e Sociais Aplicadas, essas reduziram para 326 pesquisas (menos de 1% do total), demonstrando que 99,19% das pesquisas referendadas ao território rural ocorrem nas ciências exatas, agrárias e jurídicas. Logo, esta pesquisa apresenta profunda relevância para as Ciências Sociais Aplicadas e Humanas.

Tabela 1 – Descritor *Rural*, conforme áreas do conhecimento

Total de pesquisas descritor Rural		
Ciências Humanas e Sociais Aplicadas	326	0,81%
Agrárias, Exatas e Jurídicas	39.699	99,19%
Total de pesquisas Rural	40.025	100,00%

Fonte: banco de teses e dissertações da CAPES. Tabela elaborada pela autora

---

[19] Catálogo de Teses & Dissertações – CAPES (CAPES, 2019).

Ao selecionarmos somente os Programas de Pós-Graduação em Serviço Social (PPGSS), ocorre uma pequena redução de 326 para 218 teses e dissertações, representando que 0,54% do total dessas estão nos PPGSS. Todavia, é relevante sublinharmos que esse último resultado (0,54%), representa 66,88% das pesquisas que compõem as teses e dissertações das Ciências Humanas e Sociais Aplicadas.

Ao utilizarmos o descritor *campesinato*, foram encontrados 860 trabalhos. Refletir sobre o campesinato implica, também, refletir sobre o território rural, porém essa categoria acaba por ser invisibilizada ou relegada. Reduzindo essa pesquisa para Ciências Humanas e Sociais Aplicadas, restaram 709 pesquisas, ou seja, 82,44% das teses e dissertações que atentam para o campesinato encontram-se nessa área de conhecimento. Porém, quando visualizamos as produções apresentadas pelo descritor *campesinato* nos PPGSS no Brasil, esse número é, drasticamente, reduzido para 15 pesquisas, conforme dados da tabela a seguir.

Tabela 2 – Pesquisa no banco de teses e dissertações da CAPES, com descritores Rural e Campesinato

	Área do conhecimento	Quantidade	Percentual
Descritor *Rural*	Total de pesquisas *Rural*	40.025	100,00%
	Ciências Humanas e Sociais Aplicadas	326	0,81%
	Agrárias, Exatas e Jurídicas	39.699	99,19%
	Total de pesquisas *Rural*	40.025	100,00%
Descritor *Campesinato*	Total de pesquisas *Campesinato*	860	100,00%
	Ciências Humanas e Sociais Aplicadas	709	82,44%
	Agrárias, Exatas e Jurídicas	151	17,56%
	Serviço Social em conjunto com outras áreas	15	1,74%
	Programas em Serviço Social	6	0,85%
	Total de pesquisas *Campesinato*	860	100%

Fonte: bancos de teses e dissertações CAPES, sem limitação de data. Tabela elaborada pela autora

Chama nossa atenção o fato de que a totalidade dos sujeitos mais atingidos pelo avanço do capital no meio rural, o *campesinato*, represente apenas 2,11% das pesquisas realizadas pelos Programas de Serviço Social em sua respectiva área de concentração e apenas 1,74% quando comparada ao total das pesquisas com esse descritor. Isso posto, ratificamos a relevância desta para o Serviço Social brasileiro.

O quinto e último capítulo traz o campesinato em questão como sujeito da história que demonstramos desde seu papel nas análises de Marx e Engels, até a atualidade brasileira, como sujeitos políticos de uma história que remonta a expropriação, mas também a resistência. A intencionalidade política do campesinato fala da missão de produzir alimentos, que dialoga, diretamente, com uma reforma agrária popular, com a defesa da soberania alimentar e defesa do meio ambiente e conduz para os processos emancipatórios nos territórios em disputa, onde elucubramos as unidades federativas do Brasil, Rio Grande do Sul e Pará. Nesses territórios vislumbramos a produção, a organicidade, os relatos de experiências, as histórias de vida e na totalidade da classe trabalhadora vislumbramos a resistência do campesinato organizado que luta por terra, trabalho e justiça, e que impõe limites ao avanço do capital e por isso são combatidos, assassinatos e suas organizações representativas criminalizadas[20].

Ainda nesse último capítulo, discorremos sobre o campesinato brasileiro a partir da produção e reprodução da classe trabalhadora, bem como suas contradições, tensionamentos, desafios e superações.

No término dessa etapa acadêmica, profissional e militante, reafirmamos o nosso posicionamento político na defesa da classe trabalhadora. Assim, chegamos a algumas conclusões que se fazem tese da tese e que continuarão em processo de construção. Colocamos os seguintes desfechos:

- No derradeiro sobre o campesinato, o que os clássicos não puderam antever ficou a cargo da resistência, da importância do campesinato enquanto força coletiva, de pressão e de mobilização social e da missão do campesinato de produzir alimentos;

- O campesinato tem um papel fundamental na saída das crises colocadas pelo capital, mas, muito além de sair das crises cíclicas e periódicas geradas pelo capital, é necessário construir outras formas de organização da sociedade que não passem pela exploração do trabalho alheio e, tampouco, tenham como principal objetivo o acúmulo e a centralização de mais capital;

---

[20] Disponível em: https://www.brasildefato.com.br/2023/09/27/cpi-do-mst-acaba-com-derrota-de-salles-e-escancara-fracasso-da-extrema-direita. Acesso em: 22 dez. 2023.

- Visibilizar o Serviço Social no rural brasileiro faz-nos inferir sobre a profunda relação da questão agrária com a questão social, cujas categorias têm em comum as condições concretas, históricas, de um contexto político, social e econômico que atravessa a vida da totalidade da classe trabalhadora neste país;

- Visibilizar o Serviço Social na questão agrária brasileira revela processos geradores de autonomia, que vão na direção da defesa dos direitos sociais e fundamentais, do fortalecimento das identidades coletivas, do fortalecimento da cultura que é memória e também história contra-hegemônica, da produção agroecológica, das formas de circulação que redirecionam e mobilizam a renda sem exploração de mais-valia e que, na luta de classes, faz resistência ao sistema capitalista por meio da emancipação política;

- À luz do campesinato organizado, enquanto resistência e construtor de processos emancipatórios, vemos a correlação com o projeto ético-político do Serviço Social, que orienta para um trabalho com direção e intencionalidade política para e com a classe trabalhadora, pois faz parte dela. Essa intencionalidade deve considerar as organizações populares da classe trabalhadora com o ensejo de contribuir para reflexões das formas de vida e na mobilização da resistência, tendo em vista o horizonte de superação do modo capitalista de produção no cotidiano do seu trabalho, na unidade do trabalho concreto e do trabalho abstrato;

- Nesse mesmo campo de referência, para contribuir com a transformação desse sistema capitalista, que mói gente, é necessário não somente saber operacionalizar uma política pública ou um programa social, é necessário que os sujeitos que recorrem ao Estado para que sejam atendidas suas necessidades, também denominados de usuários, compreendam a sua própria história, a história de seu povo, sejam conscientes das condições históricas de sua classe, do contexto que gerou as profundas desigualdades sociais que assolam a sociedade brasileira;

- Com isso reiteramos a perspectiva essencial da formação como meio e como processo constante, reforçando as dimensões ético-política, teórico-metodológica e técnico-operativa no bojo do Projeto Ético-político conformado pela Lei de Regulamentação, do Código de Ética e pelas Diretrizes curriculares da ABEPSS.

Iniciemos com a produção e a reprodução do capital, cujas leis regem a sociedade capitalista, porém não são eternas.

2

PRODUÇÃO E REPRODUÇÃO DO CAPITAL

Nosso ponto de partida é o trabalho vivenciado junto à realidade concreta que gerou as questões centrais que sustentam esta pesquisa. A partir daí, seguimos por meio de pesquisa bibliográfica sobre modo de produção capitalista no escopo da crítica da economia política.

Partimos da afirmação de que as relações estabelecidas nesse modo de produção não são relações naturais, mas, sim, relações culturais, sociais, econômicas e políticas. Essas relações são construções da sociedade burguesa transformadas em "leis eternas que devem reger a sociedade" (MARX, 1982a, p. 116), como descreve Marx em sua obra Miséria da Filosofia.

Iniciamos essa compreensão a partir das formas de produção e de reprodução do capital, cujo resultado é o lucro. Lucro que é gerado pela parte do trabalho não pago, pela força de trabalho que não é remunerada. A apropriação do trabalho não pago foi denominada de mais-valia. É fato que o trabalho gera um produto, ou uma mercadoria, porém, não é a mercadoria em si, que vai gerar o lucro e, sim, a mais-valia, que se concretiza após a comercialização daquela, ou a entrada na circulação.

> A existência do valor em sua pureza e universalidade pressupõe um modo de produção em que o produto singular em geral deixou de ser produto enquanto tal para o produtor e mais ainda para o trabalhador individual, e não é nada sem a realização pela circulação. Para aquele que criou uma parte infinitesimal de uma vara de chita, o fato de que ela é valor, valor de troca, não é nenhuma determinação formal. Se não tivesse criado um valor de troca, dinheiro, não teria criado absolutamente nada. Essa própria determinação de valor tem como seu pressuposto, portanto, um estágio histórico dado do modo de produção social, sendo ela própria uma relação dada com o modo de produção, logo, uma relação histórica. (MARX, 2011, p. 194).

A mais-valia gera capital na criação do que será valor de troca, que, após ser comercializado, passa a compor o capital da seguinte forma: o capital constante, que são os bens materiais necessários para a produção ou modos de produção, e o capital variável, que é a força de trabalho, a composição da classe trabalhadora.

Grespan (2012) trata o capital produtivo na forma de capital social, no sentido de ser concebido por vários capitais: capital produtivo = capital constante + capital variável. Esse conjunto de capitais, que o autor denomina de capital social "consiste na totalidade dos movimentos de suas frações autonomizadas, das rotações dos capitais individuais" (GRESPAN, 2012, p. 134). Essa denominação vem de Marx (1982c, p. 713) quando ele afirma que "todo o capital se decompõe em meios de produção e força de trabalho viva". Essa composição está relacionada com os meios de produção e com a força de trabalho a serem empregados. Dessa forma, "a média geral das composições médias de todos os ramos de produção nos dá a composição do capital social de um país" (MARX 1982c, p. 713).

> O crescimento do capital social se consuma no crescimento de muitos capitais individuais. Pressupondo-se inalteradas as demais circunstâncias, crescem os capitais individuais e, com eles, a concentração dos meios de produção na proporção em que constituem partes alíquotas do capital social total. (MARX, 2013, p. 695)

A expropriação de parte do trabalho é acentuada quanto mais o trabalhador se tornar alienado do produto do seu trabalho, mas, além disso, a intensificação da expropriação do trabalho é diretamente proporcional ao grau de alienação do trabalhador em relação ao produto de seu labor, uma alienação que não se restringe apenas ao aspecto material. A alienação permeia a própria condição do trabalhador ao vender sua força de trabalho, estabelecendo uma conexão intrínseca com a identidade de classe. Essa alienação funda uma unidade de classe, onde o tempo de vida do trabalhador é trocado por dinheiro, representando seu equivalente geral e equiparando a força de trabalho a todas as outras mercadorias (NETTO, 1991; IAMAMOTO, 2007; 2015)

> A consolidação do monopólio, a concentração e a centralização do capital, o caráter anárquico da produção capitalista, a reinteração das crises periódicas, as dificuldades crescentes para a valorização, os problemas da baixa tendencial das taxas de lucro, a contínua reprodução da pobreza, os processos alienantes e reificantes. (NETTO, 1991, p. 21).

As etapas de desenvolvimento do sistema capitalista ocorreram concomitantemente ao processo de industrialização, de informatização, de robotização, deixando o trabalho humano com uma parte muito pequena do processo. Uma parte que não se visibiliza o produto final de seu labor. Seu trabalho entra na seara como valor de troca, como uma mercadoria, consoante com Marx em seus manuscritos econômicos de 1857 e 1858:

> Como a mercadoria ou o trabalho estão determinados tão somente como valor de troca e a relação pela qual as diferentes mercadorias se relacionam entre si [se apresenta] como troca desses valores de troca, como sua equiparação, os indivíduos, os sujeitos, entre os quais esse processo transcorre, são determinados simplesmente como trocadores. (MARX, 2011, p. 184)

Nesse caso, a condição de simples trocadores equivaleria à condição de igualdade, em uma troca de equivalentes que tem o dinheiro como a mercadoria universal dos contratos. Todavia, é o próprio dinheiro o objeto de acumulação. Outrossim, "a circulação não traz consigo mesma o princípio da autorrenovação", tampouco da equidade (MARX, 2011, p. 196).

As desigualdades e a ausência de liberdade da classe trabalhadora são frutos de um processo histórico que exclui parte da remuneração do trabalho que fez parte do processo de criação de uma mercadoria. Iamamoto (2007) ratifica que essa mercadoria tem valor de uso e valor de troca, seja ela produtora de mercadorias ou bens de serviços e um pressuposto histórico que "põe, desde logo, o indivíduo como determinado pela sociedade", como concorda Talaska (2016) em um modo de produção de mais-valia, que para existir, pressupõe a existência do trabalhador livre, aparecendo no mercado desposado dos meios de produção, exceto da sua força de trabalho, que seria empenhada para produzir as mercadorias (TALASKA, 2016, p. 18).

Marx (2011, p. 190) continua sua análise, desfazendo as simplificações que invisibilizam o pressuposto histórico e que tratam a economia como valor de troca simples por sujeitos iguais na divisão do trabalho que, na sociedade burguesa, retira o trabalhador do papel de "simples trocador".

> [...] o pressuposto do valor de troca, como o fundamento objetivo da totalidade do sistema de produção, já encerra em si a coação sobre o indivíduo de que seu produto imediato não é um produto para ele, mas só devém para ele no processo social e tem de assumir essa forma universal [...] que o indivíduo só tem existência social como produtor de valor de troca e que, portanto, já está envolvida a negação total de sua existência natural; que, por conseguinte, está totalmente determinado pela sociedade; que isso pressupõe, ademais, a

> divisão do trabalho etc., na qual o indivíduo já é posto em outras relações distintas daquelas de simples trocador etc. (MARX, 2011, p. 189).

O conceito do valor de uso está relacionado com a utilidade de uma mercadoria, está dentro da mercadoria. Carcanholo (2011) chama atenção que essa utilidade não se trata de algo subjetivo para o indivíduo e, sim, para o capital. O processo de valorização é a dinâmica de produzir valor de uso com o objetivo de que se torne valor de troca. Marx (1982b) cita John Locke para trazer o significado de valor de uso e afirma que não se dá pelos materiais que compõem determinada mercadoria, tampouco depende do trabalho empregado para fazê-la. O valor de uso, segundo Marx (1982b, p. 42), "só se realiza com a utilização ou o consumo do mesmo. Os valores de uso constituem o conteúdo material da riqueza, qualquer que seja a forma essencial dela". Novamente, Carcanholo (2011) elucida que o valor de troca se refere à aparência do valor e o valor corresponde à essência do capital.

> Assim, reafirmemos que valor e valor de troca são conceitos diferentes; totalmente diferentes, embora relacionados. Enquanto este último, o valor de troca, é algo perceptível por meio da observação empírica, aquele, o valor, é uma dimensão da essência. O valor de troca é uma forma de manifestação do valor, forma essa que não é expressão perfeita e nem totalmente adequada deste último. Trata-se assim de dois conceitos relacionados, mas que não podem ser confundidos: um se refere à essência e o outro à aparência, formando, em conjunto, uma unidade contraditória na qual cada um deles é um de seus polos. (CARCANHOLO, 2011, p. 16).

A mercadoria, enquanto valor de troca, põe de lado o valor de uso, restando ser produto do trabalho. Mas, ao abstrairmos o valor de uso, abstraímos também todo o trabalho útil necessário para a realizá-lo. Ao considerar a força de trabalho como mercadoria, como valor de troca, o capital assume que parte desse trabalho não será pago para gerar lucros, bem como que os trabalhadores não empregados servirão de exército de reserva, pressionando os salários dos trabalhadores empregados para baixo.

> Se o número dos trabalhadores não aumenta independentemente do crescimento absoluto da população. Ela é criada pelo simples processo que "libera" constantemente parte dos trabalhadores, por métodos que reduzem o número de trabalhadores ocupados em relação à produção aumentada. Toda a forma de movimento da indústria moderna

deriva, portanto, da transformação constante de uma parte da população trabalhadora em mão de obra desempregada ou semiempregada. (MARX, 2013, p. 703-704).

Cabe ressaltar que valor, nesse contexto, não tem o mesmo significado de preço. Preço e valor têm representações diferentes um do outro, visto que preço pode ser visualizado, está disponível na etiqueta que o mostra. O preço expressa-se por meio da forma fenomênica do capital: o dinheiro. A definição de preço perpassa pelas relações de poder e pelas forças políticas, portanto, é definição política.

> Deixando de lado então o valor de uso dos corpos das mercadorias, resta a elas apenas uma propriedade, que é a de serem produtos do trabalho. Entretanto, o produto do trabalho também já se transformou em nossas mãos. Se abstraímos o seu valor de uso, abstraímos também os componentes e formas corpóreas que fazem dele valor de uso. Deixa já de ser mesa ou casa ou fio ou qualquer outra coisa útil. Todas as suas qualidades sensoriais se apagaram. Também já não é o produto 100 libras esterlinas de chumbo ou ferro têm o mesmo valor que 100 libras esterlinas de ouro ou prata, do trabalho do marceneiro ou do pedreiro ou do fiandeiro ou de qualquer outro trabalho produtivo determinado. Ao desaparecer o caráter útil dos produtos do trabalho, desaparece o caráter útil dos trabalhos neles representados, e desaparecem também, portanto, as diferentes formas concretas desses trabalhos, que deixam de diferenciar-se um do outro para reduzir-se em sua totalidade a igual trabalho humano, a trabalho humano abstrato. (MARX, 1982b, p. 44-45).

Contudo, "uma coisa pode ser valor de uso, sem ser valor", afirma Marx (1982a, p. 47) quando, por exemplo, um produto satisfaz as necessidades sem ter que, obrigatoriamente, ter passado pelo trabalho humano, como é o caso dos recursos naturais, ou, ainda, pode ser fruto do trabalho humano, mas não ter a finalidade de mercadoria. Para criar "mercadoria, é mister não só produzir valor de uso, mas produzi-lo para outros, dar origem ao valor de uso social".

> [O produto para se tornar mercadoria, tem de ser transferido a quem vai servir como valor de uso por meio de troca][21]. Finalmente, nenhuma coisa pode ser valor se não é objeto

---

[21] Engels, em nota de rodapé, na mesma obra e página da citação, informa que, propositalmente, colocou a frase entre colchetes a fim de evitar o erro de achar que Marx considera mercadoria qualquer produto, desde que não seja consumido pelo produtor, mas por outro.

> útil. Se não é útil, tampouco o será o trabalho nela contido, o qual não conta como trabalho e, por isso, não cria nenhum valor. (MARX, 1982b, p. 48).

Ou seja, a produção e a reprodução do capital, no seu movimento, operam pelo produto manifestar valor de uso ou valor de troca, sendo que o trabalho opera como valor de troca e cada capital compõe só uma fração autonomizada do capital social total.

> [...] bem como cada capitalista individual (singular) compõe um elemento individual da classe capitalista, a reprodução do capital expressa o conjunto de suas relações ou a totalidade de movimentos, [...] das rotações dos capitais individuais, determinando a posição específica de cada um a partir das necessidades desse conjunto. (GRESPAN, 2012, p. 151).

Na reprodução ampliada é necessária a valorização ou a produção de mais valor. O valor e a mais-valia valorizam-se e o capital demonstra não ser o fim em si mesmo pois, se fosse, acabaria ao completar o ciclo da produção simples: mercadoria = dinheiro; dinheiro = mercadoria. Ou ainda, dinheiro – mercadoria – dinheiro (D-M-D'), onde o D' pode ou não iniciar novo ciclo. Após passar pela circulação, o dinheiro que resultou da comercialização, que traz o mais valor, é capital de troca. Mèszáros traz a reprodução ampliada da seguinte forma:

> O capital, como um sistema de controle do metabolismo social pôde emergir e triunfar sobre seus antecedentes históricos abandonando todas as considerações às necessidades humanas como ligadas às limitações dos "valores de uso" não quantifi-cáveis, sobrepondo a estes últimos — como o pré-requisito absoluto de sua legitimação para tornarem-se objetivos de produção aceitáveis — o imperativo fetichizado do "valor de troca" quantificável e sempre expansível. É desta maneira que surgiu a forma historicamente específica do sistema capitalista, sua versão capitalista burguesa. (MÉSZÁROS, 2000, p. 2).

Assim sendo, o pressuposto são as mercadorias, "seja na forma particular ou universal de dinheiro" (MARX, 1980a, p. 47) que presumem um tempo de trabalho para a sua elaboração e, por isso, contém valores em função das mercadorias que entram e saem do processo de circulação, pressupondo a produção que lhes põe valor.

Logo, "trabalho e capital não são grandezas independentes" e o capital, invariavelmente, vai acumular. Assim, "o aumento do preço do trabalho é confinado dentro dos limites que, não só deixam intactos os fundamentos do sistema capitalista, mas asseguram sua reprodução em escala cada vez maior" (MARX, 2013, p. 691). "A grandeza da acumulação é a variável independente e a grandeza do salário é a variável dependente". A lei da produção capitalista resulta na "relação entre o trabalho não pago, transformado em capital e, o trabalho adicional requerido para pôr em movimento o capital adicional".

Marx, em resposta a Proudhon, afirma que "a acumulação e a concentração de instrumentos e de trabalhadores precedeu o desenvolvimento da divisão do trabalho no interior das oficinas" e que o surgimento de operários não nasceu de negociações amistosas, havendo, conforme suas próprias palavras "uma carnificina entre a manufatura e os ofícios de artesãos".

Para aumentar a produção com a finalidade de produzir mais mercadoria, é necessário o emprego de mais capital constante que, por sua vez, necessitará de mais capital variável para operá-lo. Logo, aumentar a produção para a reprodução ampliada do capital gera custos que implicam na redução da taxa de lucros. Essa dinâmica que acaba por reduzir os lucros a cada vez que o capital constante precisa ser ampliado representa uma tendência endógena da reprodução do capital: a lei tendencial da queda da taxa de lucros.

> A contínua reconversão de mais-valor em capital apresenta-se como grandeza crescente do capital que entra no processo de produção. Este se torna, por sua vez, o fundamento de uma escala ampliada da produção, dos métodos nela empregados para o aumento da força produtiva do trabalho e a aceleração da produção de mais-valor [...] que provoca, em reação, uma acumulação acelerada do capital. Com a acumulação do capital desenvolve-se, assim, o modo de produção especificamente capitalista e, com ele, a acumulação do capital. Esses dois fatores econômicos provocam, de acordo com a conjugação dos estímulos que eles exercem um sobre o outro, a mudança na composição técnica do capital, o que faz com que o seu componente variável se torne cada vez menor em comparação ao componente constante. (MARX, 1982a, p. 129).

Capital que centraliza, acumula. A "centralização complementa a obra da acumulação, colocando os capitalistas industriais em condições de ampliar a escala de suas operações", com a conjunção de capitais que se transformam em conglomerados e que alteram a composição técnica do capital, à revelia do capital variável.

A seguir, vamos trazer elementos que relacionam os mecanismos que o capital desenvolveu para compensar a Lei Tendencial da Queda da Taxa de Lucros, os quais perpassam a relação com terra e com as economias dependentes dos países periféricos da América Latina. Marx (2011, p. 198) abordou exemplos de uma época que pode ser facilmente contextualizada em uma relação direta com o território rural e com a produção primária para o acúmulo de mais capital. Aqui, já adentramos na temática do próximo item, que localiza a terra como perspectiva constituinte do capital.

2.1 A produção e reprodução do capital e a relação com a terra

"Apropriar-se da renda é a forma econômica em que se realiza a propriedade fundiária", ou seja, apropriar-se da terra supõe que determinados indivíduos sejam proprietários de determinadas parcelas do globo terrestre (MARX, 1980b, p. 727).

Marx traz-nos o exemplo do mercado da Inglaterra atuando sobre o mercado Irlandês para explicar a forma de atuação do capital para a sua reprodução e a incidência em outros mercados, assim como a consequência de produzir para mercados externos, visando apenas mercadorias como valor de troca, e observa que o "conceito de terra abrange também águas, etc., que, como acessório dela, tenham proprietário" (MARX 1980b, p. 707). A terra não é mercadoria, mas a propriedade privada é. Eis o exemplo:

> Na Inglaterra, p. ex., no século XVI e início do século XVII, a importação de mercadorias irlandesas tornou basicamente decisivo o excedente de lã que o país tinha de dar em troca. Para produzir mais lã, a terra cultivável foi transformada em pastagem para ovelhas, o sistema de pequenos arrendamentos foi desmantelado etc., teve lugar o clearing of estates[c] etc. Por conseguinte, a agricultura perdeu o caráter de trabalho visando a produção de valor de uso, e a troca de seu excedente perdeu o caráter indiferente em relação à sua estrutura interna. (MARX, 2011, p. 198).

O capital inglês avançou sobre as economias dos países da Europa e sobre as formas de subsistência de suas colônias. Segundo Luxemburgo (1983, p. 321), os colonizadores desejavam para si a base da própria subsistência de suas colônias: a propriedade da terra. Os demais países, colonizadores, seguiram na lógica de que toda a terra das colônias "era propriedade dos dominadores políticos".

A característica peculiar da renda fundiária consiste em transformar a produção agrícola em mercadoria para, então, imprimir caráter monetário, colocar um preço, para que o proprietário fundiário possa apropriar-se de valores crescentes. Essa apropriação se transforma, então, em renda fundiária.

> Nenhum produtor considerado isoladamente, fabricante ou agricultor, produz valor ou mercadoria. Seu produto só se torna valor e mercadoria em determinado contexto social. Em primeiro lugar é mister que apareça representando trabalho social, que o próprio tempo de trabalho, portanto configure porção de tempo de trabalho social e, em segundo lugar, que esse caráter social do trabalho imprima caráter social ao produto, por meio do caráter monetário e da permutabilidade geral do produto, determinada pelo preço. (MARX, 1980b, p. 733).

A renda fundiária e o valor da terra (valor do solo) desenvolvem-se conjuntamente à agricultura que, por sua vez, desenvolve-se no mercado de produtos agrícolas, quando esses se transformam em mercadoria. Esses produtos são consumidos pela população não-rural (ou por aqueles e aquelas que não produzem esses gêneros agrícolas), cuja necessidade de produção aumenta na medida em que crescem os contingentes urbanos.

> O nível da renda fundiária (e com ela o valor da terra) aumenta no curso do desenvolvimento social; é resultado da totalidade do trabalho social. Assim crescem o mercado e a procura de produtos da terra, e imediatamente a procura de terra, ou seja, da condição de produção que todos os ramos, inclusive não-agrícolas, porfiam por obter. A renda fundiária e com ela o valor do solo, para nos cingirmos à derivada da agricultura, desenvolve-se com o mercado dos produtos agrícolas e por conseguinte à medida que cresce a população não rural, que aumenta suas necessidades e sua procura de alimentos e de matérias primas. (MARX, 1980b, p. 730).

Nada se altera com relação ao trabalho, a renda dá-se por meio da forma natural do produto. A renda em dinheiro, na concepção da renda fundiária, resulta da transformação da renda dos produtos que, por sua vez, resultam da renda do trabalho (MARX, 1980b, p. 913) e, nesse caso, "a terra é a condição de trabalho que tudo engloba" (MARX, 1980b, p. 910).

Marx (1980b) realizou uma análise sobre a pequena propriedade (minifúndio) e a grande propriedade rural (latifúndio) com relação ao papel desempenhado no sistema capitalista de produção e traçou as seguintes categorias de análise: produção, força de trabalho e meios de produção.

Tabela 3 – Análise de Marx sobre a pequena e a grande propriedade

Categoria de análise	Grande propriedade	Pequena propriedade
Produção	Exploração que desperdiça as forças do solo	Entraves na produção pelos limites nos investimentos produtivos
Força de trabalho	Deteriora a força de trabalho	Trabalho isolado
Meios de produção	Aplicam para o enriquecimento mais rápido possível	Há carências de meios e de conhecimentos de produção

Fonte: elaborada pela autora a partir de Marx (1980b, p. 930-931)

Sobre a Gênese da Renda Fundiária Capitalista, Marx conclui que toda a crítica à pequena propriedade "reduz-se em última instância à crítica da propriedade privada, limite e estorvo da agricultura" e este se estende a grande propriedade" (MARX, 1980b, p. 930), que só poderá desenvolver-se enquanto renda monetária, em um sistema de produção de mercadorias.

> A renda fundiária só pode desenvolver-se como renda monetária no sistema de produção de mercadorias, mais precisamente na produção capitalista, e se desenvolve na mesma medida em que a produção agrícola se torna produção de mercadorias; portanto, na mesma medida em que a produção não-agrícola possui em relação à agrícola desenvolvimento autônomo, pois é na medida desse desenvolvimento que o produto agrícola se torna mercadoria, valor-de-troca e valor. A produção de mais-valia e de produto excedente aumenta na mesma medida em que, com a produção capitalista, a produção de mercadorias acresce e por conseguinte a produção de valor. (MARX, 1980b, p. 731).

Todavia, Marx (1980b) enfatiza que qualquer que seja a forma fundiária, todos os tipos têm em comum a apropriação de parcelas do globo. Isso constitui a base do modo capitalista de produção e implica que "a propriedade privada do solo para uns tem por consequência necessária que ela não exista para os demais" (MARX, 1980b, p. 930). Ainda, "a posse da terra se patenteia uma das condições de produção, a propriedade da terra, a condição mais vantajosa, condição para que seu modo de produção floresça" (MARX, 1980b, p. 706). Essa foi a lógica utilizada nas colônias, conforme explica Faoro (2001, p. 151), em que:

> [...] a largueza no distribuir provinha, também, do pouco valor das terras; terra e cultivo não eram termos correlatos; para o cultivo eram necessários escravos, caros e difíceis depois que se desfez a ilusão do préstimo do indígena. A imagem idílica de Gandavo, com os dois pares ou meia dúzia de escravos índios para o trato de uma vida honrada, durou pouco, o tempo da fugaz colônia de povoamento, dedicada à subsistência e à ilusão da família transmigrada. Logo que, em curtos anos, os produtos de exportação ganharam o primeiro plano — primeiro e quase exclusivo plano monocultor —, a terra só valeria com grossos investimentos, sobretudo com a compra do escravo africano. Num quadro válido para o açúcar e o café, no curso de trezentos anos, a terra representaria o valor de um décimo do valor da escravaria. Este trânsito sugeria os capitais para o financiamento da empresa — com os banqueiros e negociantes de toda a Europa mobilizados nos empréstimos e adiantamentos. Sobretudo, a mudança de rumo, mudança que o contexto comercial da economia acelerou, refletiu sobre o sentido da propriedade territorial, que se afasta da concessão administrativa para ganhar conteúdo dominial. (FAORO, 2001, p. 151)

Embora tenha Marx realizado o debate sobre as duas formas de propriedades que se destinam a produção agrícola[22], o próprio acaba por afirmar que não se deve esquecer das causas fundamentais de ambas, que a terra deve ser "condição perpétua e coletiva, condição inalienável da existência e da reprodução das gerações que se sucedem e não servir a variáveis de seus proprietários" (MARX, 1980b, p. 930).

A produção agrícola de uma nação direcionada para atender o capital internacional, ou, como Marx desvela, para atender o mercado de outros países, *efeito civilizador do comércio*, gera consequências nos vários segmentos da nação de produção primária. Uma delas é, justamente, não priorizar as demandas de seu próprio povo, tampouco permitir que as necessidades de seu povo possam interferir no destino do país, subjugando quaisquer processos que possam gerar soberania.

A situação posta por Marx e Luxemburgo dialoga com o trabalho realizado pelo campesinato, pois quem produz para o seu consumo ou para atender às demandas internas produz valor de uso. Ao projetar a sua produção para atender mercados externos, toda a produção é elencada a valor de troca. Considerando o exemplo acima, do mercado Irlandês para suprir as

---

[22] Tabela 3 – Análise de Marx sobre a pequena e a grande propriedade.

demandas da Inglaterra, Marx (2011, p. 198) conclui que "não só o modo de produção foi modificado, mas foram dissolvidas todas as antigas relações de população e de produção e as relações econômicas a ele correspondentes".

> [...] uma produtividade do trabalho agrícola que supere as necessidades individuais do operário constitui a base de toda sociedade e, sobretudo, a base da produção capitalista, que separa uma parte cada vez maior da sociedade da produção de meios diretos de subsistência e a converte, como disse Steuart, em free heads, em homens disponíveis para a exploração de outras esferas. (MARX, 1980b, p. 728).

Ao fazer essas afirmações, Marx (1980b, p. 706) ratifica que o "modo capitalista de produção na agricultura e a correspondente propriedade fundiária" são categorias históricas e não leis eternas. Nessas condições, o capital foi, e segue se reproduzindo de forma ampliada, avançando sobre as vidas humanas e da natureza e desenvolvendo novas formas de sujeitar a terra à toda a renda possível de se extrair dela, inclusive com formas não capitalistas.

2.1.1 O capital e as formas não capitalistas

Desde antes do modo de produção capitalista, leis "naturais" já foram criadas para estabelecer estruturas que não alterassem os privilégios e os privilegiados de uma época.

> Sob o regime patriarcal, sob o regime das castas, sob o regime feudal e corporativo, havia divisão do trabalho na sociedade inteira segundo regras fixas. Estas regras foram estabelecidas por um legislador? Não. Nascidas primitivamente das condições da produção material, elas não foram erigidas em leis senão bem mais tarde. Foi assim que estas diversas formas da divisão do trabalho se tornaram em outras tantas bases de organização social. (MARX, 1982a, p. 127).

Rosa Luxemburgo (1983, p. 317) trata essa questão como uma contradição dialética em que a acumulação capitalista necessita de "um meio ambiente de formações sociais não-capitalistas" para o seu desenvolvimento, para constantes trocas, "como o mercado para colocar sua mais-valia, como fonte de meios de produção e como reservatório de mão de obra".

> O capital não pode desenvolver-se sem os meios de produção e forças de trabalho existentes no mundo inteiro. Para estender, sem obstáculos, o movimento da acumulação, necessita

> dos tesouros naturais e das forças de trabalho existentes na superfície terrestre. Mas como estas se encontram, de fato, em sua grande maioria, acorrentadas a formas de produção pré-capitalistas - este é o meio histórico da acumulação de capital - surge, então, o impulso irresistível do capital de apoderar-se daqueles territórios e sociedades. (LUXEMBURGO, 1983, p. 315).

Marx (1982a, p. 116) desvela que a burguesia, que vivia em estado latente, impôs-se, "não se colocou o lado bom e o lado mau da feudalidade, ela incorporou as forças produtivas que desenvolvera sob a feudalidade". Ou seja, o antagonismo que gerou a luta, gerou o próprio desenvolvimento da burguesia. Isso resultou, conforme Katz (2020, p. 27), em um processo de "absorção de formas anteriores de produção e ressaltou o papel das forças produtivas como determinantes primordiais dos rumos da história".

> O capitalismo aparece e se desenvolve historicamente num meio social não-capitalista. Nos países europeus ocidentais, o capitalismo está cercado, primeiramente, pelo meio feudal de cujo seio surge - a servidão da gleba no campo, o artesanato da corporação na cidade - e, posteriormente, desaparecido o feudalismo, um meio onde predominam a agricultura camponesa e o artesanato, isto é, produção simples de mercadorias, tanto na agricultura como na indústria. Além disso, cerca o capitalismo europeu uma enorme zona de culturas não-européias, onde se encontram todas as formas sociais em diferentes graus de evolução, desde as hordas primitivas comunistas de caçadores nómades até a produção camponesa e artesã de mercadorias. É no meio desse ambiente que se abre o caminho para o processo da acumulação primitiva. (LUXEMBURGO, 1983, p. 317)

Um produto fornecido pela natureza pode servir como meio de produção. Antes, portanto, precisa ser apropriado. O próprio corpo humano é todo capaz de realizar trabalho, após ser nutrido e cuidado, para gerar mais-valia e desenvolver o capital.

Aliás, cuidar para que um corpo fique forte e saudável para o trabalho é função atribuída, culturalmente opressora, às mulheres. Logo, o corpo denominar-se-ia capital-trabalho. Seguindo essa lógica, seria simples afirmar que o capital sempre esteve presente, pois objetos da natureza – capital constante – e o corpo humano – capital variável – sempre existiram no mundo. Todavia, não é momento para simplificações simplórias. Recursos da natureza e corpo humano sempre existiram, mas não a serviço do capital.

> O capital tem um único impulso vital, o impulso de valorizar-se, de criar mais-valia, de absorver com sua parte constante, os meios de produção, a maior massa possível de mais-trabalho. O capital é trabalho morto, que apenas se reanima, à maneira dos vampiros, chupando trabalho vivo e que vive tanto mais quanto mais trabalho vivo chupa. O tempo durante o qual o trabalhador trabalha é o tempo durante o qual o capitalista consome a força de trabalho que comprou. Se o trabalhador consome seu tempo disponível para si, então rouba ao capitalista. (MARX, 1982b, p. 263).

A satisfação das necessidades humanas é perpassada pelo trabalho, que não iniciou com o sistema capitalista, tampouco com a revolução industrial, é fundamental lembrarmos dos modos de produção de sociedade que antecedem o sistema capitalista, dos quais destacamos o escravismo, o feudalismo e o modo de produção primitivo, desde os primórdios.

Desse modo, estamos diante de situações que caracterizam processos de produção não capitalistas. Outra forma não capitalista, mas que gera produção, é o próprio processo da natureza de produzir, sem mesmo precisar de mão-de-obra. Cabe apenas a extração dos recursos naturais.

> Percebemos, não obstante, que o capitalismo está ligado, em seu pleno amadurecimento, à existência coetânea de camadas e sociedades não-capitalistas. Essa relação não se esgota pela mera questão do mercado para o "produto excedente", que era a forma como colocavam o problema Sismondi e os posteriores críticos céticos da acumulação capitalista. O processo da acumulação de capital está ligado por suas relações de valor e materiais: ao capital constante, ao capital variável e à mais-valia e a formas de produção não-capitalistas. As últimas formam o meio histórico dado daquele processo. A acumulação do capital, porém, não pode ser explanada sob a hipótese do domínio exclusivo e absoluto da forma de produção capitalista, já que, sem os meios não-capitalistas, torna-se inconcebível em qualquer sentido. (LUXEMBURGO, 1983, p. 314).

Em todas as fases, chegando até a contemporaneidade, foi por meio do trabalho que esses modos se desenvolveram. A cada novo ciclo que avança levando características dos ciclos anteriores, novas formas são adicionadas ao modo de produção. Sempre houve interesses antagônicos, principalmente com a implementação da herança e da propriedade privada, compreendidos como interesses de classes.

Nesse processo, necessitando dos modos de produção não capitalistas para dar andamento ao desenvolvimento do capital, é que se dá o intuito de dominá-los. Nesse sentido, ocorreu a apropriação direta dos meios de produção, como a terra, os minérios, a água e os demais recursos naturais; como se deu a "libertação dos escravos, a fim que de que pudessem ser operários e consumidores"; para aprofundar a economia de mercado e, segundo Luxemburgo (1983), separar a agricultura do artesanato:

> Cada nova expansão colonial é acompanhada, naturalmente, dessa luta encarniçada do capital contra a situação social e econômica dos indígenas que compreende a apropriação violenta de seus meios de produção e de suas forças de trabalho. A esperança de que o capitalismo se limite exclusivamente à "concorrência pacífica", isto é, ao comércio regular de mercadorias, tal qual é praticado entre países capitalistas, como base única de sua acumulação, baseia-se na possibilidade ilusória de que a acumulação do capital se pode efetuar sem as forças produtivas, sem o consumo das populações primitivas e que pode confiar no lento processo de desintegração interna da economia natural. (LUXEMBURGO, 1983, p. 318-319).

Grespan (2012, p. 154) desenvolve que a "determinação dos valores de uso subordina à da autodeterminação, consistindo na subjetividade mais complexa do capital social na divisão quantitativa e qualitativa de suas partes", para a reprodução do capital da sociedade.

> A produção de mais-valor ou a criação de excedente, é lei absoluta desse modo de produção. A força de trabalho só é vendável na medida em que conserva os meios de produção como capital, reproduz seu próprio valor como capital e fornece uma fonte de capital adicional em trabalho não pago (MARX, 2013, p. 688).

Ou seja, foi produzindo valores de uso, a partir de processos que transformaram a si e a natureza, que a humanidade se desenvolveu. Outrossim, é também pelo trabalho apropriado que se desenvolve o capital.

2.1.2 O trabalho na formação do capital

O trabalho é condição fundamental para o desenvolvimento da própria vida social, é condição inelimínavel para a existência humana, uma vez que é pelo trabalho que os bens socialmente úteis são produzidos (MARX, 2007), dentro de um determinado modo de produção e referem-se à forma de organização econômica, social e política a que está relacionada. Ou seja, está diretamente relacionada à forma como são produzidos, utilizados e distribuídos os bens de consumo e serviços.

O trabalho é a ação consciente que produz alimentos, maquinários, cultura, arte, a educação e a pesquisa e que nos permitiu passar de seres biológicos para seres sociais. Negamos o estado de natureza pura para nos tornarmos humanos, por meio do trabalho, como base da formação da cultura, sem deixarmos de ser totalmente natureza (BOGO, 2010, p. 27). Ou, nas palavras de Marx e Engels (2009, p. 32), "não é a consciência que determina a vida, é a vida que determina a consciência".

Ocorre que todo o capital é objetivado, pois é fruto do processo de produção, porém nem todo o trabalho tem o objetivo de produzir algo que vá beneficiar ao capital. Ao contrário do que a simplificação da ideia de capital possa parecer, o capital não é uma coisa, um objeto, não, é sequer, o dinheiro. Esse, como já vimos, é a forma fenomênica do capital que permite originar a produção. O capital surge do trabalho que não é remunerado, de parte do trabalho que não é pago e, portanto, precisa dos trabalhadores para existir.

> Tão logo o dinheiro é posto como valor de troca que não só se autonomiza em relação à circulação, mas nela se conserva, não é mais dinheiro, já que o dinheiro enquanto tal não vai além da determinação negativa, mas é capital. Que o dinheiro é a primeira forma em que o valor de troca continua até a determinação do capital, e que, por isso, a primeira forma fenomênica do capital é confundida com o próprio capital ou é considerada como a sua única forma adequada, é um fato histórico que, longe de contradizer nosso desenvolvimento, antes o confirma. (MARX, 2011, p. 200).

O produto que foi criado com o trabalho (do trabalhador) que agregou valor à mercadoria e que, na circulação, concretizou a mais-valia, só gerou capital porque é fruto não do trabalho direto, mas da exploração do trabalhador e da expropriação dos recursos naturais. Ou seja, o capital é fruto do processo das relações de exploração, de expropriação e de opressão.

> O processo contraditório do desenvolvimento capitalista decorre do fato de que a produção do capital nunca é, ou seja, nunca decorre de relações especificamente capitalistas de produção, fundada, pois, no trabalho assalariado e no capital. Para que a relação capitalista ocorra é necessário que

> seus dois elementos centrais estejam constituídos, o capital produzindo e os trabalhadores despojados dos meios de produção. (OLIVEIRA, 2007, p. 11).

O aumento da produção de mais mercadorias, que vai carregada da mais-valia, não considera a demanda da sociedade e, sim, o que o capital precisa para ampliar a sua reprodução. Na forma capitalista, somente a produção em larga escala, juntamente com o consumo "colossal de recursos da natureza", são capazes de consumar a reprodução ampliada (MARX, 2013, p. 694). Opera ainda sobre a totalidade do sistema capitalista uma dinâmica entre os países capitalistas que possibilita arrestar ainda mais a força de trabalho do trabalhador para compensar a queda da taxa de lucros citada anteriormente.

Ratificamos que mais-valia ou valor é a parte da força de trabalho não paga, não remunerada. É a unidade de trabalho concreta e abstrata que faz a engrenagem do capital girar, gerando mais lucro e acumulando mais riqueza para o capitalista e pobreza para a classe trabalhadora. Essa é a contradição essencial colocada pelo capitalismo, hoje em sua fase de financeirização mundializada[23]. Do mesmo modo, essa mão de obra desempenhou um papel decisivo no domínio sobre a natureza, na produção de alimentos e na ampliação das fontes de sobrevivência, conforme desvendado por Morgan (1877)[24] e ratificado por Engels, originalmente, em 1882:

> A habilidade nessa produção desempenha um papel decisivo no grau de superioridade e domínio do homem sobre a natureza: o homem é, de todos os seres, o único que logrou um domínio quase absoluto da produção de alimentos. Todas as grandes épocas de progresso da humanidade coincidem, de modo mais ou menos direto, com as épocas em que se ampliam as fontes de existência. (MORGAN, 1877 *apud* ENGELS, 1982, p. 21-22).

A dinâmica produtiva dos países capitalistas opera conforme especificidades e particularidades que são alheias às demandas de sua classe trabalhadora, nas quais países de economias centrais têm, gravitando à sua volta, os países de economia periférica. Essa dinâmica compõe uma engrenagem que forja uma falsa ideia etapista de escalas de desenvolvimento,

---

[23] Mandel (1982) nos elabora sobre as crises cíclicas do capital, que passa a fazer parte da sociabilidade capitalista a reestruturação produtiva – que nos acompanha com mais força desde a década de 1970. Nesse interregno, o trabalho abstrato vai sendo subsumido às especialidades do trabalho concreto.

[24] L. H. MORGAN escreve "A Sociedade Antiga" em 1877 e, a quem, segundo Engels, devemos esse avanço no pensamento sobre a família que dissipa "como fumo todos esses dogmas consagrados" (ENGELS, 1982, p. 18).

bem como a própria ideia do que seja o desenvolvimento, fazendo encobrir os verdadeiros fatores que geram as desigualdades, desde a origem de sua configuração, metamorfoseando as violências que, ao fim e ao cabo, dão-se sobre a classe trabalhadora.

> No processo de metamorfose da Mercadoria em Valor, do Valor em Capital e do Capital em Dinheiro, ocultam-se as substâncias objetivas e subjetivas da materialização da violência do capital sobre o trabalho. A violência estrutural, quando relatada pelo movimento de captação da totalidade, deve ser entendida como expressão inerente às leis gerais do desenvolvimento do capital sobre e contra o trabalho e a terra. (TRASPADINI, 2016, p. 35)

Marx escreveu sobre as condições desfavoráveis em que trabalham os sujeitos que trabalham na terra:

> Parte do trabalho excedente dos camponeses que lidam nas condições mais desfavoráveis é dada de graça à sociedade e não contribui para regular os preços de produção, nem para formar o valor em geral. Esse preço mais baixo, portanto, resulta da pobreza dos produtores e não da produtividade do trabalho. (MARX, 1980b, p. 923-924).

Os países da América Latina estão incluídos nessa dinâmica produtiva, enquanto economias periféricas, constituem parte importante dessa engrenagem para a "expansão mundial do sistema capitalista", que contribui para compensar as perdas de lucros na totalidade desse sistema (PAIVA; ROCHA; CARRARO, 2010, p. 151). Conforme Traspadini e Amaral (2020, *online*), "na dinâmica produtiva das economias latino-americanas, o que se define como desenvolvimento tem uma característica *sui generis*: funcionar como engrenagem do capital monopolista" e, consoante disto, "encontrar mecanismos que contrarrestem uma suposta condição de subdesenvolvimento", que equivale ao crescimento econômico.

Essa condição será abordada no próximo item por meio da Teoria Marxista da Dependência.

2.2 O capital e as economias dependentes

A condição de dependência dos países periféricos é gerada por asserções econômicas que dominam a trama política e que, por consequência, engendram a condição servil, colocando os países na condição de subdesenvolvimento. O fim do colonialismo formal, com independência política formal dos países, "deu lugar a novas formas de dominação dos países periféricos do capitalismo, pelos do centro pelo imperialismo[25]", criando as bases políticas dos Estados e para a construção de democracias que chegaram a proliferar, especialmente, no segundo pós-guerra (SADER, 2010, p. 18).

> O capitalismo na América Latina se desenvolveu dentro do contexto da expansão e evolução do capitalismo mundial. Em função disso, assumiu formas específicas que, sem negar as leis gerais do movimento do sistema; configuram no continente tipos específicos de capitalismo dependente, cujo caráter e modo de funcionamento são intrinsecamente conectados à dinâmica que assume historicamente o capitalismo nos países centrais. (BAMBIRRA, 2013, p. 33).

Compreender que a dependência é econômica e política dá a dimensão da expressão da dinâmica do desenvolvimento do capitalismo, que transversaliza todos os segmentos da sociedade. Assim,

> [...] o processo de produção que se estabelece no que se denomina países atrasados deve ser entendido como expressão de uma dinâmica do desenvolvimento do capitalismo, que no momento de sua expansão subsume todos os elementos da nova sociedade aos ditames do capital. Está dado, desse modo, o processo em que a história engole a história para produzir outra história: a história do subdesenvolvimento da América Latina na história do desenvolvimento do capitalismo mundial. (PAIVA; ROCHA; CARRARO, 2010, p. 150).

Na disputa de poder da luta de classes, os países de economia dependente colocam-se enquanto coadjuvantes, atuando na oferta de matérias-primas, inclusive, tendo a sua referência econômica vinculada à produção primária. Como exemplo dessa afirmação, trazemos os Estados Unidos, que é o maior produtor de milho do mundo, utilizado para a produção de etanol, porém nunca tiveram a sua identificação econômica referenciada por tal atividade. Paiva, Rocha e Carraro (2010) explicam essa categoria que engendra o progresso e o atraso e que conforma esse desenvolvimento desigual e combinado:

---

[25] Sader (2010, p. 34) traz a definição clássica de Lenin (1979) para o imperialismo nas suas características econômicas fundamentais. São elas: "1) A concentração da produção e do capital, atingindo um grau tão alto de desenvolvimento que cria os monopólios, os quais desempenham papel decisivo na vida econômica; 2) A fusão do capital bancário com o capital industrial e a criação, sobre a base deste "capital financeiro", da oligarquia financeira; 3) A exportação do capital, diversamente da exportação de mercadorias, adquire uma significação particularmente importante; 4) Formam-se as uniões monopolistas internacionais de capitalistas, que dividem o mundo entre si; 5) Termina a divisão territorial do mundo entre as maiores potências capitalistas.

> O progresso, portanto, não pode ser caracterizado como resultante especial da evolução do atraso. O fato das nações latino-americanas terem sido plasmadas a partir de sua inserção no mercado capitalista mundial, como economias mercantis produtoras de bens de exportação, evidencia que, embora subdesenvolvimento e desenvolvimento possam parecer processos independentes, são processos constitutivos de uma mesma lógica de acumulação capitalista em escala global, qualitativamente diferenciados e ligados tanto pelo antagonismo como pela complementaridade. O antagonismo e a complementaridade referem-se às contradições tão absurdas quanto reais, que conformam a força do conjunto do sistema sobre a desigualdade das partes que o formam. (PAIVA; ROCHA; CARRARO, 2010, p. 151).

O efeito do intercâmbio desigual e combinado, nas economias dependentes, na medida em que coloca obstáculos ao ganho de mais lucros, direciona para a extração de mais força de trabalho daquilo que já era excedente. À vista disso, as trocas desiguais mantêm a condição para um desenvolvimento desigual, porém combinado com o capitalismo global, "variando formas avançadas com modalidades retrógradas" (RAO, 2010 *apud* KATZ, 2020, p. 43).

> [...] compreende-se que nestas circunstâncias a atividade produtiva se baseia, sobretudo, no uso intensivo e extensivo da força de trabalho. Isto permite diminuir a composição-valor do capital, o que, agregado à intensificação do grau de exploração do trabalho, faz com que se elevem simultaneamente as taxas de mais-valia e de lucro. (MARINI, 2000, p. 125).

As questões logísticas e estruturais têm relação direta com subdesenvolvimento. Segundo Bambirra (2013), essas questões corroboram para que alguns países desenvolvessem seus processos de industrialização antes da Segunda Guerra Mundial (Tipo A), como Brasil, Argentina e México, em 1945, e outros após (Tipo B), como Peru, Venezuela e Chile. Essa caracterização contribuiu para analisarmos a relação da entrada de capital estrangeiro com o crescimento da industrialização.

> Desta forma, a partir do pós-guerra de 1945, devido ao grande desenvolvimento das forças produtivas que a guerra permite concentrar na economia estadunidense - o que faz culminar o processo de monopolização, centralização e concentração da produção por parte das empresas multinacionais - verifica-se nos países latino-americanos uma série de transformações

> substanciais. Tais transformações reorientam o sentido da industrialização nos países nos quais está já havia começado, e iniciam e orientam a industrialização em vários países que até então não tinham desencadeado este processo. (BAMBIRRA, 2013, p. 33).

Máquinas e tecnologias não entraram como mercadorias nessas terras, mas como investimentos. Kay e Vergara-Camus (2018) asseguram que a porteira livre para a entrada do neoliberalismo no Brasil, durante meio século, agravou a crise da dívida e os programas de ajuste estrutural concomitantes da década de 1980, após o período de desenvolvimentismo estatal e de industrialização. Isso resultou, ainda, no acirramento do controle do capitalismo imperialista sobre a economia do Brasil, conforme ressalta Marini (2014):

> Isso se soma à acentuação do papel dirigente do Estado e ao aumento considerável dos gastos militares, que vão se tornando, em escala crescente, parte da demanda de uma oferta industrial que não pode se basear na expansão do consumo popular. Com as deformações de escalas inerentes a esse processo, o imperialismo reproduz nas economias periféricas da América Latina os mesmos traços fundamentais consolidados nas economias centrais, em sua transição para a integração dos sistemas de produção. (MARINI, 2014, p. 63).

Segundo Bambirra (2013), nos países do Tipo A, a industrialização teve início com recursos nacionais, com a formação de uma burguesia nacional. Nos países do Tipo B, todo o processo de industrialização se deu por meio de capital internacional, acirrando os processos de dependência.

> A base material e o sentido ao qual se orienta a industrialização na América Latina são, desde então, fundamentalmente dados pelo capitalismo estrangeiro; e embora isso se realize a partir das condições existentes, isto é, tendo um mercado interno já relativamente estruturado, o referido capital reorienta este mercado em função das novas pautas de consumo que o sistema lhe permite desenvolver. (BAMBIRRA, 2013, p. 33-34).

Todavia, contar com uma burguesia nacional não impulsionou uma "revolução burguesa" esperada. Ao contrário, a burguesia industrial somou forças com a burguesia agrária, conformando os interesses de ambas para se aliarem ao capital internacional e garantirem seus privilégios, acirrando as desigualdades no país. Marini (2014) reflete que, do ponto de vista político, para setores da esquerda, isso representou o fracasso da própria classe burguesa nacional:

> O fato de que a burguesia brasileira, finalmente, tenha aceitado o papel de sócio menor em sua aliança com os capitais estrangeiros e tenha decidido intensificar a capitalização – baixando ainda mais o nível de vida do povo e concentrando em suas mãos o capital disperso na pequena e média burguesias – tem sérias implicações políticas. Para amplos setores da esquerda, o atual regime militar representa o fracasso de uma classe – a burguesia nacional – e de uma política – o reformismo. (MARINI, 2014, p. 108).

Ora, a classe burguesa não fracassou em satisfazer seus interesses; fracassaram as expectativas que setores da esquerda tinham com relação a ela, tendo em vista a revolução burguesa francesa no retrovisor. Esta, que reflete o passado com "esperanças" de futuro, deu origem ao sistema que é hegemônico no mundo.

Marx já havia conjecturado sobre alianças da classe trabalhadora com a burguesa:

> A grande indústria e a grande agricultura industrialmente empreendida atuam em conjunto. Se na origem distinguem porque a primeira devasta e arruína mais a força de trabalho, a força natural do homem, e a segunda, mais diretamente, a força natural do solo, mais tarde, em seu desenvolvimento, dão-se as mãos: o sistema industrial no campo passa a debilitar também os trabalhadores, e a indústria e o comércio, a proporcionar à agricultura meios de esgotar a terra. (MARX, 1980b, p. 931).

Bambirra (2013, p. 34) expõe que as alianças realizadas com a burguesia não só não resolvem as "contradições econômicas e sociais existentes", como também agravam as desigualdades do continente, aprofundando "uma situação de crise profunda e generalizada, que se manifesta em todos os níveis da vida das sociedades latino-americanas. As economias dependentes não conseguem ser condicionantes de sua própria política.

A interferência dos Estados Unidos nos processos eleitorais revela um aspecto político da dependência, que pode ser contextualizada por situações recentes: Bolívia, Venezuela e Brasil, nas eleições de 2018. Trazemos esses casos citados para elucidação, para que esses acontecimentos, que alteram o curso da história, não sejam naturalizados. Quando não refletimos e não racionalizamos sobre fatos históricos que interferem na vontade do povo, prevalece uma lógica, uma moral, e essa moral é a do capital, reproduzida pelas instituições que servem a ele.

Evo Morales foi eleito na Bolívia em outubro de 2019[26]. Logo após os resultados, a Organização dos Estados Americanos (OEA) apresentou um relatório em que acusou as autoridades bolivianas de manipularem o processo eleitoral. Ocorre que um novo estudo foi realizado[27] pelo Centro de Investigação em Economia e Política – CEPR (sigla em inglês) e apresentado em dezembro de 2019. Este apontou inconsistências nos estudos que indicavam fraudes nas eleições da Bolívia, mas foram impedidos pelo Conselho Permanente da OEA de apresentar as análises junto ao relatório final. Houve um duro golpe e, após um período de violências no país e diversas ameaças, Evo e seu Vice-Presidente Álvaro García Linera renunciaram. Na sua renúncia, Linera denunciou:

> Policiais perseguiram campesinos. Famílias de trabalhadores foram intimidadas, sequestradas, suas casas queimadas, roupas destruídas [...]. Sou um vice-presidente leal a nosso presidente indígena e campesino. (BRASIL DE FATO, 2019).

Em outubro de 2020, um ano após o golpe contra Evo[28], os bolivianos voltaram às urnas no dia 18 de outubro. A nova eleição na Bolívia[29] chancelou o apoio da maioria a Evo Morales, elegendo Luis Arce do Movimento ao Socialismo (MAS) ainda no primeiro turno com 55,2% dos votos. Em 09 de novembro, após as eleições, Evo retornou à Bolívia pela fronteira com a Argentina, junto de Alberto Fernández, presidente da Argentina que o recebera para o exílio. Na cidade de Villazón, milhares de bolivianos o receberam e ouviram de Evo:

> Recuperamos a nossa democracia sem violência, recuperamos a pátria. Ano passado, em plena operação de golpe, inventaram uma farsa dizendo que havia fraude. No dia 18 de outubro de 2020, o povo disse que não houve fraude. E a

---

[26] Uma investigação aponta que a OEA manipulou dados para acusar fraude em eleição na Bolívia (Brasil de Fato, 2020).

[27] Nuevo estudio del CEPR muestra que la OEA "tergiversó datos y evidencia" en su Informe Final de auditoría para justificar acusaciones de fraude en las elecciones bolivianas (CEPR, 2020).

[28] Disponível em: https://www.brasildefato.com.br/minuto-a-minuto/eleicoes-bolivia-2020. Acesso em: 29 dez. 2020.

[29] Disponível em: https://www1.folha.uol.com.br/mundo/2020/10/apuracao-oficial-confirma-vitoria-avassaladora-de-arce-na-eleicao-presidencial-na-bolivia.shtml. Acesso em: 29 dez. 2020.

> melhor prova foram as eleições desse ano, algo histórico no mundo. [...] o povo organizado em distintos setores sociais, camponeses, petroleiros, operários, seguem fazendo história, enfrentando problemas e agressões. Quando o império quer os nossos recursos, eles pegam, nos dominam, nos saqueiam. E nossos movimentos sociais decidiram que nossos recursos são dos bolivianos. Quando a massa participa e o MAS participa, se pode voltar ao governo. O MAS está no governo e o Evo está na Bolívia, e isso é um grande vitória do povo boliviano. (OPERA MUNDI, 2020, *online*).

O povo brasileiro que sofreu um golpe em 2016, na retirada da presidenta Dilma, e outro em 2018, quando deixaram inelegível um ex-presidente (Lula) que era apontado como preferência nos votos e estando à frente das pesquisas eleitorais de 2018, vê com esperanças o ocorrido na Bolívia. Lula está elegível hoje e, apesar das contradições de um processo eleitoral burguês, há esperança. Nesse período da história do Brasil, ficou nítida a perversidade da direita fascista, acirrada na pandemia, contra a classe trabalhadora; o campesinato sente as diferenças de um governo que não prima pelo controle social:

> E4: A diferença é essa, não passa mais pelo controle social, das organizações sociais, então diz que tem;
> E3: mas não chega, acesso limitado;
> E4: eles não dizem que não tem, tem, mas mudou a metodologia, os atores que encaminham e o controle social está fora e antes estava dentro. Na assistência técnica, estão terminando com a assistência técnica e isso é visível e é uma necessidade grande que tem o camponês pois não tem dinheiro para pagar um técnico, diferente de um fazendeiro. Enfim, do modo geral, se terminou com vários programas que se tinha até ali, nos governos do Lula e da Dilma que foram importantes para manter os camponeses na roça. Após o golpe muita gente saiu da roça, foi embora pra cidade;
> E3: a juventude não fica na roça, no campo, a juventude não tem perspectiva. Hoje tem uma dificuldade muita grande dos filhos dos pequenos agricultores fazerem uma faculdade, de terem ingresso na universidade pública e gratuita, diminuiu muito o acesso, hoje os pequenos estão sendo excluídos, a política desse governo é altamente cortante, excluindo os pequenos totalmente. (E3; E4, jan. 2020)

Outra forma de interferir na política dos países dependentes é a partir dos receituários econômicos do Fundo Monetário Internacional – FMI, que orientaram a política nos países periféricos, o que fez ampliar as condições de dependência, aumentando as desigualdades e criando abismos sociais. A única coisa permitida a se desenvolver pelas economias centrais é próprio subdesenvolvimento. Hudson (2019) explica que, ao aceitarem as condições postas pelo FMI e pelo Banco Mundial, praticamente impagáveis, "os EUA interfere na política desses países, sempre impulsionando a direita", gerando cada vez mais pobreza e desigualdade nesses países, que podem conseguir mais lucros, acirrando a exploração sobre *as gentes* e os recursos naturais da América Latina.

> A pobreza mundial é vista como solução, não como problema. O Banco Mundial vê a pobreza como mão de obra barata, criando uma vantagem competitiva para países que produzem bens que exigem muita mão de obra. Então pobreza e austeridade, para o Banco Mundial e o FMI, são uma solução econômica que está incorporada nos modelos deles. A pobreza faz parte da luta de classes: lucro contra pobreza. (HUDSON, 2019, *online*).

Em um Estado burguês de uma sociedade burguesa, ter o poder político sem ter o poder econômico, não garante a governabilidade. O sociometabolismo do capital, faz gerar mais violências sobre a classe trabalhadora, pois esse Estado tem o controle das armas e dos meios de comunicação e os golpes citados, assim como outros ocorridos em nosso continente, reforçam isso (golpes militares que aconteceram sobre governos eleitos democraticamente). Logo, superar um Estado burguês será necessário para que velhas alianças com as burguesias sejam sepultadas.

São contextos políticos recentes da história de *Nuestra América*[30] que não poderíamos deixar de trazer, pois a luta de um povo é a luta de todo o povo que enseja emancipação política e, quiçá, emancipação humana. Porém, essa não ocorrerá antes de esgotarmos todas as vias de autocrítica e embates internos da própria esquerda, que Marini (2014) relaciona com a esquerda brasileira, todavia, é representativo para as situações e os contextos dos países elencados acima:

> A crise da esquerda brasileira é a crise da base social em que se apoiava, mas é também uma crise ideológica. Neste contexto, a esquerda está obrigada a viver esta crise até suas últimas consequências, esgotando todas as vias de autocrítica

---

[30] Com essa terminologia queremos fazer referência ao José Martí, herói da independência cubana, que, em 28 de janeiro do ano corrente, completaria 168 anos. Deixou um legado e um chamado para que lutemos por nossa Pátria Grande, "nós temos a nossa América".

> e chegando ao embate extremo da luta interna. Somente assim poderá enfrentar o desafio colocado pela luta de classes: a organização das massas exploradas para a guerra contra a ditadura do capital. (MARINI, 2014, p. 254).

Desse período em diante, cabe-nos a reflexão sobre as dimensões que compõem o ideal de desenvolvimento de sociedade adotado por cada país. Temos o ideológico no sentido de ideal para o desenvolvimento do capital sobre todo o território brasileiro, em um empenho sagaz das instituições do Estado, da família, da igreja, dos meios de comunicação, entre outros, tal qual afirma Traspadini (2016):

> [...] o desenvolvimento desigual e combinado imprime, no ritmo da exploração-opressão, mecanismos objetivos-subjetivos de materialização, territorialização, do poder do capital. Entre estas formas estão: os Estados Nacionais; os poderes jurídicos e políticos emanados como regras sociais; o aparato militar de controle e uso da força; as células de construção da ideologia dominante (igreja, família, escola, partidos, meios de comunicação), entre outros. (TRASPADINI, 2016, p. 38).

Nesse sentido, sobre as dimensões que compõem um arquétipo de desenvolvimento, Dallabrida (2010, p. 156) salienta que a

> [...] concepção de uma sociedade não é alheia à sua estrutura social, tampouco a formulação de uma política de desenvolvimento e sua implantação é concebível sem que seja contemplado o embate ideológico.

A implementação das ditaduras por meio de golpes que se sucederam nas décadas de 1960 e 1970 tem em comum um contexto prévio de avanço dos governos de esquerda, em que uma das pautas pairava sobre a reforma agrária. No período em que ocorrem as ligas camponesas, a questão agrária entra na pauta da sociedade brasileira, que demandou a resposta urgente de uma ditadura militar para implementar os planos estadunidenses no território brasileiro. Pois bem, o Estado brasileiro adotou aliar as grandes propriedades ao capital.

> A ditadura militar é uma resposta à crise econômica que afetou a economia brasileira entre 1962 e 1967 e à consequente intensificação da luta de classes. É também algo mais: o instrumento e resultado de um desenvolvimento de tipo capitalista de Estado e subimperialista. Nesta perspectiva, a ditadura constitui, de um lado, o suporte da acumulação de capital baseada na superexploração das massas trabalhadoras, tanto urbanas como rurais, e, de outro, a expressão da

> hegemonia conquistada, devido à crise, pelos monopólios industriais e pelo capital financeiro nacional e internacional. (MARINI, 2014, p. 255).

Concretamente, no ápice do desenvolvimentismo, sem romper com as estruturas de dominação e de exploração, no máximo, chegar-se-ia a um capitalismo autônomo e que, conforme Bambirra (2013), dependeria de reproduzir o imperialismo no modo dependente, ou seja, um subimperialismo sobre outras nações que, então, sofreriam duplamente o imperialismo dos países centrais e o subimperialismo dos países dependentes.

O subimperialismo designa um processo dinâmico do capitalismo nacional que se expande para economias regionais, tutelado pela ditadura militar e pelos interesses do capital internacional. Os limites dessa expansão são os limites dos monopólios mundiais e isso quer dizer que a economia e a política brasileiras são subordinadas ao imperialismo, elas funcionam de acordo com a lógica e os interesses do capital internacional. O neoliberalismo colocou todas as forças para efetivar o destino traçado pelos teóricos marxistas e não há superação desse modelo somente com reformismo.

> A ocupação direta dos territórios do continente pelo capital transnacional, somada à reestruturação produtiva da condução neoliberal, contínua com remodelagens de um Estado que, no nacional, serviu aos interesses do capital externo, em aliança com a burguesia nacional, conformam o passado-presente da dependência no continente. E isto faz cair por terra a concepção de desenvolvimento, seja nacional, neoliberal ou "neodesenvolvimentista", apregoados como autonomia e soberania. (TRASPADINI, 2016, p. 50).

Já afirmava Marini (2000), ao contrapor Gunder Frank, que a dependência é uma relação de subordinação entre nações "formalmente independentes, cujo âmbito das relações de produção das nações subordinadas é modificado ou recriado para assegurar a reprodução ampliada da dependência" (MARINI, 2000, p. 109-110). Apesar de contrapor Gunder Frank na relação que o autor elaborou entre a dependência e o colonialismo, Marini concorda integralmente com o conceito elaborado por Frank sobre o "desenvolvimento do subdesenvolvimento"[31]: *"El carácter desigual del desarrollo económico condujo a lo que fue en cierta medida una desigualdad que es perpetuada a sí misma"* (GUNDER FRANK, 1968, p. 13).

---

[31] Desenvolvimento do Subdesenvolvimento é uma concepção elaborada por André Gunder Frank (1968), disponível em seu artigo *"Latinoamérica: subdesarrollo capitalista o revolución socialista"*, escrito em 1968.

> [...] que el imperialismo del siglo diecinueve generó en la América Latina, dio origen a intereses de clase creados que, con el apoyo de la metrópoli, mantuvieron y expandieron este desarrollo del subdesarrollo latinoamericano durante el siglo veinte. (GUNDER FRANK, 1968, p. 16).

A situação de subdesenvolvimento econômico-político-social em que se encontram todos os países da América Latina não refere uma etapa para o desenvolvimento e, sim, uma condição que foi construída na relação com as economias centrais, confirma Bambirra (2013, p. 44), concordando com Günder Frank:

> Esses autores não compreendem que o "atraso" dos países dependentes foi uma consequência do desenvolvimento do capitalismo mundial e, ao mesmo tempo, a condição desse desenvolvimento nas grandes potências capitalistas mundiais. Os países capitalistas desenvolvidos e os países periféricos formam uma mesma unidade histórica, que tornou possível o desenvolvimento de alguns e inexorável o atraso de outros.

Assentimos com Marini (2000, p. 109) que a exploração das colônias auxiliou e é base para o desenvolvimento industrial da Inglaterra, mas que "a situação colonial não é igual à situação de dependência". Segundo Marini (2000), a Revolução Industrial possibilitou aos países da América Latina uma independência política no sentido de permitir que os países pudessem negociar diretamente com a Inglaterra. Até esse momento, as colônias utilizavam como base as suas estruturas demográficas e administrativas que existiam até então, passaram a ignorar a articulação possível entre os países da América Latina e negociar diretamente com a metrópole inglesa.

> É a partir desse momento que as relações da América Latina com os centros capitalistas europeus se inserem em uma estrutura definida: a divisão internacional do trabalho, que determinará o sentido do desenvolvimento posterior da região. Em outros termos, é a partir de então que se configura a dependência, entendida como uma relação de subordinação entre nações formalmente independentes, em cujo marco as relações de produção das nações subordinadas são modificadas ou recriadas para assegurar a reprodução ampliada da dependência. (MARINI, 2000, p. 109).

Sader (2010, p. 33) concorda com Marini ao afirmar que foi a partir do final do séc. XIX que mudou a forma das relações entre os países centrais e os periféricos, "passando do colonialismo ao imperialismo". É a partir da dívida externa, que ocorre a transferência dos excedentes dos países periféricos para as economias centrais, numa estrutura definida pela divisão internacional do trabalho e ratificamos que a dependência, perfaz uma relação de subordinação econômica, mas, principalmente, do poder político, entre nações formalmente independentes.

> O poder político – em última instância – constitui o núcleo articulador de qualquer projeto emancipatório que pretenda transformar as bases da dominação e da opressão [...] entendemos por política a capacidade de decidir e incidir na definição e nas soluções dos processos e problemas que têm a ver com o curso da vida em comum. (OSÓRIO, 2014, p. 93).

O imperialismo, fase superior do capitalismo[32], traz formas mais avançadas de superexploração, não separando política, economia, cultura etc. Essa é a tessitura que compõe o capitalismo imperialista, mediando a dependência com a categoria política e a superexploração com a categoria econômica.

2.2.1 O capital e a terra nas economias dependentes

O Brasil assentou-se em uma estrutura de exploração e de expropriação nos moldes do sistema capitalista neoliberal, nos territórios rural e urbano, chancelando as desigualdades sociais em todo o seu território. Ao inserir-se de forma subordinada no capitalismo internacional, coloca o destino de seu povo para ser determinado por interesses externos e internos (burguesia nacional), que remetem à intensificação da superexploração[33]. Dardot e Laval (2016) falam de uma sociedade neoliberal, tamanho o alcance do capitalismo na dinâmica da sociedade:

> Em última análise, o que justifica o intervencionismo jurídico reivindicado pelo neoliberalismo é que, quando se lida com um capitalismo singular, é possível intervir nesse conjunto de maneira a inventar outro capitalismo, diferente do primeiro, o qual constituirá uma configuração singular determinada por um conjunto de regras jurídicopolíticas. Em vez de um modo econômico de produção cujo desenvolvimento é comandado

---

[32] Frase que intitula a obra de Lenin.

[33] A diferença da exploração para a superexploração é que a primeira exige salário para consumir no mercado interno dos países (centrais) e a segunda representa o pagamento de salário abaixo do seu valor para a reprodução do trabalhador, pois o que é gerado de valor aqui (países periféricos), será realizado fora (países centrais). Pode ocorrer situação de agravamento de crise econômica nas economias centrais em que será utilizada a superexploração da força de trabalho. Todavia, se tratará de uma exceção. Nos países de economias periféricas, a regra é superexplorar a classe trabalhadora.

> por uma lógica que age à maneira de uma "lei natural" implacável, o capitalismo é um "complexo econômico-jurídico" que admite uma multiplicidade de figuras singulares. É por isso também que devemos falar de sociedade neoliberal e não apenas de política neoliberal ou economia neoliberal – embora seja inegavelmente uma sociedade capitalista, essa sociedade diz respeito a uma figura singular do capitalismo que exige ser analisada como tal em sua irredutível especificidade. (DARDOT; LAVAL, 2016, p. 25-26).

Ao final desse capítulo em que mediamos aspectos da dinâmica do capital com a formação das economias dependentes na América Latina, rememoramos a questão orientadora que o mobilizou: como o capital se relaciona com a terra nas economias dependentes?

A terra é elemento central, pois os países de economia periférica inserem-se de forma subordinada na divisão internacional do trabalho, como países produtores e exportadores de matérias primas, do setor primário, com profunda extração de recursos naturais. O setor primário e os recursos naturais têm na terra sua fonte de recursos, é a partir dela que se inicia a exploração interna e internacional pelo capital, que avança sobre a classe trabalhadora.

Outrossim, a tomada das terras da América Latina expande o processo de pilhagem[34], de centralização e de acumulação, ocasionando um processo de destruição, de genocídio. Não apenas a terra foi tomada, mas os povos, suas identidades, sua cultura, seus modos de produção foram destruídos. Smith (2017) critica o *novo imperialismo*[35] que resulta do acirramento das velhas formas de acumulação e usurpação do capital sobre os bens comuns. Não há superação do *velho* imperialismo[36], não há nada de novo ou de *neo* abaixo do *deus mercado*, senão a "superacumulação de capital" de maneira cada vez mais acirrada sobre as formas não capitalistas de pilhagem.

---

[34] No capítulo XXIII d'O Capital, Marx analisa a Irlanda, no papel de produtor primário para satisfazer as demandas industriais da Inglaterra. Nessa relação, segundo Katz (2020, p. 23), Marx reconsiderou seu posicionamento quanto ao papel da pilhagem para o desenvolvimento capitalista e afirmou que ser um país expropriado destruiria qualquer possibilidade de desenvolvimento. Logo, quanto à acumulação primitiva, não seria a pilhagem "antessala imediata aos processos de industrialização".

[35] Esse termo é utilizado, principalmente, por David Harvey na obra The New Imperialism.

[36] John Smith (2017) ratifica que não houve o fim do imperialismo, tampouco foram invertidos os velhos papeis entre explorados e exploradores. Referindo, ainda, o termo cunhado por Harvey, a crítica paira, principalmente, pelo autor não ter identificado que a mudança global da produção para países de baixos salários represente o acirramento da exploração imperialista, em uma relação que continua se dando pela mais-valia extraída da superexploração da força de trabalho dos trabalhadores.

> O argumento central na teoria do novo imperialismo de Harvey é que a superacumulação de capital empurra os capitalistas e o capitalismo para um recurso cada vez maior a formas não capitalistas de pilhagem, isto é, outras formas que não a extração de mais-valia do trabalho assalariado, do confisco da propriedade comunal à privatização do bem-estar, que surgem da usurpação do capital sobre os bens comuns, sejam de propriedade pública ou de natureza primitiva. (SMITH, 2017, p. 114-115).

A veracidade do Brasil ter sido colônia não justifica a dependência, não desdobra para esse caminho. No entanto, impacta no desenvolvimento dos países centrais, que se tornaram condicionantes nas relações pelo poder político que conformou a apropriação privada das terras para uma minoria branca e hegemônica.

> A violência política e cultural da colonização, assim como posteriormente a da escravidão e, de forma parecida, a da imigração, foi não só de obrigar a renegar a cultura de origem, mas também de ter que assumir a cultura do colonizador. A história dos prováveis 5 milhões de nativos existentes na época nesta terra, que falavam cerca de 300 línguas; os 3,5 milhões de africanos trazidos como escravo que também se diferenciam, como, até hoje, as comunidades e os povos com suas culturas. (BOGO, 2010, p. 98).

Na totalidade do capital e na particularidade da América Latina, a relação com a terra perpassa a necessidade de obter mais capital, por meio da terra como valor. A cada nova crise do capital, são acirradas as formas de exploração e absolutamente tudo se transforma em mercadoria. Porém, a terra, na América Latina, tem condição elementar para a constituição do capitalismo global e estrutural nos países de economia de dependente.

Para compreender os processos de resistência do campesinato frente ao acirramento do capital, a fim de que possamos contribuir com elucidações para a superação do capitalismo, é necessário desvendar a sua engrenagem, seu funcionamento, como produz e se reproduz, na dinâmica de produzir mais capital. Conhecer para atuar, dominar para superá-lo.

O capítulo presente, trouxe um contexto de desiguais que compreende o próprio desenvolvimento do capitalismo nas economias dependentes como parte de uma engrenagem que articula a produção e a reprodução do capital na particularidade dos países periféricos e na relação com a totalidade do capital internacional.

O próximo capítulo media e desvela as extremidades da disputa na luta de classes, contextualizada na questão agrária brasileira, que aponta para o campesinato e o agronegócio e que, no entanto, ocasiona desigualdades na totalidade da classe trabalhadora. Vamos a ele.

3

A QUESTÃO AGRÁRIA

Este capítulo quer compreender como se conforma a questão agrária[37] brasileira. Para tal, metodologicamente, seguimos com a pesquisa bibliográfica e acrescentamos a pesquisa documental e empírica.

A questão agrária na América Latina é, estruturalmente, erigida nas determinações do subdesenvolvimento econômico-social, como afirmaram os intelectuais orgânicos da TMD. Essa conformação coloca os territórios de nossa América nas garras do capitalismo mundial, com tendências particulares que se impõem ao imperialismo, sob a regência da divisão internacional do trabalho em uma dinâmica de desenvolvimento desigual e combinado.

Na relação desigual entre capital e trabalho, temos o fio condutor que visibiliza as expressões da questão social. Já a questão agrária é definida pelo "movimento do conjunto de problemas relativos ao desenvolvimento da agropecuária e das lutas de resistência dos trabalhadores, que são inerentes ao processo desigual e contraditório das relações capitalistas de produção" (FERNANDES, 2001, p. 23).

As questões estruturais do acesso à terra têm origem na sua apropriação privada, que privilegiou, criteriosamente, uma minoria da população branca e abastada economicamente. Uma concentração de terras que expropriou os seus verdadeiros "donos" e "donas" às custas da escravidão e do genocídio de seus povos indígenas e tradicionais, como nos traz Oliveira (2001):

> Os conflitos sociais no campo brasileiro e sua marca ímpar, a violência, não são uma exclusividade apenas do século XX. São, marcas constantes do desenvolvimento e do processo de ocupação do país. Os povos indígenas foram os primeiros a conhecer este processo. Há mais de 500 anos vêm sendo submetidos a um verdadeiro etno/genocídio histórico. O território capitalista, no Brasil, tem sido produto da conquista e destruição dos territórios indígenas. [...] Esta luta

---

[37] Além do conceito já trazido na introdução, consta no Atlas da Questão Agrária Brasileira, a questão agrária "compreendida como o conjunto de problemas inerentes ao desenvolvimento do capitalismo no campo" (GIRARDI, [1960]).

> entre as nações indígenas e a sociedade capitalista européia, anteriormente, e de características nacionais versus internacional, na atualidade, nunca cessou na história do Brasil. Os indígenas, acuados, lutaram, fugiram e morreram. Na fuga deixaram uma rota de migração, confrontos entre povos e novas adaptações. A Amazônia é seguramente seu último reduto. Mas a sociedade brasileira capitalista, mundializada, insiste na sua capitulação. As "reservas" indígenas, frações do território capitalista para aprisionar o território liberto indígena, são demarcadas, porém, e muitas vezes desrespeitadas. (OLIVEIRA, 2001, p. 190).

Os países da América Latina não têm origem do feudalismo. Porém, a desigualdade no acesso à terra conformou a origem desse país, concentrando a terra e conjecturando a questão agrária, que se acirra na medida em que avança o capital sobre os territórios e cuja origem "depende em muitos aspectos, de camadas e formas não capitalistas" (LUXEMBURGO, 1983, p. 315).

As desigualdades acirraram-se com a entrada do capital no campo, que se deu com mais força a partir da implementação da Revolução Verde, em um período de ditadura militar, criada para acelerar a entrada do capital estrangeiro no país, como ressalta Marini (2014). Entretanto, as violências reproduzidas nos territórios pelas diferentes formas que toma o capital não aconteceram sem resistência dos sujeitos políticos dos territórios rurais nas comunidades. É nessa perspectiva que atentamos para as formas de produção e para a utilização dos recursos naturais e conseguintes tensões de projetos societários contrários e em disputa em que a terra e a água são essenciais para a sobrevivência humana e indispensáveis para o aumento dos lucros do capital.

No corrente capítulo, empenhamo-nos sobre as análises e as reflexões acerca da questão agrária no Brasil, que faz emergir as intencionalidades do Estado para e com o Capital e as consequências do avanço do capital sobre as vidas humanas e da natureza. Por derradeiro, a partir da questão agrária e atentando para a totalidade do território brasileiro, questionamos: o que retrocede quando o capital avança?

3.1 A questão agrária no Brasil

O Brasil transitou da democracia dos oligarcas à "democracia do grande capital", com dissociação entre desenvolvimento capitalista e regime político democrático, conforme Iamamoto (2015). Esse processo manteve e aprofundou os laços de dependência em relação ao exterior e ocorreu sem uma desagregação radical da herança colonial na formação da estrutura agrária brasileira. Dessa herança, permanecem tanto a subordinação da produção agrícola aos interesses exportadores, quanto os componentes não capitalistas nas relações de produção e nas formas de propriedade, que são redimensionadas e incorporadas à expansão capitalista, territorializando o capital e monopolizando a terra.

A partir da segunda metade do século XX, os interesses da burguesia agrária e industrial brasileira, em conformidade com o capital internacional, prevaleceram sobre o uso do território. São as grandes corporações transnacionais, juntamente com a burguesia, que conduzem o processo de privatização de terras. Segundo Talaska (2016, p. 24), a territorialização do monopólio "atua no sentido de controlar a propriedade da terra, controlar o processo produtivo e controlar também o processamento industrial da produção agropecuária". Já a monopolização do território, ocorre nos setores de produção de monocultivos diretamente ligados à industrialização. Assim, temos no capitalista da indústria, no proprietário de terra e no capitalista da agricultura uma mesma pessoa (ou uma mesma empresa).

> A territorialização dos monopólios controla a propriedade da terra através do processo produtivo e do processamento industrial e a monopolização do território sujeita a renda da terra ao capital, subordina igualmente os trabalhadores e trabalhadoras rurais ao capital. Já a monopolização do território é um processo desenvolvido por empresas de comercialização ou de processamento industrial da produção agropecuária. Estas empresas não produzem diretamente o produto agropecuário, mas, através de mecanismos de subordinação, controlam os produtores do campo, sujeitando a renda da terra ao capital. Na monopolização do território, o capitalista industrial é uma pessoa (ou empresa) e o proprietário da terra e o trabalhador do campo, via de regra, são uma única pessoa, o camponês. (TALASKA, 2016, p. 25).

Silva (2019, p. 28) explicita que, a partir de 1988, ocorre uma reorganização do capitalismo no campo brasileiro que pactua latifundiários com a indústria transnacional, com mídia, com Estado e com capital financeiro. Essa composição ratificou as relações de poder no campo, nas quais cada partícipe cumpriu um papel para acumulação de mais capital. Nessa conjunção, "o latifundiário entrou com a terra; a agroindústria transnacional com a tecnologia (sementes transgênicas, fertilizantes químicos, agrotóxicos, equipamentos)", a mídia hegemônica costurou esse enredo por meio de "propagandas antirreforma agrária e a favor do agronegócio" e, por fim, tudo isso ocorre com fomento do Estado, a partir de políticas públicas e de alteração da legislação para estar em conformidade com o projeto pretendido. E3 e E4 posicionam-se quanto ao papel das mídias hegemônicas na sociedade capitalista:

> *E3: A mídia hegemônica é criminosa, na fala dela em relação aos movimentos sociais é criminosa pois ela criminaliza quem luta, como se fossem bandidos, desocupados e ela tem um papel fundamental nesse modelo que é o capitalismo. A mídia é um dos braços desse sistema para mostrar a desgraça, só coisas ruins, não mostram nunca uma experiência exitosa, inclusive dos movimentos sociais. Um exemplo é o MST é o maior produtor de arroz orgânico da América Latina, quando que isso saiu na RBS? Elas dão visibilidade para aquilo que elas querem, preferem que a gente viva na tragédia sem as boas experiências populares. Em relação aos movimentos sociais o papel da mídia é tenebrosa de nunca mostrar as coisas boas dos movimentos sociais. (E3, jan.2020)*

> *E4: Eu acho que eles estão certos, porque o papel da mídia é estar a serviço do capital, então eles estão fazendo um papel que eles são chamados para fazer, para mim não é nenhuma surpresa, a dificuldade que nós temos, os trabalhadores, é nós criar as mídias alternativas que mostre o lado bom, porque a mídia vai mostrar o lado ruim dos Movimentos. Essa mídia tem por trás o Agronegócio, as grandes empresas, a classe latifundiária. Você acha que é justo, enquanto um camponês teve o avô, o pai de meeiro, trabalhando a meia na terra dos outros, isso há mais de 60 anos e nesse tempo não teve condições de adquirir 10 hectares de terra para produzir o seu pão? Enquanto que uma empresa como a Volkswagen, uma empresa multinacional tem mais de 50 mil HA no Brasil? Enquanto que um produtor tem mais de 25 mil HA? de terra? Isso é um absurdo! E o mais absurdo é que essa mídia que deveria estar a serviço da gente, consegue fazer com que aquele que não tem terra pense que nem eles, que aquele que trabalhou 60 anos e não comprou um pedaço de terras é porque não vagabundos e não é verdade! É porque trabalharam a vida inteira e foram explorados. (E45, jan. 2020).*

A defesa do agronegócio passa por dentro do Estado, tudo formal, legal e positivado pela legislação, para legalizar "o uso de sementes transgênicas e a liberação de moléculas químicas já proibidas em países europeus" e com a ampliação da liberação de crédito agrícola para a *modernização* do campo. O resultado desse conluio orquestrado pelo capital financeiro induziu à "política de superávit fiscal, estendendo seu controle sobre as transnacionais, terras e recursos naturais" (SILVA, 2019, p. 28). Essa realidade, na totalidade do rural brasileiro, acentuou as desigualdades, afastando ainda mais as extremidades desse processo.

As extremidades fundiárias no Brasil são observadas pelos termos minifúndio e latifúndio e são utilizados para demonstrar a ocupação das terras no Brasil, conforme os dados do censo agropecuário (BRASIL, 2017), como avistamos na tabela a seguir:

Tabela 4 – Ocupação do território brasileiro de estabelecimento por grupos de área de acordo com o Censo Agropecuário de 2017

Grupos de área (ha)	Estabelecimentos (%)		Território (%)
Menos de 1	12%	50%	2,20%
1 a 10	38%		
10 a 50	31,30%	31,30%	31,30%
50 a 100	7,80%	7,80%	
100 a 500	7,20%	7,20%	17,04%
500 a 10000	2%	2,04%	
Mais que 10000	0,04%		14,80%
Produtor sem área	1,50%	1,50%	1,50%
		100%	

Fonte: elaborada pela pesquisadora a partir de Brasil (2017)

A tabela acima demonstra numericamente essa desigualdade. As extremidades do acesso desigual à terra apontam que as propriedades com até 10 hectares (minifúndios) representam 50% das propriedades no Brasil e ocupam 2,2% da área do território brasileiro. Já as propriedades com mais de 10.000 hectares (latifúndios) são 0,04% das propriedades rurais e ocupam 14,8% de área do território nacional. Desigualdades estarrecedoras que, segundo Talaska (2016), foram, ao longo dos anos e dos documentos, sendo escamoteadas as denominações latifúndio e minifúndio por, justamente, darem nomenclatura às desigualdades.

No Gráfico 1, visualizamos os mesmos dados da ocupação dos grupos por área de forma imagética:

Gráfico 1 – Gráfico de estabelecimentos agrícolas por tamanho (ha) de acordo com o Censo Agropecuário de 2017

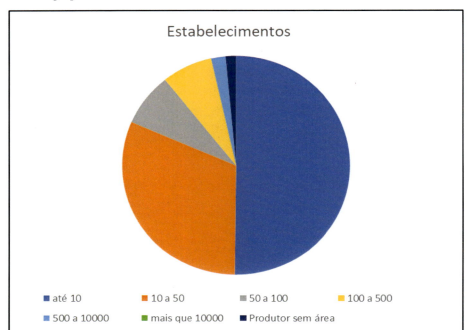

Fonte: Censo Agropecuário 2017. Gráfico elaborado pela autora

Segundo Talaska (2016), houve um escamoteando, intencional e político, da questão fundiária deste país, como também ocorreu com a denominação camponesa que foi banida de qualquer documento oficial com relação ao rural brasileiro. Os termos que restam e que dão conta da nomenclatura da unidade de produção tratam da agricultura familiar e da agricultura patronal.

> [...] constatamos que a aplicação dos critérios estabelecidos pelo Estatuto da Terra às estatísticas cadastrais atuais do INCRA, evidencia a existência e permanência dos minifúndios e latifúndios na realidade agrária brasileira. Isso significa que, por mais que o processo de elaboração da Constituição Federal de 1988 e os debates e os embates em torno da regulamentação dos dispositivos constitucionais referentes à reforma agrária tenham caminhado para que tais conceitos fossem suprimidos do arcabouço normativo que trata do agrário brasileiro, eles ainda podem contribuir para a interpretação da real conformação agrária do país, pois, ao

contrário do que definiu o Art. 16 do Estatuto da Terra, os minifúndios e os latifúndios não foram gradualmente extintos da realidade agrária brasileira, mas sim, foram excluídos do conteúdo das leis, cunhadas a partir de interesses. (TALASKA, 2016, p. 193).

Ao considerarmos a questão fundiária e o escamoteamento de terminologias que, intencionalmente, foram excluídas em função de um léxico dominante, trazemos os dados gerais que contrapõem minifúndio e latifúndio na ocupação da terra, na produção de alimentos, na geração de renda e no acesso aos financiamentos públicos para a produção nas categorias do campesinato e do agronegócio. Pela conformação dos países de economias dependentes, apresentada nos capítulos anteriores, tomamos a sentença de associar o campesinato ao minifúndio e o agronegócio ao latifúndio. Críticos a essa sentença poderão acusar de que há agronegócio em propriedades com menos de 50 (ha) de terra. Por certo os sistemas integrados de produção são um braço do capital no campo, mas ainda não se trata do capital materializado nos minifúndios. O agronegócio usa a propriedade para gerar mais capital, já o campesinato utiliza-a para subsistência e para gerar renda do seu trabalho, como observamos no gráfico a seguir:

Gráfico 2 – Agricultura camponesa x Agronegócio

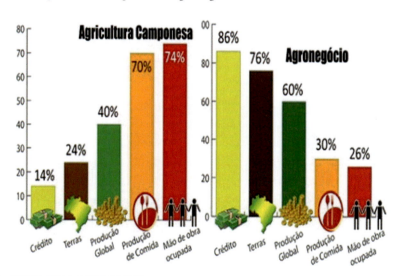

Fonte: IBGE, 2006; MST, 2012[38]

---

[38] Um estudo da UNESP destaca o valor da reforma agrária no desenvolvimento (REDESANS, 2014).

Os dados constantes no censo agropecuário de 2006 são reforçados em 2017. Tais dados informam que a agricultura camponesa familiar ocupa 24% das terras agricultáveis do país e produz cerca de 70% dos alimentos que vão para a mesa das famílias brasileiras. Já o agronegócio, que ocupa 76% das terras agricultáveis brasileiras, é responsável por 30% dos alimentos que são consumidos todos os dias. Outro dado relevante é o do crédito agrícola: a agricultura familiar utiliza 14% do total disponibilizado (ano de 2006); o agronegócio consome 86% do total disponibilizado pelos cofres públicos para as safras anuais.

Esboçamos esse gráfico, neste momento, para ratificar que, ao longo da história do Brasil e do desenvolvimento do capital no seu território, não são apenas termos que são escamoteados, mas, sim, a realidade concreta que cada extremidade da questão agrária representa.

O próximo item expõe a intencionalidade do Estado na questão agrária brasileira.

3.2 O Estado e a intencionalidade para com o capital na questão agrária brasileira

O poder do agronegócio, explica Silva (2019, p. 28), estrutura a sua articulação, sua centralidade na política econômica de Estado que atravessa vários governos na América Latina e que, no caso do Brasil, também suporte para o golpe parlamentar de 2016, que efetivou a representação política da bancada ruralista a serviço da burguesia agrária, das agroindústrias transnacionais e do capital financeiro, que acabam por legislar para seus interesses.

A bancada ruralista legisla por seus próprios interesses e pelos interesses daqueles que empenharam o financiamento privado de suas campanhas. Nesse sentido, esses parlamentares estão a serviço da elite burguesa, das agroindústrias transnacionais e do capital financeiro, atuando na elaboração de leis anticonstitucionais ou no desmonte do que há na CF/88 para a permissão legal do avanço do agronegócio (liberação dos transgênicos, agrotóxicos, legalização da grilagem na Amazônia, código florestal entre outras). No Brasil contemporâneo, a elite agrária foi um dos principais atores mobilizadores, em âmbito nacional, para a eleição de Jair Bolsonaro, bem como asseverou a representação parlamentar no Congresso Nacional, com acentuada participação da bancada ruralista, crescente nos últimos pleitos eleitorais, com pleno interesse de encobrir ou ignorar crimes ambientais.

A empresa Vale é a maior exploradora de minérios no Brasil e uma das dez maiores do mundo. Ela também é a responsável pelos maiores crimes ambientais que já ocorreram na história desse país: em Mariana (2015) e em Brumadinho (2019). Com mais de 3.000 minas espalhadas pelo território nacional, o Brasil é um dos cinco maiores produtores minerais do mundo[39].

A exploração dos recursos naturais ratificou o Brasil como produtor primário de economia dependente. Atualmente, o Brasil vive um processo de "reprimarização"[40] liderado pelo agronegócio, por meio das *commodities* e da sua pauta de exportações de minérios, de soja, de carne, de açúcar, entre outros, consolidando seu papel de economia dependente.

As commodities são mercadorias de baixo valor agregado, com pouco ou nenhum processo de transformação industrial e "caracterizam-se por serem razoavelmente homogêneas, com pouca diferenciação de qualidade". Buscam a redução de custo para aumentar a margem de lucro, de preços que são definidos no mercado internacional e não pelos produtores individuais".

> Quanto mais se consegue reduzir os custos, maior a margem de lucro visto que os preços são definidos no mercado internacional e não pelos produtores individuais. Também complementa suas características, o fato de serem produzidas e transportadas em grande escala e pesa sobre o custo do transporte um dos elementos de competitividade para a comercialização de commodities tanto agrícolas quanto minerais. (LAMOSO, 2020, p. 7).

Não por acaso a tradução de *commodity* para o português quer dizer mercadoria e é assim que essa produção é tratada. Tanto não prioriza o povo e sua saúde que, nos anos 2000, já utilizava 150 toneladas (números oficiais) de agrotóxicos e, no ano de 2017, aumentou para 560 toneladas de agrotóxicos (MORAES, 2019). As commodities são mercadorias e, segundo Marx (1980b), possuem valores de uso que servirão para produção de mais valor que, por fim, servirão de valores de troca ao não serem produzidos para fins de subsistência e, sim, como mercadorias, que só concretizam o

---

[39] Segundo informações do site da Metso, a mineração no Brasil vem apresentando crescimento significativo (METSO, 2020).

[40] De acordo com o artigo disponível no site "OpenEdition Journals", a reprimarização da pauta exportadora ocorre quando há maior exportação de produtos primários em detrimento dos produtos industrializados (LAMOSO, 2020).

lucro após comercializados. Para o agronegócio, isso não é um problema, visto que as safras de *commodities* são comercializadas antes mesmo de concretizar-se a produção, pela venda futura[41].

Mas nem só da produção de commodities vive o agronegócio. A terra pode ser utilizada para especulação imobiliária, sem produzir absolutamente nada, apenas no aguardo da valorização para posterior venda. Outra forma de obter renda da terra é o arrendamento, uma espécie de aluguel da terra que pode ser pago com valores ou com parte da produção, ou, ainda, como ocorre nos sistemas integrados de produção,

Outra forma é dar a terra como garantia de retirada de financiamentos à juros baixos e que são utilizados para aplicação no mercado financeiro – terra que se transforma em garantia, sendo que aquela também pode ser consorciada com as formas anteriores. Os créditos concedidos ao agronegócio entram no perdão das dívidas dos pequenos que pressionam para compensações das injustiças entre os minifúndios e os latifúndios. Assim sendo, na terra estão os recursos necessários para a expansão do capital, por isso a importância de sua apropriação.

A seguir, visualizamos os principais financiamentos utilizados no campo brasileiro:

Tabela 5 – Financiamentos utilizados – por estabelecimentos – de acordo com o Censo Agropecuário de 2017

PRONAF	
PRONAMP	53,00%
OUTROS PÚBLICOS (MUNIC. E ESTAD)	
FINANCIAMENTOS BANCOS PRIVADOS	47%
Descrevendo PRONAF	
PRONAF INVESTIMENTO	49%
PRONAF CUSTEIO	38%
PRONAF COMERCIALIZAÇÃO	2%
PRONAF MANUTENÇÃO ESTABELECIMENTO	11%

Fonte: tabela elaborada pela autora. Dados: Censo Agropecuário 2017 (BRASIL, 2017)

---

[41] Segundo a consultoria Safra & Mercado, em julho de 2020, as vendas futuras para a safra de soja 2020/2021 já haviam alcançado 39,8% do projetado, representando 14,7% a mais de comercialização em comparação ao mesmo período do ano passado (Investing.com, 2020).

O financiamento da produção ou a aquisição de terras com dinheiro público, têm finalidades diferentes para o campesinato e para o agronegócio. O que para um serve para repor parte da renda gerada pelo trabalho não pago, para outro é garantia de mais lucro, pois, além de gerar lucro acima dos juros da modalidade, a dívida não será paga ou, ainda, terá apenas uma parte paga. A camponesa E3, explica-nos sobre o papel do Pronaf da região monocultora de tabaco, ao passo que esboça uma preocupação com as famílias que contavam com esse recurso para superarem as perdas da safra de fumo, ainda que se trate de um financiamento:

> Na minha opinião o Pronaf, nos últimos anos, ele vem mantendo as famílias no campo, porque na nossa região que é produtora de tabaco e a gente sabe isso porque plantou tabaco durante muitos anos, as famílias que plantam tabaco fazem Pronaf pra poder passar o ano. Então é uma das políticas fundamentais que manteve esses camponeses vivendo no campo durante esses últimos anos. Estamos entrando num período bem crucial, de não ter acesso a essas políticas e as famílias estarem endividadas e não ter mesmo. O juro aumentou e tá tendo uma seleção automática de quem acessa agora. (E3, jan. 2020).

Dos dados do Censo Agropecuário (2017), atentamos para o estado do Pará, no qual mais de 70% dos financiamentos retirados pela burguesia agrária da região não foi utilizado para custeio da produção e, sim, para aplicar no mercado financeiro, utilizando a terra como valor, para avalizar esses empréstimos à juros abaixo de mercado, todavia, estes seriam para custear a produção agrícola (BRASIL, 2009; 2017).

Atualmente, a dívida do agronegócio está em R$ 15,3 bilhões[42] de acordo com a Receita Federal, com base nos dados de dezembro de 2020. O perdão desse montante ou de parte dele afetará, diretamente, a Previdência Social. O principal argumento do Presidente Bolsonaro para o perdão de grande parte dessa dívida seria atender o pequeno produtor rural, individual e sem CNPJ. No entanto, os endividados com essas características chegam apenas a 1% do valor total da dívida. Somando a dívida de todos os produtores com CNPJ, o valor chega a R$ 3,88 bilhões ou a 99% do valor total de inscritos para refinanciamento. O grupo Tinto Holding, grupo que controla frigoríficos, acumula sozinho uma dívida de R$ 334 milhões.

---

[42] Segundo notícia publicada no site "Terra", Bolsonaro quer conceder um perdão bilionário ao agronegócio (Terra, 2019).

> Gigantes do agronegócio, principalmente frigoríficos e empresas de alimentos, são os maiores devedores. Além da falta de pagamento em dia, parte dessas grandes corporações tem mais uma coisa em comum: acusações ou condenações na Justiça por crimes de lavagem de dinheiro e desvio de dinheiro público, alguns em operações bem ruidosas como a Lava Jato. (TERRA, 2019[43]).

A burguesia agrária, aliada ao capital financeiro, utiliza a terra como valor, como garantia de financiamentos com juros baixos e cujos recursos públicos são utilizados no mercado financeiro para a geração de rendimentos superiores aos juros que serão pagos pelo acesso ao financiamento. O rentismo vem ocorrendo no Brasil desde a década de 1970, com rentabilidade altíssima para poucos e cuja conta é paga por todos por meio de dinheiro público em aplicação de recursos diretos ou pelo não retorno aos cofres públicos. A terra que se acumula nas mãos de uns poucos acumula miséria na outra ponta, e essa afirmação não é retórica de linguagem.

> Essas grandes extensões de terras estão concentradas nas mãos de inúmeros grupos econômicos porque, no Brasil, estas funcionam ora como reserva de valor, ora como reserva patrimonial. Ou seja, como instrumentos de garantia para o acesso ao sistema de financiamentos bancários, ou ao sistema de políticas de incentivos governamentais. Assim, estamos diante de uma estrutura fundiária violentamente concentrada e, também, diante de um desenvolvimento capitalista que gera um enorme conjunto de miseráveis [...] A lógica contraditória é uma só: o desenvolvimento capitalista que concentra a terra, concomitantemente, empurra uma parcela cada vez maior da população para as áreas urbanas, gerando nas mesmas uma massa cada vez maior de pobres e miseráveis. (OLIVEIRA, 2001, p. 187)

Ainda sobre o acúmulo das dívidas do agronegócio, precisamos somar as desonerações e as isenções fiscais. Assim, estamos falando de renúncias de arrecadação, em que o governo abre mão de receber parte dos impostos sob a pretensa de estimular a economia.

O relatório divulgado pelo GT de Agrotóxicos da Fiocruz[44] sobre isenções e reduções fiscais na comercialização, industrialização e uso de agrotóxicos no Brasil, divulgado em 12 de setembro de 2019, afirmou que, no Brasil,

---

[43] Segundo Mauro Silva, diretor de Assuntos Técnicos da Unafisco, em entrevista ao Portal Terra, a entidade apresentou uma ação direta de inconstitucionalidade (ADI) no STF contra a lei que criou o PRR, sucessor do Funrural, em setembro do ano passado (Terra, 2019).

[44] Segundo o artigo disponível no site "Agora Fiocruz", são abordadas as isenções e reduções fiscais na comercialização, industrialização e uso de agrotóxicos no Brasil (Agora Fiocruz, 2019).

"há um pacote de reduções e isenções fiscais que caracterizam renúncias e desonerações fiscais que beneficiam o modelo de produção do agronegócio" (FIOCRUZ, 2019, *online*) em detrimento das vidas humanas e da natureza.

Acrescentamos, ainda, a Lei Kandir[45], Lei Complementar 87/96 que isenta do ICMS (Imposto sobre operações relativas à Circulação de Mercadorias e Prestações de Serviços de Transporte Interestadual, Intermunicipal e de Comunicação) para o pagamento de impostos sobre a exportação, em intencional proteção e estímulo para a produção de *commodities*, com realização do valor no mercado externo conforme apregoa os mecanismos de dependência.

Do total de incentivos, desonerações e isenções, o Estado deixa de arrecadar mais de R$ 6,2 bilhões por ano, de acordo com estudo da Associação Brasileira de Saúde Coletiva (Abrasco)[46]. A dívida do agronegócio totaliza 15,3 bilhões, que, somada, o Estado deixa de arrecadar (do agronegócio) a cifra de 21,5 bilhões de reais.

Para termos uma noção do tamanho da desigualdade e do quanto a questão agrária perpassa a questão social nesse país, no ano de 2020, em plena pandemia do Coronavírus, o Governo Federal liberou, por meio de Medida Provisória (MP 957 de 24 de abril de 2020), 500 milhões de reais para a aquisição de alimentos por meio do Programa de Aquisição de Alimentos (PAA), que beneficiaria 85 mil famílias agricultoras, 12,5 mil entidades e 11 milhões de famílias em situação de risco social, alimentar e nutricional, por meio do Ministério da Cidadania. Isso representa 2,325% dos 21,5 bilhões de reais do agronegócio, que poderia atender a totalidade da sociedade no problema da *fome,* que será abordado adiante.

Chegando aos dias de hoje, outros aspectos conformam e identificam a intencionalidade do Estado para e com o capital, que constam na pauta do governo Bolsonaro e denunciamos:

- A prioridade do agronegócio em detrimento à agricultura familiar e camponesa;

---

[45] Conforme informações da Agência Senado, a Lei Kandir, elaborada pelo ministro do Planejamento Antônio Kandir, transformou-se na Lei Complementar 87/96, que já foi alterada por várias outras leis complementares. Uma das normas da Lei Kandir é a isenção do pagamento de ICMS sobre as exportações de produtos primários e semielaborados ou serviços, o que tem gerado polêmica entre os governadores de estados exportadores (Agência Senado, s/a).

[46] De acordo com o relatório produzido pela Abrasco através do GT Saúde e Ambiente, com o apoio do Instituto Ibirapitanga, uma política de incentivo fiscal a agrotóxicos no Brasil é considerada injustificável e insustentável (Soares; Cunha; Porto, 2020).

- A Secretaria Especial de Assuntos Fundiários (SEAF) com gestão da União Democrática Ruralista (UDR);
- O Instituto Nacional de Colonização e Reforma Agrária (INCRA) atendendo aos interesses da Confederação da Agricultura e Pecuária (CNA);
- A liberação generalizada de agrotóxicos;
- Nenhum hectare de terra demarcado para os povos indígenas;
- Nenhum hectare de terra demarcado para assentamentos da reforma agrária;
- A titulação privada como centro da política para os assentamentos;
- Terras de domínio público colocadas no mercado, que hoje totalizam 117 milhões com os povos indígenas e quilombolas e 88 milhões com assentamentos de posse do povo organizado.

A expansão do agronegócio no Brasil, segundo Delgado (2012), é sustentada por uma tríade que estrutura a questão agrária, cujas bases são conformadas pela mídia, pelos latifundiários e pelas grandes corporações. Atentando para as articulações que chancelam a participação de cada uma dessas estruturas, desvelamos o papel do Estado (superestrutura), constituindo as amarras para que essas estruturas cresçam e se fortaleçam sem maiores *problemas e* com a devida lucratividade, reafirmando o discurso do desenvolvimento:

> Os que mexem só com o gado também confirmam que não tem como o gado conviver com os venenos da soja, contamina o próprio animal e a família não consegue conviver com o veneno. Então, isso tem expulsado muitas famílias a saírem daqui e o discurso é desenvolvimento né, que a região está avançando que o agronegócio está crescendo, inclusive o agronegócio se gava que na pandemia cresceu quase 13%. Então, enquanto a miséria tem crescido, o agronegócio se gava por ter crescido mais. Essa é a realidade dessa região que a gente vive. (E6, fev. 2021).

Com o agronegócio estabelecido, fica garantido o avanço do capital nos territórios rurais e urbanos no Brasil e indagamo-nos: o que retrocede quando o capital avança?

3.3 O que retrocede quando o capital avança?

Os problemas grifados acima referem-se às resistências que fazem o enfrentamento ao avanço do capital no meio rural na sua dinâmica ofensiva e expansiva. Essa dinâmica está marcada pelos conflitos por terra que tem na outra extremidade os movimentos sociais populares. Esses conflitos são *resolvidos* com extrema violência pelo Estado armado de forma bilateral, visto que, de um lado, está o latifundiário e todo o aparato do Estado, o corpo legislativo, os polícias, incluindo a justiça, e, do outro, está o povo organizado, invisibilizado e criminalizado. Uma forma bilateral que não demonstra um equilíbrio.

Segundo dados da Comissão Pastoral da Terra, a concentração fundiária da terra segue crescendo, com ênfase sobre as terras públicas que não estão no mercado, sendo a maioria delas na região amazônica. Isso desperta interesses dos grandes capitais, haja vistas as maiores reservas de terra e de água do Brasil[47].

Ariovaldo de Oliveira (2018) traz a informação do açambarcamento de terras, que trata do arrendamento de terras no exterior, no qual o Brasil é o oitavo investidor em terras no exterior e o terceiro em investimentos nele próprio. Segue o autor informando que a China e Índia, por exemplo, são países que não possuem nenhum hectare de terra a mais para produzir alimentos.

Todavia, as práticas do uso exacerbado de agrotóxicos, a transgenia, a monocultura, entre outras têm, justamente, a insegurança alimentar como argumento para a existência do agronegócio. Mais uma contradição do capitalismo, visto que os alimentos continuam não chegando em todas as mesas e, nas mesas mais pobres, chegam carregados de venenos como consequência de um modo de produzir que utilizou uma quantidade muito acima do que a Agência Nacional de Vigilância Sanitária – Anvisa permite.

Sobre a produção de alimentos, Oliveira (2018) compara os anos de 1990 e de 2018 e aponta que houve uma redução de cinco milhões de hectares de área plantada, que reduziu de 11,4% para 6,04% da área agricultável, tendo aumentado o plantio de cana, milho e soja, ao passo que reduziu o plantio de arroz, feijão e mandioca. Essas culturas que tiveram aumento na produção têm foco na produção de commodities, que de 27,9% de área cultivada no Brasil, passou para 61,4 milhões de hectares.

---

[47] De acordo com a fonte disponível no site "Terra", o Brasil possui a maior reserva hidrológica do mundo, com 70% da água doce disponível na Região Norte, 15% na Região Centro-Oeste, 6% no Sudeste, 6% no Sul e 3% no Nordeste (TERRA, 2017).

Dos produtos exportados, os minérios ocupam a terceira posição de volume e de receitas. Os demais são, em ordem de participação na receita: 1°) carne bovina; 2°) soja; 3°) minério de ferro; 4°) petróleo; 5°) açúcar de cana; 6°) automóveis; 7°) carne de frango; 8°) celulose; 9°) farelo de soja e 10°) café cru em grãos. Ou seja, nove dos dez itens de exportação provêm da produção primária.

Nesse enfrentamento, o agronegócio avança sobre as terras públicas que são ocupadas por assentamentos da reforma agrária, tribos indígenas e quilombolas ou ainda são parques de preservação ambiental. Essas terras são públicas, pertencem ao Estado; os sujeitos sociais possuem a posse da terra, o direito de uso e de preservação e não a sua propriedade. Sobre essas terras, em relação a 2006, houve aumento de 5%. A seguir, apresentamos a composição técnica agrícola da utilização da terra nos estabelecimentos rurais.

Tabela 6 – Estabelecimentos rurais no Brasil

Até 10 módulos fiscais	Minifúndios	
Superior a 10 módulos fiscais	Latifúndios	
Números de estabelecimentos	5.181.970	100%
Área total (ha)	351.289.816	100%
Terras próprias (ha)	298.000.000	85%
Utilização das terras (ha)		
Matas/florestas	101.370.463	29%
Pastagens	159.497.547	45%
Lavouras	63.517.805	18%
Outros	26.904.001	8%
Total	351.289.816	100%

Fonte: tabela elaborada pela autora a partir do Censo Agropecuário 2017. (BRASIL, 2017)

O modo de produção capitalista passou por diversas etapas, processos comerciais e industriais. O neoliberalismo não surge como um "melhoramento" do capitalismo, mas como algo planejado e forjado, muito antes de Hayek, com novas formas de lograr mais capital e de intensificar a exploração da força de trabalho. Há intencionalidade nas coisas feitas e apropriadas pelo capital e, para modernizar-se e trazer novas tecnologias, são necessários cada vez mais recursos naturais.

> Foi também assim que o mercado e suas inovações chegaram à agricultura e à produção dos alimentos. Ávidas de lucro, as empresas avançam sobre culturas e identidades milenares: terra, sementes, pessoas, hábitos, ciclos de produção e, até códigos genéticos de algumas espécies, como se tudo pudesse ser invadido e destruído. Estas empresas atuam articuladas pelo modelo econômico em três frentes no meio rural: a) agronegócio e comércio agrícola; b) hidronegócio: privatização dos rios e reservatórios naturais para o comércio da água; c) econegócio: privatização e concessão de uso para a iniciativa privada das florestas e recursos naturais. Aquilo que para a ética é risco, para as empresas e para o mercado são apenas possibilidades de elevar lucros e amenizar crises criadas pelo próprio sistema do capital. (BOGO, 2010, p. 17).

Apesar de contarmos com seis itens de gêneros alimentícios que batem recordes de produção no Brasil, isso não significa um marcador de combate à insegurança alimentar, visto que esses recordes acompanham também a larga utilização de agrotóxicos na produção agrícola brasileira, fomentados por incentivos fiscais. Esse modelo incentiva (por vias fiscais[48]) o uso de agrotóxicos em detrimento das necessidades da sociedade, conforme afirmado pelo GT de Agrotóxicos da Fiocruz (2019, *online*):

> O benefício fiscal concedido no âmbito do ICMS, do Pis/Pasep e da Cofins são considerados gastos tributários, ou seja, uma renúncia fiscal, pois têm o objetivo de arrecadar receita

---

48   Formas de isenções, renúncias e desonerações fiscais:
"a. Contribuição para Financiamento da Seguridade Social (Cofins) e contribuição para o Programa de Integração Social e para o Programa de Formação do Patrimônio do Servidor Público (PIS/Pasep):
Redução a zero das alíquotas (percentual aplicado sobre a grandeza econômica para cobrança de tributo) da contribuição para o PIS/Pasep e da Cofins incidentes na importação e sobre a receita bruta de venda no mercado interno de fertilizantes e agrotóxicos. A norma que concede esta redução encontra-se na Lei n.º 10.925, art. 1º, inciso II, regulamentada pelo Decreto n.º 5.630/2005, art.1º, inciso II.
b. Imposto sobre Importação (II): Isenção do II, estabelecida pelo Decreto n.º 6.759/2009, art.136, inciso II, alínea *h* e arts. 172, 173, 201, inciso VI – alíquota zero. Ainda, a matéria também é normatizada pela Lei n.º 8.032/1990, art. 2º, inciso II, alínea 'h', que dispõe sobre a isenção ou redução de impostos de importação, e a Resolução Camex n.º 125/2016, Anexos I e II, que altera a Nomenclatura Comum do Mercosul (NCM) e estabelece as alíquotas do imposto de importação que compõem a Tarifa Externa Comum (TEC) e a Lista de Exceções à TEC.
c. Imposto sobre Circulação de Mercadorias e Serviços – ICMS: Possui duas formas de renúncia. A primeira é pela redução de 60% da base de cálculo (valor ou grandeza econômica sobre a qual se aplica a alíquota de um tributo), estabelecida pelo Convênio n.º 100 do Conselho Nacional de Política Fazendária (Confaz). Este mesmo Convênio autoriza os estados a concederem isenção de 100% da alíquota do ICMS, o que deve ser feito por Decreto do Chefe do Executivo Estadual.
d. Imposto sobre Produtos Industrializados (IPI): Isenção do IPI, por força das normas que instituem a Tabela de Incidência do Imposto sobre Produtos Industrializados, disposta no Decreto n.º 8.950/2016. Este decreto regulamenta a autorização genérica para a concessão desta isenção prevista no art. 2º, inciso II, alínea *h*, da Lei n.º 8.032/1990".

pública. Já para o IPI e o II, os benefícios fiscais concedidos têm caráter predominantemente extrafiscal, já que apresentam o objetivo de regular o comportamento dos agentes econômicos no mercado ou proteger o mercado interno. Nesse último caso, são vistos apenas como desoneração e não como renúncia fiscal. Além das isenções e renúncias, diversos outros subsídios são concedidos ao agronegócio. Isso quer dizer que o Estado brasileiro deixa de arrecadar enormes quantias de dinheiro, que poderiam ser utilizadas para melhor atender aos interesses da sociedade, para que o agronegócio eleve ao máximo suas vantagens financeiras.

Só no ano de 2019, 474 tipos de agrotóxicos foram liberados para comercialização e utilização no Brasil. A liberação de agrotóxicos tem aumentado a cada ano, sobretudo a partir de 2016, conforme podemos visualizar no Gráfico 3. Estamos apontando produtos com alto percentual de isenção fiscal e desonerações, como nenhum alimento possui no Brasil.

Gráfico 3 – Liberação de Agrotóxicos no Brasil (2005 – 2019)

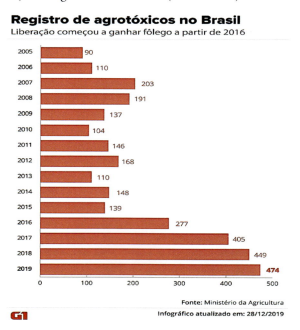

Fonte: gráfico concedido pelo G1[49], dados informados pelo Ministério da Agricultura

---

[49] Conforme informações disponíveis no site "G1 Globo", o número de agrotóxicos registrados em 2019 foi o maior da série histórica, sendo 94,5% deles de origem genérica (G1 Globo, ano 2019).

Um exemplo concreto é o fato de que, atualmente, no mundo, apenas três empresas possuem o domínio das sementes[50] mais utilizadas hoje pela indústria alimentícia ou são base para ela: milho, trigo e soja. Se essas empresas deixarem de produzir essas sementes, o sistema produtivo entra em colapso. Atentando para o caso exposto, produzir a própria semente, no caso das nações, é produzir soberania (alimentar).

Logo, pensar alternativas que façam frente aos poderes hegemônicos, consiste em criar alternativas construídas com a população diretamente afetada, com a população rural, bem como a população urbana que, sem alternativas de consumo, ao final de um ano, consume 7,3 litros de veneno[51]. No Paraná, o índice é ainda pior: chega a 8,7 litros de agrotóxicos por pessoa todo ano, conforme dados divulgados por relatório da Abrasco. A grande questão é: como chegamos até esse momento histórico, em que o lucro vale mais que a vida?

> O grande erro cometido por aqueles que anunciam a "morte do liberalismo" é confundir a representação ideológica que acompanha a implantação das políticas neoliberais com a normatividade prática que caracteriza propriamente o neoliberalismo. Por isso, o relativo descrédito que atinge hoje a ideologia do laissez-faire não impede de forma alguma que o neoliberalismo predomine mais do que nunca enquanto sistema normativo dotado de certa eficiência, isto é, capaz de orientar internamente a prática efetiva dos governos, das empresas e para além deles, de milhões de pessoas que não têm necessariamente consciência disso. Este é o ponto principal da questão: como é que, apesar das consequências catastróficas a que nos conduziram as políticas neoliberais, essas políticas são cada vez mais ativas, a ponto de afundar os Estados e as sociedade sem crises políticas e retrocessos sociais cada vez mais graves? (DARDOT; LAVAL 2016, p. 15).

O triunfo do capitalismo é demarcado no final do séc. XX pela queda do muro de Berlim, porém Sader (2010, p. 16) aponta que esse fato histórico não foi capaz de eliminar a polarização com o seu "outro", o socialismo,

---

[50] De acordo com a fonte disponível no site "Opera Mundi", o grupo alemão Bayer adquiriu a produtora de sementes americana Monsanto, tornando-se a maior fabricante mundial de agroquímicos. Além disso, as companhias americanas DuPont e Dow Chemical estão previstas para se fundir, e a ChemChina planeja comprar a empresa química suíça Syngenta (Opera Mundi, 2017).

[51] "De acordo com fonte disponível no site "G1 Globo", pesquisas desenvolvidas pela Associação Brasileira de Saúde Coletiva (Abrasco) e Ministério da Saúde – Fundação Oswaldo Cruz apontam que os agrotóxicos podem causar diversas doenças, como problemas neurológicos, motores e mentais, distúrbios de comportamento, problemas na produção de hormônios sexuais, infertilidade, puberdade precoce, má formação fetal, aborto, doença de Parkinson, endometriose, atrofia dos testículos e câncer de diversos tipos (G1 Globo, 2017).

qualquer que tenha assumido "seu rosto". Segundo o autor, a polarização faz-se presente, "a própria existência do capitalismo coloca, em termos históricos, a questão de suas contradições, de seus limites, de sua existência como sistema".

Osório (2014, p. 105) conclui que o Estado capitalista não simboliza apenas a luta de classes, mas a própria condensação das forças que dominam a sociedade, que, a partir da força e da coerção "desintegram a força dos dominados". Vivenciamos os desmontes dos direitos da classe trabalhadora, rural e urbana, demonstrando que a sociedade, mais do que ter se democratizado, reoligarquizou-se, depreendido pelo avanço da direita nos países da América Latina, nos anos recentes, que começou com a Revolução Verde. A Revolução Verde gerou perdas e desvalorização das formas de produção, dos conhecimentos e do trabalho camponês, aplicando a lei absoluta do lucro na produção do campesinato, como já apontava Marx, no capítulo XXIII d'O Capital.

Para Etges (2005), o processo de globalização reorganizou os territórios na atualidade, mostrando ao mundo a perversidade dos interesses dos segmentos hegemônicos sobre os territórios. Essa afirmação é confirmada por Santos (1996), que se refere à desordem que trazem essas empresas transnacionais às regiões onde se instalam, porque criam sua própria ordem e em seu próprio e exclusivo benefício, em uma inclusão perversa sobre a égide do que o próprio capitalismo proclama, que não priva em termos absolutos, mas inclui em um sistema integrado de produção forçando uma realidade de padecimentos e privações.

Os sistemas integrados de produção são tidos como moldes de desenvolvimentos nas regiões onde se concretizam, nas quais engendram as famílias por meio da compra garantida, como única certeza dessa relação. Todavia, não há garantia do preço, nem segurança na produção, transformando os camponeses em "beneficiários residuais de suas possibilidades", como nos elucidam Martins (2002) e Santos (2003):

> A intensificação da agricultura para exportação tornou-se imperativa para a modernização; O equipamento comprado no exterior deve ser pago. O resultado é o abandono parcial ou total da agricultura de subsistência, e assim a necessidade de pagar pelos alimentos com divisas estrangeiras. Uma comparação entre elementos díspares da nova ideologia urbana e da nova ideologia rural aponta uma urbanização mais intensa e uma pobreza mais aguda. (SANTOS, 2003, p. 31).

Para Marx (2009, p. 125-126), "as categorias econômicas são expressões teóricas, abstrações das relações sociais de produção" e ainda, que "as relações de produção de qualquer sociedade constituem um todo". Os processos históricos estão relacionados com as teorias de desenvolvimento econômico para as nações, as quais são amplamente difundidas e, assim, apreendemos, de forma errônea, que o modo como vivem os povos está relacionado com a etapa de desenvolvimento de cada país e que o subdesenvolvimento é uma etapa para o desenvolvimento econômico. Isso, dito repetidas vezes durante nosso processo de formação, impossibilita compreendermos esses processos, a dependência na sua relação com as formas desiguais e as expressões da questão agrária e social.

Ao final deste capítulo, remetemo-nos à pergunta que corroborou com as reflexões ao longo de sua elaboração, que dedicamos a compreender a conformação agrária brasileira: o que retrocede quando o capital avança? E listamos os seguintes retrocede: a preservação ambiental; a saúde do povo; a dignidade do povo que vê acirrada as desigualdades e as injustiças nas suas vidas, nas comunidades e nos seus territórios urbanos e rurais; a soberania alimentar que, sem garantir a produção de alimentos, não garante autonomia para a sua soberania nacional.

Outrossim, se algo avança conjuntamente ao capital, são as contradições nos governos progressistas que vislumbram as reformas como estratégias da luta. Que as políticas públicas possibilitem os meios necessários para que se coma, para que se tenha acesso à terra, à educação, à saúde, ao trabalho e que tudo isso, conjuntamente com as mudanças estruturais, possa superar a sociedade capitalista. Ocupar o Estado é importante para que se construam condições concretas para essa superação, como refletem E4 e E3:

> E4: O camponês é aquele que respeita o meio ambiente, cuida da terra, cuida da água, é aquele que produz um alimento saudável (E3: que não é mercadoria), que não agride o sistema (natureza). Hoje a esperança que eu vejo que existe, é a gente resgatar a agricultura camponesa e para intensificar ela, nós precisamos sim, ter um Estado que crie condições para que dê um impulso grande no campesinato, com condições de ter políticas públicas de produção de sementes crioulas, laboratórios voltados para defensivos biológicos, fábricas de insumos orgânicos, criar espaços de comercialização pública nas pequenas e grandes cidades... Enfim, nós só vamos dar um salto quando tivermos políticas públicas. Por isso a disputa no Estado é importante. (E3; E4, jan. 2020).

Após a compreensão do funcionamento do capital nas economias dependentes e na questão agrária, urge a necessidade inconteste de superação desse sistema econômico hegemônico. São desigualdades e consequências que transversam a vida da classe trabalhadora, que denominamos de refrações da questão social e que são objetos de trabalho e de atuação dos profissionais do Serviço Social, que extrapolam o campo teórico para contribuir para a transformação dessa realidade excludente. Esse é o tema do próximo capítulo.

4

AS REFRAÇÕES DA QUESTÃO SOCIAL: VISIBILIZANDO O SERVIÇO SOCIAL NA QUESTÃO AGRÁRIA

Na medida em que a teoria social de Marx vincula-se a um projeto revolucionário, a análise e a crítica da sua concepção teórico-metodológica (e não só) estiveram sempre condicionadas às relações que tal projeto despertou e continua despertando. Durante o século XX, nas chamadas "sociedades democráticas", ninguém teve seus direitos civis ou políticos limitados por ser durkheimiano ou weberiano — mas milhares de homens e mulheres, cientistas sociais ou não, foram perseguidos, presos, torturados, desterrados e até mesmo assassinados por serem marxistas.
(NETTO, 2011, p. 10-11).

O Serviço Social "não é apenas uma formação", afirmou Prates[52] (2021), mas também "uma área de conhecimento e uma profissão que busca formar profissionais críticos para o enfrentamento das refrações da questão social", fortalecendo resistências e construindo alternativas para dar visibilidade e enfrentar as desigualdades e superação do modo de produção capitalista, ratificado por seu projeto ético-político (PEP) hegemônico. Prates[53] reforça que esse processo não se dá "sem contradições e movimentos internos conservadores e reprodutores da ideologia capitalista, que é geradora das expressões da questão social, objeto de trabalho dos assistentes sociais".

Após mediar as várias categorias com a questão agrária, intentamos visibilizar o Serviço Social nessa dinâmica do capital nos territórios e responder como ele se insere na questão agrária brasileira e como pode contribuir. Como resultado, dessa mediação, afirmamos que a questão social e a questão agrária têm origens em comum, pois não há disjunção entre elas, a não ser o território que particulariza as desigualdades que passam trabalhadores urbanos e rurais.

---

[52] No momento da arguição da banca examinadora e confirmada no parecer por escrito, de agosto de 2021.

[53] A tese de doutorado de Leticia Chimini foi defendida em 13 de agosto de 2021 (Canal da Universidade, POA SILVA, 2021).

A partir deste capítulo, a triangulação de dados faz-se presente de forma mais contundente, mediando a pesquisa bibliográfica com a pesquisa documental, que contribui com os dados quantitativos, que são fundamentais para a leitura da realidade e, adentramos com a pesquisa empírica. A exposição de partes das entrevistas traz à luz o concreto vivenciado no cotidiano da vida e da resistência camponesas. Estas, mediadas novamente com a teoria, conformam o aporte desta tese, que pretende contribuir, conjuntamente, para a transformação da realidade e para a superação do capitalismo.

A exposição deste capítulo é realizada a partir dos seguintes itens: O rural e o campesinato nas pesquisas da pós-graduação de Serviço Social do Brasil; A fome e a questão agrária; Políticas Públicas de um Estado em disputa; e, por fim, o Serviço Social e a questão agrária – mediações necessárias.

Iniciemos por visibilizar o rural e o campesinato nas pesquisas de pós-graduação no Serviço Social no Brasil.

4.1 O rural e seu povo na pesquisa da Pós-Graduação em Serviço Social no Brasil

Compreendemos a importância dessas lutas no contexto brasileiro e a relevância de constarem nos registros históricos e acadêmicos. Por esse motivo, tivemos a intencionalidade de verificar as pesquisas referentes ao território rural e como vem sendo abordada a questão agrária nas pesquisas do Serviço Social brasileiro. Os resultados desta pesquisa documental constam no capítulo um e apontam a relevância dela.

Regatamos esta pesquisa para apresentar sobre as teses e dissertações com descritor *Campesinato* nos Programas do Serviço Social. Ao final, restaram sete pesquisas, porém, ao ler os títulos e resumos, percebemos que uma não se enquadrava na temática pesquisada, ou seja, apenas seis teses e dissertações realizadas nos Programas de Serviço Social do Brasil apresentam como centralidade o campesinato e estão na tabela a seguir:

A QUESTÃO AGRÁRIA NO CAPITALISMO DEPENDENTE:
ELEMENTOS DA QUESTÃO SOCIAL E A RESISTÊNCIA DO CAMPESINATO BRASILEIRO

Tabela 7 – Teses e dissertações realizadas nos Programas de Serviço Social do Brasil que tem como centralidade o campesinato

Data	Título	Autor	Programa
01/09/1990 (Trabalho anterior à Plataforma Sucupira)	Jaque: sonho de terra, moenda de cana.	CONSERVA, Marinalva de Souza.	UNIVERSIDADE FEDERAL DA PARAÍBA/JOÃO PESSOA, JOÃO PESSOA
01/05/1991 (Trabalho anterior à Plataforma Sucupira)	Mudança e continuidade na encruzilhada do processo - a estratégia de modernização agrícola e as relações capital/trabalho no sertão do São Francisco.	COSTA, Anita Aline Albuquerque	DOUTORADO EM SERVIÇO SOCIAL INSTITUIÇÃO DE ENSINO: PONTIFÍCIA UNIVERSIDADE CATÓLICA DE SÃO PAULO, SÃO PAULO
01/04/2009 (Trabalho anterior à Plataforma Sucupira)	Processos de Resistência no Movimento dos Trabalhadores Rurais Sem Terra: cartografias do cotidiano em um assentamento de reforma agrária.	COIMBRA, Francine Heidrich.	MESTRADO EM SERVIÇO SOCIAL: UNIVERSIDADE FEDERAL DE SANTA CATARINA, FLORIANÓPOLIS.
01/06/2012	A produção da viticultura no município de Toledo/PR: uma experiência em construção da agricultura familiar 2000-2010.	ENGELBRECHT, Marize Rauber.	DOUTORADO EM SERVIÇO SOCIAL INSTITUIÇÃO DE ENSINO: PONTIFÍCIA UNIVERSIDADE CATÓLICA DE SÃO PAULO, SÃO PAULO
30/04/2015	Questão agrária: um diálogo entre clássicos e a luta camponesa contemporânea	EIDAM, Vanessa.	MESTRADO EM SERVIÇO SOCIAL INSTITUIÇÃO DE ENSINO: UNIVERSIDADE FEDERAL DE SANTA CATARINA, FLORIANÓPOLIS

Data	Título	Autor	Programa
20/07/2016	Desenvolvimento, emancipação e campesinato: a luta dos movimentos camponeses em face dos projetos de desenvolvimento no território fluminense no início do século XXI.	CRUZ, Suenya Santos da.	DOUTORADO EM SERVIÇO SOCIAL INSTITUIÇÃO DE ENSINO: UNIVERSIDADE FEDERAL DO RIO DE JANEIRO, RIO DE JANEIRO BIBLIOTECA DEPOSITÁRIA: CFCH – UFRJ.

Fonte: banco de teses e dissertações da CAPES. Tabela de sistematização elaborada pela autora

Destas, quatro são anteriores à Plataforma Sucupira que teve início em 2014 e duas são recentes. Essas seis pesquisas restantes, demonstram uma prioridade sobre a organização coletiva dos trabalhadores, das pessoas que vivem e trabalham no território rural.

As pesquisas encontradas corroboram com o objetivo de atentar para o rural não apenas como um espaço sócio-ocupacional, mas também compreendê-lo na interface com a questão agrária no Brasil. O objetivo central das pesquisas encontradas paira em analisar a questão agrária na concretude do acesso à terra, na viabilidade da produção e na permanência no contexto da agricultura familiar e camponesa, com incidência direta da lógica de acumulação na política de Estado, ainda que em nível local (estudo de caso).

Nas duas teses, ocorreu triangulação com pesquisa bibliográfica, documental e empírica, com entrevistas a sujeitos com acúmulo teórico e vivencial das questões abordadas, o referencial teórico-metodológico utilizado foi o materialismo histórico-dialético para aprofundar a relação entre os aspectos universais da sociabilidade do capital e suas expressões particulares.

Como resultado geral das pesquisas, temos que a organização dos agricultores familiares contribui para a reprodução social e para a permanência das famílias na área rural embora a fase contemporânea do desenvolvimento do capital engendre novas formas e roupagens para renovar o seu conteúdo de exploração. Assim como, que a superação do capitalismo perpassa por recuperar o sociometabolismo homem/natureza, por reconhecer a importância do campesinato e dos movimentos camponeses que atuam nos territórios e contribuem para as articulações rural e urbana e na necessidade de uma reforma agrária que questione o modelo de produção hegemônico vigente.

As seguintes palavras-chaves dão o contexto geral das categorias utilizadas para as pesquisas encontradas: Agricultura familiar; Campesinato; Modernização Agrícola; Capitalismo no campo; Desenvolvimento Sustentável, Agroecologia; Reforma Agrária; Questão Agrária; Emancipação Humana. Todas corroboram e dialogam com esta pesquisa.

Compreender o que o Serviço Social tem produzido é compreender também as lacunas na produção do conhecimento em nível de mestrado e doutorado. No processo da pesquisa quanto à produção do saber, é nítido que os processos de resistências do campesinato têm sido invisibilizados, embora diretamente relacionados com o objeto do Serviço Social, conforme define Iamamoto:

> Os assistentes sociais trabalham com a questão social nas suas mais variadas expressões quotidianas, tais como os indivíduos as experimentam no trabalho, na família, na área habitacional, na saúde, na assistência social pública, etc. Questão social que sendo desigualdade é também rebeldia, por envolver sujeitos que vivenciam as desigualdades e a ela resistem, se opõem. É nesta tensão entre produção da desigualdade e produção da rebeldia e da resistência, que trabalham os assistentes sociais, situados nesse terreno movido por interesses sociais distintos, aos quais não é possível abstrair ou deles fugir porque tecem a vida em sociedade. (IAMAMOTO,1997, p. 14).

Pretendemos contribuir na produção do conhecimento da área quanto à questão agrária pautada pelo campesinato, na sua tarefa contra-hegemônica capaz de manter sua identidade, seus conhecimentos, sua efetiva participação na conformação da resistência, na organização e na mobilização social, no enfrentamento ao avanço do capital, correlacionando com o objeto do Serviço Social e com as estratégias utilizadas pelos sujeitos, conforme aponta Prates (2012, p. 117):

> Adensar o debate sobre o aprimoramento de estratégias acerca da investigação social, considerando sua relevância para desocultar as múltiplas formas como a questão social se expressam no tempo presente, seja no que concerne às desigualdades, como em relação às estratégias utilizadas pelos sujeitos para enfrentá-la, é de fundamental importância para o Serviço Social.

Para o Serviço Social, o desvelar do processo de conformação das sociedades latino-americanas possibilita, por consequência, compreender que explorados e exploradores representam, respectivamente, uma classe trabalhadora e uma classe burguesa em plena disputa, a todo vapor, de uma economia de mercado que acirra as desigualdades por meio de relações de opressão e de exploração, precarizando as vidas humanas e as formas de vida que garantem a sobrevivência no planeta.

A questão social tem vinculação direta com a produção e a reprodução do capital no campo, o que implica em observar as formas de exploração, expropriação e opressão, relações sociais que resultam no acúmulo de capital e de poder político, intrinsicamente ligadas à questão agrária e com a expressão da questão social mais aparente da desigualdade social: a fome.

4.2 A fome e a questão agrária

A fome deve ser o ato doloso de produzir famintos.
(Thiago Lima)

O primeiro pressuposto de toda a existência humana e também, portanto, de toda a história, é reconhecer que os homens e mulheres precisam estar em condições de viver para poder "fazer história". Para viver, precisamos de comida, água, moradia, vestimenta e alguma coisa mais. O primeiro ato histórico é, pois, a produção dos meios para a satisfação dessas necessidades, a produção da própria vida material, e este é, sem dúvida, um ato histórico, uma condição fundamental de toda a história que, ainda hoje, assim como há milênios, tem de ser cumprida diariamente, a cada hora, simplesmente para nos mantermos vivos (MARX, 2009).

Marx (1982b) denuncia que, quando a fome se torna presente ao trabalhador e à trabalhadora, muito já foi lhes foi retirado, inclusive a "sua condição de existência", pois, antes da falta de comida, outras necessidades básicas já foram negligenciadas, como a moradia, a saúde, o saneamento, entre outros. Citamos Marx para expor uma realidade comumente vivenciada e que avança na medida em que se desenvolve o capital. A fome é anterior ao sistema capitalista, mas nele é causa e consequência, conforme desvendamos a seguir.

A fome é causa e consequência, como nos aponta Marx, na dialética do capitalismo, que aponta para o aparente e encobre o que o econômico manipula na política. É causa porque pessoas malnutridas e desesperadas pela fome são necessárias para o sistema capitalista. É consequência porque a prioridade do sistema capitalista é o lucro em detrimento das vidas humanas.

A fome é consequência e ao mesmo tempo causa do sistema de produção hegemônico, embora seja a expressão mais evidente é também a mais naturalizada da sociedade capitalista. A fome se materializa nas pessoas famintas e não é tratada como um crime por aqueles que a produzem ou a permitem. Ela é naturalizada como um aspecto da natureza, como uma paisagem que compõe as cidades. Essa naturalização não ocorreu de forma despretensiosa, foi construída, conforme desvela Lima (2021):

> Isso não é à toa. Foram séculos de trabalho intenso e incansável para isolar as pessoas famintas e para anestesiar permanentemente a sociedade da dor que pode ser ter empatia com quem tem fome. Foram necessárias revoluções industriais e a disseminação global de um sistema social – o capitalismo. Foi necessária a instauração de um sistema político internacional sob a mão pesada do colonialismo. Foi necessária a instalação estrutural do racismo como princípio hierarquizante da distribuição de recursos, sobretudo dos alimentos (Patnaik, Patnaik. 2017; Almeida, 2019). Foram necessárias diversas medidas paliativas e diversos sistemas de crenças para que as pessoas e os governos, em geral, aceitassem os famintos como parte natural da paisagem. Principalmente as mulheres famintas, com suas filhas e filhos condenados, antes mesmo de concebidos, a terem seu potencial humano limitado como herança de gerações de mães subnutridas. Foram necessárias instituições maleáveis e adaptáveis às elites e populações, em diversos tempos e espaços, para que as pessoas famintas, enquanto tragédia – repito –, se tornassem parte natural da paisagem. Lamento, mas é a vida, dizem. (LIMA, 2021, *online*)

A afirmação de que a fome é causa e consequência dessa sociedade é, dialeticamente, orientada e supera o ato de comer, ato biológico dos seres vivos. As condições em que vive o trabalhador "fora da oficina", em uma linguagem que Marx (2013, p. 723-724) utiliza para referir-se ao tempo do trabalhador fora do local de trabalho, dá o "pleno esclarecimento das leis de acumulação". O que importa, continua o autor, "é tornar a fome permanente entre os membros da classe trabalhadora, e para isso serve [...] o princípio populacional, particularmente ativo entre os pobres". Todavia, é comum presenciarmos a criminalização dos pobres pela sua própria condição, como nos relatou E2:

E2: Meu irmão um dia disse que os pobres eram vagabundos. Eu disse, engraçado, a gente foi criado pobre, mas o que nós tínhamos era a mesa farta, isso o pai zelava, sempre tinha de tudo pra comer. A gente pensava de barriga cheia. Agora te coloca no lugar daquele que tá de barriga vazia, se ele consegue pensar! Até o espírito muda, imagina numa situação de fome o que se passa pela cabeça né? (E2, jan. 2020)

Ao mesmo tempo, a superexploração acarreta uma alimentação precária, mal nutrindo milhares, gerando uma subsunção real dos trabalhadores que os faz trabalharem cada vez mais horas, recebendo cada vez menor remuneração para garantir a sobrevivência. Para pensar, é preciso estar bem alimentado, não é questão de consciência, o processo é orgânico, como relata Ziegler (2012, p. 20):

A subalimentação severa e permanente provoca um sofrimento agudo e lancinante do corpo. Produz letargia e debilita gradualmente as capacidades mentais e motoras. Implica marginalização social, perda de autonomia econômica e, evidentemente, desemprego crônico pela incapacidade de executar um trabalho regular. Conduz inevitavelmente à morte.

A privação à alimentação cria vulnerabilidades que fazem o capital avançar, é justamente a escala da acumulação que define a escala da fome. Refutamos que a baixa do PIB seja o causador do aumento da fome no Brasil. O PIB é um indicativo econômico e a sua queda retrata uma diminuição das atividades econômicas e, sendo assim, a sua queda reflete as pessoas comprando menos. Isso é a aparência de uma crise gerada pelo próprio capital. Não é a diminuição do consumo que gera a fome, é a acumulação do capital que chega a níveis que não suportam a reprodução das condições de vida do trabalhador que gera a fome[54]. Assim como não é o aumento do PIB, que responde ao aumento de produção do agronegócio, que garantirá que a comida chegue em todas as casas.

O Instituto de Pesquisa Econômica Aplicada – Ipea, por meio de seu Boletim de Política Social, divulgou a necessidade da criação de "mecanismos específicos para a agricultura familiar para que ela dê as

---

[54] Em resposta aos economistas que explicam o aumento da fome e da desigualdade no Brasil pela alta ou baixa do PIB, temos este estudo divulgado pelo DIEESE que afirma que "aumento da extrema pobreza se deu em função do baixo crescimento do PIB e do estrangulamento do Bolsa Família". O diretor do DIEESE mostrou-se surpreso pelo fato de que em 2017 e 2019, a extrema pobreza tenha agravado "apesar do leve crescimento do PIB nesse período. O que aponta para o aumento da concentração de renda e ampliação das desigualdades sociais no país, apesar da pesquisa apontar estabilidade nesse quesito" (DIEESE, 2020).

respostas necessárias, caso contrário, a população brasileira poderá ter dificuldades no acesso à alimentação". Segundo o Boletim, o contexto da pandemia desvelou a "importância da agricultura familiar e a necessidade de se ter políticas específicas voltadas para este setor, com preocupações concretas quanto ao abastecimento alimentar e à "sustentação dos níveis de oferta de alimentos – afora a necessidade de evitar uma devastadora pauperização no campo". Ainda sobre a pandemia, apenas 4% do total dos auxílios foram destinados para a área rural, referente ao Auxílio Emergencial de R$ 600,00.

> De acordo com o estudo, o Brasil teve vários itens do dia a dia com aumentos acima da média (14,1% para os alimentos em 2020, segundo o IPCA). Assim, no acumulado de 2020, o feijão preto teve alta de 45,4%, enquanto o arroz subiu 76%. O Ipea cita outros produtos, como leite (26,9%), carne (18%) e batata (67,3%). Segundo o instituto, "esses e vários outros itens básicos da dieta brasileira encareceram o acesso à alimentação em contexto de perda de rendimentos do trabalho por efeito da pandemia". (NUZZI, 2021, *online*).

Mais da metade dos domicílios com insegurança alimentar grave eram chefiados por mulheres, apontam os dados do Censo IBGE (2017-2018), e estamos falando de dados anteriores à pandemia do coronavírus (2020-2021) e do governo Bolsonaro. A mesma pesquisa apontou que os domicílios com pessoa de referência autodeclarada parda representavam 36,9% dos domicílios com segurança alimentar, mas representam mais de 50% para todos os níveis de insegurança alimentar[55] (BRASIL 2017). Em um período de tempo maior, considerando os anos entre 2004 e 2020, os dados apontam para uma queda ainda maior na segurança alimentar e um aumento da insegurança alimentar[56], conforme visualizamos a seguir:

---

[55] De acordo com o Instituto Brasileiro de Geografia e Estatística (IBGE), aproximadamente 10,3 milhões de pessoas moram em domicílios com insegurança alimentar grave (IBGE, 2020).

[56] De acordo com a Rede Brasil Atual, o número de pessoas com fome no Brasil atingiu 19 milhões, e a insegurança alimentar disparou no país (REDE BRASIL ATUAL, 2021).

Gráfico 4 – Situação de Segurança e insegurança alimentar no Brasil (2013-2017)

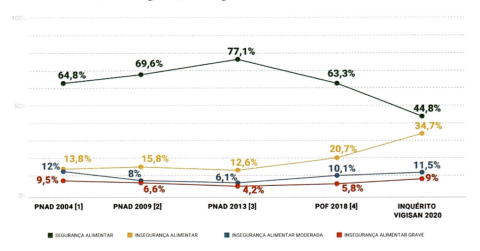

Fonte: Dados reanalisados para a escala de oito itens, a partir das pesquisas: [1] Pesquisa Nacional por Amostra de Domicílios 2003-2004 (IBGE); [2] Pesquisa Nacional por Amostra de Domicílios 2008-2009 (IBGE); [3] Pesquisa Nacional por Amostra de Domicílios 2013-2014 (IBGE); [4] Pesquisa de Orçamentos Familiares 2017-2018 (IBGE).

Fonte: dados Censo IBGE, disponível em: Agência de Notícias IBGE

A pesquisa acima, com espaço maior de tempo, reafirma os dados desiguais, no acesso ao alimento, por raça e gênero. Nos domicílios habitados por pessoas brancas, a fome atinge 7,5% do total e, naqueles onde os moradores eram pretos e pardos (classificação usada pelo IBGE), esse percentual aumenta para 10,7%. A diferença entre os domicílios chefiados por homens e mulheres fica em 7,7% para homens e sobe para 11,1% no caso das mulheres.

Visto a fome ser causa e consequência da sociedade capitalista, afastar o povo da produção de alimentos é estratégico para a finalidade de acumulação de mais capital e isso passa pela ausência de políticas públicas de incentivo da produção familiar camponesa, mas, primeiramente, pelo cerceamento das terras e da água. As mãos camponesas fazem brotar alimento da terra que, por meio de ciclos curtos de comercialização, faz chegar ao povo, sem atravessadores, alimentos mais saudáveis e com preços mais justos. Falar da fome, atentando para o êxodo rural, não expõe apenas a subsunção do campesinato ao capital, mas de toda a classe trabalhadora.

> *É fundamental, necessária, existir política pública para o campesinato, principalmente as que ajudam a garantir a comercialização como a PAA e PNAE, a formação de estoque [...] São fundamentais*

> *pois isso dá uma garantia e um estímulo para a produção, estimula a produzir quando a gente sabe que tem uma possibilidade a mais de vender, que a gente não está só à mercê do mercado simplesmente. Acho que essa garantia de compra é muito boa, sem falar os créditos né, com subsídios, desburocratizado, com incentivos através de outros programas como distribuição de insumos, maquinários e equipamentos coletivos, tudo o que venha fortalecer, incentivar e garantir a comercialização. Até a própria estrada, ter condições de transportes né? Todas as políticas que podem ser das esferas federal, estadual ou municipal que fomente a agricultura familiar e camponesa, são garantias de produção de comida. Se não existe esse estímulo, há uma desmotivação por parte das famílias de produzir, inclusive em diversificar né? Porque se não, a tendência é você ir atrás do agronegócio disponível na sua região, que comanda na região [...] e aqui é soja. Ou você arrenda pra soja ou pra gado de corte, é isso se fica sem incentivo para diversificação. As políticas públicas estão para garantir a produção de alimentos, com diversidade, senão se entra facinho facinho para as monoculturas ou vai embora para a cidade. (E6, fev. 2021).*

No Pará, até os espaços de comercialização ocorrem por meio de mobilização e de organização social, como nos conta a liderança camponesa do estado E7:

> *Essa feira, se não me falha a memória, ela começou em junho de 2019, né...ela começou aí pela reivindicação de várias comunidades, aqui é de agricultores da região [...] a gente não tinha um ordenamento, então muitos agricultores não tinha um espaço adequado, ficavam nas margens da PA (PA-70) ali, com dificuldade dá comercialização direta. Reivindicamos para prefeitura um espaço específico. Pautamos em reunião deles construírem um espaço físico e até ele não ser construído realizaríamos na praça matriz do município. Então ela ficou mais ou menos um ano e seis meses funcionando como mercado, espaço improvisado na praça, com barracas e algumas mesas e, hoje ela já tem o espaço físico próprio. Então a prefeitura entrava com o carro para ir buscar os agricultores, ou um ônibus, ou então uma caminhonete para trazer né*

Ao desvelarmos a intencionalidade do capital internacional, com as respectivas alianças com o Estado e as elites das economias periféricas, na expulsão de camponeses e camponesas para a cidade, assimilamos a lógica perversa de produzir a fome ao relacionarmos com a expulsão dos camponeses e camponesas de seus territórios rurais, com a desigualdade de gênero e com o racismo estrutural de nosso continente.

A expulsão dos trabalhadores rurais e as modificações do modo de produzir, acirram as desigualdades no campo e na cidade, levando milhares para a cidade sem a garantia de trabalho e renda. A miséria está nas ruas, nas periferias, nos centros e no campo. O êxodo rural é uma das consequências que mais impactaram e continuam impactando a sociedade brasileira, a sua população é um exército de reserva latente e, por isso, "o trabalhador rural [...] está sempre com um pé no lodaçal do pauperismo" (MARX, 2013, p. 714). Soma-se, nesse contexto de exploração, a concentração fundiária com a monopolização do território e a precariedade das condições de vida e de trabalho na roça.

> As bases que se ergueram no início do século passado seguem vivas e foram reforçadas por novas formas de sujeição sob o comando direto do capital transnacional em todo o mundo. A exportação de capitais transitou para a produção direta destes capitais monopolistas nas diversas partes do globo terrestre - transferência direta de valor. Os trabalhadores do campo, nas economias dependentes, sob o jugo ainda mais violento do capital, ou levantaram-se em resistência, ou amoldam-se à perversa condição de superexplorados e oprimidos na América Latina. (TRASPADINI, 2016, p. 50).

A saída de milhões de pessoas do campo ratificou o rural brasileiro como um espaço de produção, porém em plena crise sanitária, acirrada pela pandemia e pelas crises econômica e política, os sujeitos do campo não paralisaram a produção. A agricultura camponesa familiar seguiu produzindo. Conforme Vânia Marques Pinto, secretária de Política Agrícola da Contag[57], "o Brasil passa pela maior crise sanitária da sua história e a agricultura familiar continuou produzindo alimentos, é preciso que o Ministério valorize cada vez mais a agricultura familiar e veja o campo como um lugar com gente".

Nesse interregno, de espaços e projetos de sociedade distintos, temos processos de resistência que precisam ser estudados, elaborados, reelaborados, apreendidos e também superados a fim de que gerem processos emancipatórios nos tempos atuais, de acirramento do neoliberalismo, principalmente, nos países da América Latina.

Desse modo, atentar para as temáticas agrárias e atuar sobre elas acarreta uma práxis que compreende a totalidade da classe trabalhadora e que terá consequências para os atingidos pela dinâmica sociometabólica do

---

[57] De acordo com a Rede Brasil Atual, a agricultura familiar desempenha um papel fundamental no apoio ao acesso a alimentos (REDE BRASIL ATUAL, 2021).

capital[58]. Nos territórios rurais, pessoas moram e/ou trabalham, criam seus filhos e filhas, realizam seu modo de viver, de produção e de reprodução da vida, ou vivem nas cidades como resultado do êxodo rural, bem como sofrem as consequências do preço alto da comida, da carga da transgenia, do alto consumo de agrotóxicos juntamente com todas as consequências para a saúde, pela fome e expostos a todo o tipo de exploração.

Na condição das economias dependentes, a fome, expressão mais ostensiva e visibilizada na política de assistência, possibilita aumentar a superexploração da força de trabalho para compensar a queda tendencial da taxa de lucros, na qual ocorre uma cisão entre a produção e o consumo e que possibilita remunerar a força de trabalho abaixo do seu valor. A fome aparece na política, mas não se estrutura nela, por isso é causa e consequência, aparência e essência, num processo dialético do sistema capitalista em que as consequências corroboram com a sua causa que, por sua vez, gera a fome como consequência. E, sobre ela, atuamos cotidianamente.

4.3 Serviço social e questão agrária: mediações necessárias

As cidades são formadas por territórios distintos, são lugares com identidade, função social, história. Nessa problematização, salientamos a importância de compreendermos a questão agrária no processo dialético com a questão social, para o desvendar das engrenagens e atuação do capital no seu objetivo de mais lucro.

As dicotomias mais utilizadas dão conta do centro-periferia e do rural-urbano. O centro, a periferia e o urbano denotam um mesmo espaço, o urbano. Urbano e rural são duas dimensões de um mesmo espaço geográfico, que reúnem diferentes práticas econômicas, de distintas espacialidades e cujas relações estão inseridas no contexto das relações da divisão internacional do trabalho, com práticas cotidianas muito distintas.

De acordo com dados do IBGE, publicizados pela Agência Brasil (2017), "o espaço urbano é determinado por lei municipal, sendo o rural definido por exclusão à área urbana". Conforme consta, 84,4% da população

---

[58] A categoria sociometabolismo do capital é considerada uma das categorias centrais para Mèszáros, que enfatiza uma abordagem sociológica para a dinâmica do capital, destacando a dinâmica social como uma totalidade regida pelas determinações oriundas da relação social capital, que envolve o trabalho e o capital retroalimentados em uma relação dialética pela própria dinâmica social total (MÉSZÁROS, 2000). Para aprofundamento do tema, sugerimos ler o próprio autor e deixamos para consulta a tese intitulada *A crise estrutural do capital de István Mèszáros como uma síntese sui generis: possibilidades e limites* (ALVES, 2012).

brasileira vive em áreas urbanas e 15,6%, em zonas rurais. Essa maioria populacional requer atenção mormente das políticas públicas para dar conta das demandas concentradas no espaço urbano.

> Nesse sentido, a concentração de terras no Brasil e no mundo, bem como suas consequências, como a fome, a pobreza rural e os conflitos agrários, que envolvem a luta pela terra, pela água e as condições de trabalho – muitas vezes similar à escravidão –, são expressões de uma realidade que não deve ser analisada de maneira fragmentada. Tal realidade deve ser compreendida sob a ótica da luta de classes perante a hegemonia do modo de produção capitalista, o qual tem como gênese a propriedade privada e o trabalhador livre. (NUNES; SCHERER, 2017, p. 2).

O aprofundamento das teorias econômicas, históricas, sociais e políticas contribuiu com as reflexões acerca do objeto de trabalho do assistente social, trazidas por Iamamoto (2005) e Netto (1991), que são as expressões da questão social, consequências de um sistema capitalista que atua, largamente, nos territórios urbano e rural e, no último, forçou ao êxodo milhares de pessoas que migraram para as periferias urbanas.

> A Questão Social apreendida como um conjunto das expressões das desigualdades da sociedade capitalista madura, tem uma raiz comum: a produção social é cada vez mais coletiva, o trabalho torna-se mais amplamente social, enquanto a apropriação dos seus frutos mantém-se privada, monopolizada por uma parte da sociedade (IAMAMOTO, 2005, p. 27).

Osório (2014) questiona como qualificar a ação daqueles que não detêm o poder e lutam para alcançá-lo, mas que, de todo modo, estão inseridos na política, pois assumem forças contra-hegemônicas e acumulam para exercer, manter e disputar o poder político em uma sociedade que não é, puramente, a soma das partes, é muito mais do que um agregado dos indivíduos, ao passo que o destino social de uns dá o destino de outros.

> Mas a sociedade é muito mais que um simples agregado de indivíduos. É, mais que nada, uma rede densa de relações em que o destino social de alguns tem direta relação com o destino social de outros, não em questões tangenciais, como poderiam aceitar algumas variantes do individualismo metodológico, mas sim na definição dos assuntos fundamentais dos sujeitos sociais. (OSÓRIO, 2014, p. 111).

Dardot e Laval (2016, p. 17) falam de uma conduta neoliberal, que, sendo comportamento, também é político e trata de uma racionalidade que "como tal, tende a estruturar e organizar não apenas a ação dos governantes, mas até a própria conduta dos governados", que são guiados por ideologias.

Conforme o pensamento Gramsciano, a ideologia[59] é decisiva na organização da vida social e, consequentemente, na política que avança como força material quando ganha as consciências junto as massas, na concretude da vida real (SIMIONATTO, 2004, p. 74). Todavia, não são as ideologias que criam a realidade, mas a tomada de consciência das próprias responsabilidades enquanto grupo social, da consciência social, conforme Marx e Engels (2009).

O neoliberalismo não destrói apenas regras, instituições, direitos. Ele também produz certos tipos de relações sociais, certas maneiras de viver, certas subjetividades, que fazem extrapolar o viés puramente econômico da dependência. Em outras palavras, com o neoliberalismo o que está em jogo é nada mais, nada menos, que a forma de nossa existência, isto é, a forma como somos levados a comportarmo-nos, a relacionarmo-nos com os outros e conosco. Em uma sociedade capitalista, de Estado Burguês, com o neoliberalismo permeando as relações sociais, em um misto cosmopolita entre um futuro liberto e aspectos fascistas, em um pós-modernismo *franksteineano* que espectra o primitivo e a tecnologia, a democracia e a barbárie, o fascismo e as diversidades, atuar nessa realidade exige reflexões constantes. Como faz o camponês E3:

> *Nós, os camponeses, lutamos contra a exploração e concentração de riquezas nesse país. Nós temos que construir a capacidade de romper com esse sistema e fazer distribuição de renda, de riqueza e dos meios de produção. Só assim nós vamos construir uma sociedade, uma mídia justa e igualitária, onde a gente possa dizer com toda a certeza que o poder está na mão do povo. Não é elegendo um vereador, um prefeito, um governador ou um presidente que nós vamos dizer que o poder emana do povo. Para mim essa concepção não existe, na verdade o povo é usado para dizer que democracia é isso, mas qual é o poder de decisão que cada um tem? (E3, jan. 2020).*

Ao percorrermos o método de Marx, partindo do concreto real, que permeia a questão social, atentamos para as suas refrações que estão engendradas pelas decisões econômicas e políticas. As refrações da questão social

---

[59] Para Silva (2013), em sua obra Mais-valia Ideológica, é necessário que o campo progressista vislumbre outra terminologia para *Ideologia*, pois, segundo o autor, a forma como é utilizada a ideologia, tanto pela direita quanto pelo campo progressista, denota a reprodução de ideias sem o movimento da consciência, sem reflexão.

são o campo de labor do Assistente Social, que nos remetem, em grande parte, às formas de fazer que não rompem com a dependência, a exploração e a expropriação dos países periféricos de economia dependente e que, por vezes, nos remete ao conservadorismo presente na origem do Serviço Social, anterior ao movimento de reconceituação da profissão. Entretanto, atuar nas consequências do sistema capitalista, que assolam a classe trabalhadora, possibilita resistência e a negação do próprio sistema.

Lima (1982), ao analisar o contexto do Serviço Social na sociedade brasileira, conclui que a identidade profissional, forjada no movimento de reconceituação evidencia a contradição da práxis profissional que, até então, carregava valores institucionais do espaço em que atuava, demonstrando antagonismo entre os projetos societários que configuram a organização da sociedade e as próprias instituições, que têm seu funcionamento na lógica do capital ou a sua própria lógica de atuação.

Os interesses do capital, sempre foram soberanos sobre as pautas da classe trabalhadora brasileira e o Serviço Social está imbricado na divisão internacional do trabalho porque faz parte da dinâmica, tensões e conflitos criados para a manutenção e reprodução do próprio sistema de produção, assim como os demais segmentos da classe trabalhadora. Porém, tendo a questão social como objeto de intervenção do Serviço Social, cabe-nos contribuir com esse objeto, tomando distância da mera realização de tarefas. Esse processo faz parte das dimensões do trabalho que deve romper com a alienação no trabalho, a partir da conjuntura da luta de classes nos seus processos políticos.

> Se quisermos ultrapassar o neoliberalismo, abrindo uma alternativa positiva, temos de desenvolver uma capacidade coletiva que ponha a imaginação política para trabalhar a partir das experimentações e das lutas do presente. O princípio do comum que emana hoje dos movimentos, das lutas e das experiências remete a um sistema de práticas diretamente contrárias à racionalidade neoliberal e capazes de revolucionar o conjunto das relações sociais. (DARDOT; LAVAL, 2016, p. 9).

Nesse sentido, há a necessidade de que o trabalho do/a assistente social, esteja organizado para dar movimento às mediações dos indivíduos na totalidade e na particularidade do que é produzido e vivenciado. Apresentamos, nessas reflexões sobre o Serviço Social e a questão agrária, um fato ocorrido, que se insere aqui como um exemplo concreto das mediações possíveis quando atentamos para a totalidade da classe trabalhadora.

Era meado de 2020 e a pandemia começava a acirrar a miséria sobre os mais pobres, sem as aulas presenciais nas escolas, não há merenda e a possibilidade de as crianças estarem em casa, passando fome, passa de uma possibilidade para uma realidade. Uma colega de profissão, que atua junto ao estado do RS, acessou-nos para tirar dúvidas sobre uma demanda que havia recebido para a compra de alimentos pela secretaria de assistência com destino às famílias mais pobres. Refletimos sobre a possibilidade de fazer a aquisição via cooperativas organizadas pelos Movimentos Sociais populares e que seria importante assegurar, pelo menos, 30% de compra da agricultura camponesa familiar na portaria, como consta na Lei do PNAE, pois a pandemia e a seca estavam agravando a pobreza no campo e a impossibilidade de fazer feiras estava inviabilizando a vida nos territórios rurais. Infelizmente, como denuncia a FETRAF[60],

> [...] R$ 12,7 milhões de recursos do Programa Nacional de Alimentação Escolar (PNAE) e R$ 9 milhões dos recursos do Governo do Estado [...] foram para uma (1) empresa atacadista, que não trabalha com a produção de alimentos da Agricultura Familiar do Rio Grande do Sul.

O que percebemos é que a Lei do PNAE e do PAA no RS, que garantem o percentual de aquisição da agricultura camponesa familiar, é realizada, pelos municípios, nas escolas de gestão municipal. Em nível estadual, a pandemia possibilitou o não cumprimento desse percentual que foi assegurado por muita pressão e luta dos movimentos sociais, sindicatos, federações e CONSEA – Conselho de Segurança Alimentar e Nutricional Sustentável. Sem licitação e em plena crise sanitária, transferiu-se mais (ainda) recursos do Estado (públicos) para o capital.

No PI, já ocorre outra forma de articulação, como nos relata a liderança camponesa de lá, também assistente social:

> No PAA era um programa do governo federal, hoje é do governo estadual e é num formato em que a gente faz as doações nos bairros periféricos urbanos. Então, a gente tem essa autonomia enquanto movimento social que a gente faz parte que é o MPA, que é de poder fazer esse diálogo junto com as comunidades e junto com esse campo que está à margem, na vulnerabilidade

---

[60] A Federação dos Trabalhadores e Trabalhadoras na Agricultura Familiar do Rio Grande do Sul (Fetraf RS) destaca os principais problemas: a preferência por produtos industrializados e produzidos por grandes multinacionais, que não garantem a segurança alimentar e nutricional. Além disso, aponta o descaso político e econômico com as cooperativas e a agricultura familiar no estado. Considerando que os recursos poderiam impulsionar a economia gaúcha e gerar renda e empregos, especialmente em tempos de crise e pandemia, a Fetraf RS critica a atuação do Governo do Estado, que descumpre a lei que determina que 30% da compra da merenda escolar seja proveniente da Agricultura Familiar.

alimentar. Essa produção, que é feita pela organização do MPA e minha família faz parte, ela é feita toda para a cidade em forma de doação, para as secretarias de assistência social, para as creches, para as escolas. Então tem um trabalho bem interessante junto às associações de bairro, que é uma forma ainda que resta de organização do povo da periferia. Somos nós mesmos que fazermos a entrega. As famílias que produziram vêm junto fazer essa entrega e a gente não faz só a entrega pela entrega dos alimentos, mas também essa forma de conversa, da roda de conversa antes de passar a cesta de alimentos. Então, temos essa autonomia que é bastante interessante. (E5, fev. 2021).

São nessas relações sociais, de conflitos/conciliações de interesses, que ocorre a dinâmica da vida social. Pontes (2002, p. 53) traduz esse movimento como o conhecimento do real que "necessariamente pressupõe a superação do momento da imediaticidade (universo abstrato) através da sua negação (reflexão-mediação), para alcançar a totalidade concreta (universal concreto)".

O projeto de sociedade em que vivemos é voltado para a acumulação de capital e não para as questões humanitárias, é gerador e reprodutor de injustiças. A fome é a consequência mais explícita da desigualdade no acesso aos bens de produção e aos resultados do próprio trabalho, do próprio salário. Estar empregado não garante acesso à alimentação de forma que se mantenha a saúde e estar desempregado não garante as condições mínimas de sobrevivência. Ocorre um acirramento desses processos pela superexploração, que acarreta a não garantia de condições mínimas de sobrevivência, ainda que condições *mínimas* sejam aceitáveis para a humanidade, o que não deveria ocorrer.

Como intervir para garantir "mínimos sociais"? Não há cidadania plena e garantia de direitos humanos e sociais nos moldes da sociedade capitalista. Nos moldes em que vivemos, agimos no limite de permitir que os sujeitos sejam superexplorados e fazer essa afirmação não deveria nos paralisar e naturalizar que aceitemos que é "normal" as pessoas irem buscar cesta básica na assistência, ou que, após 15 dias, ela retorne porque acabaram os alimentos e ouça da profissional "ah, mas a senhora já pegou a cesta desse mês". Entregar uma cesta básica sem processos formativos é o assistencialismo que devemos superar.

Refletir conjuntamente com movimentos sociais populares é refletir sobre os direitos humanos e a sua relação com os processos de lutas coletivas, diretamente com o concreto real da vida social, com "encaminhamento de uma análise histórica, o reconhecimento do terreno nacional e uma reflexão voltada para a compreensão do estado capitalista em suas especificidades históricas", conforme elucida-nos Simionatto (2004, p. 39).

Na perspectiva dos movimentos sociais populares, as reflexões acerca dos direitos humanos conduzem-nos para o processo histórico dos fatos e para a realidade do ponto de vista dos povos subalternizados. Povos colonizados, escravizados, expropriados, roubados, assassinados perfazem as extremidades de um processo entre explorados e exploradores, a vítima e o algoz, em que a miséria está com um porque a riqueza transferiu-se para outros. É nessa lógica que também se assentam os princípios do código de ética do Assistente Social.

> A formação da classe camponesa está ligada às desigualdades históricas, sendo tanto descendentes dos homens livres pobres quanto de escravos, mestiços e de quilombolas: são os principais prejudicados em detrimento dos benefícios concedidos à elite colonial e aos seus descendentes. (DANIEL; BEGA, 2018, p. 31).

O Serviço Social, por meio do Código de Ética (1993) do Assistente Social, trouxe a perspectiva histórico-crítica, cuja formação deve forjar um/a profissional competente nas dimensões teórica, técnica e política, que atua na coletividade e que tem a emancipação política como resistência à lógica burguesa. Esse direcionamento deve servir para "o fortalecimento do processo organizativo dos usuários, do coletivo" ao trabalhar o sentido de pertencimento ao território a que se vinculam e as condições de exploração e expropriação que levaram o cidadão e a cidadã buscarem os serviços do CRAS.

O território rural é perpassado por forças contra-hegemônicas que estão intrinsecamente ligadas não só à política, mas, principalmente, à economia, necessitando de uma "visão que não ignora os aspectos materiais, sociais e econômicos da vida política", na qual a política é muito mais do que a luta pelo poder, é também "resistência, esforços para recuperar a dignidade, sentido de pertencimento, de reconhecimento, expostas a ofensas morais, etc.", que são processos da vida em comum, como aponta Osório (2014).

Esses processos, intrínsecos à cidadania, permitem estabelecer um mínimo de luta para atender as demandas de comer, morar, aposentar-se, produzir, trabalhar e que balizam a organização e a luta dos explorados. Na luta de classes, não há categoria superada, tampouco novas expressões que apontem algo diferente das contradições entre capital e trabalho e das formas de exploração da força de trabalho e dos territórios: neoimperialismo, neocapitalismo, neodesenvolvimentismo, trazem prefixos novos para velhas expressões de questões não superadas e que acirraram as desigualdades. A classe trabalhadora deve continuar atenta e vigilante, como aconselham as lideranças camponesas E6 e E1, todos com consciência de classe e críticos quanto ao papel dos movimentos sociais populares:

> *A gente baixou a nossa guarda, num período do governo, deixamos de estar vigilantes porque a luta de classes não tinha parado, o inimigo: o capital, continuava se movimentando e nos golpeou né, de certa forma. E isso nos deixou mais despertos, mais vigilantes, com esse golpe. Para mim é isso, quem consegue, depois de 2016, permanecer articulado e se mantem firme de alguma forma nos movimentos, talvez não tão ativos, não tão no dia a dia da organização, deu esse passo e que a vigilância tem que estar sempre presente na nossa militância, na nossa vida e na nossa organização. (E6, fev. 2021).*
> *Essa situação que a gente vive hoje é fruto de uma acomodação de tempos atrás, quando o Lula se elegeu, a gente achou que estava salvo. Os movimentos sociais, até pela costura que ele teve que fazer para poder governar, se perdeu um pouco a questão dos movimentos, amornou um pouco. Então isso é reflexo daquela época. (E1, jan. 2021).*

Tampouco estão superadas as formas de organização e de mobilização social. No acirramento da luta de classes e de disputa por um projeto de sociedade, não há invenção da roda, há novos espaços a ocupar e as mídias sociais e os espaços virtuais trazem a novidade para esse primeiro quartel de século. Todavia, essas passam a ser ferramentas organizadas pelos coletivos e segmentos da classe trabalhadora, são novos espaços da luta, ocupados por necessárias organizações populares que continuam disputando com as velhas mídias hegemônicas, com a escola, com a família, com a igreja, com instituições que assenhoreiam o conservadorismo dos privilégios.

> *Eu defendo que a agricultura familiar é um modelo de agricultura dentro do processo de exploração.* O que eu defendo e quero praticar é a agricultura camponesa, que é a agricultura que de liberta desse modelo, que o agricultor seja autônomo, que produza sua própria semente, que tenha seu espaço de comercialização, principalmente a autonomia de produzir seu próprio alimento e não estar preso dentro de uma cadeia. Nessa caminhada toda, a gente foi percebendo que no momento que os movimentos começaram a conquistar as políticas

> públicas, eles começaram a operá-las e ser um braço do Estado e acabaram abandonando a luta maior que é a mudança do modelo, de produção, as relações de comercialização com a sociedade, com os consumidores. Eu sempre digo pra E3, nós, do MPA, tivemos uma história importante na história dos Movimentos que era discutir a produção, dar um salto de qualidade na produção de alimentos dentro do modelo da agricultura camponesa. Mas entrar dentro de uma política de governo que depois sai o governo e termina a política e tu fica sem pai e sem mãe [...] Mas todo esse aprendizado não foi em vão, nós marcamos passo e perdemos capital de organização, de luta [...] Então, isso é preocupante, enquanto nós estacionamos, o modelo do agronegócio anda de passos largos. Mas o importante disso tudo, é que se criou vários focos de resistência. Nossa agricultura camponesa, ela é uma semente de resistência dentro do modelo que o agronegócio não vai engolir. (E4, fev. 2020).

A disputa mais axiomática, talvez seja aquela veiculada intensivamente nas velhas mídias hegemônicas, a propaganda alusiva ao agronegócio pela Rede Globo e suas emissoras de rádio, em um exemplo ostensivo da disputa ideológica e intencionalidade política, disputando classe e projeto. Qualquer pessoa deste país completará a frase reproduzida bilhares de vezes nas propagandas que glorificam o agronegócio: *O agro é* (excluindo a palavra negócio do restante do termo)? Inclusive, cabe ressaltar que a Rede Globo recebeu um prêmio do próprio Estado, a partir da Sociedade Nacional de Agricultura (SNA), pela campanha institucional que destacou a importância do agronegócio para o Brasil[61]. "O agro é Pop, o agro é tech, o agro é tudo" é um exemplo da não superação da luta de classes, pois ela nunca deixou de existir e avança sobre novos espaços de disputa e mais formas de exploração.

Em contraponto à propaganda que defende o agronegócio e tudo o que ele representa, vislumbramos o enfrentamento de forma inconteste das mídias a serviço da classe trabalhadora: Rede Soberania, Brasil de Fato – nacional e dos estados – Mídia Ninja, De Olho nos Ruralistas, Mídias dos Movimentos Sociais Populares, entre outros. Mídias que compreenderam que as redes também são campo de disputa, principalmente, após as eleições de 2018, que elegeu um presidente que não participou de nenhum debate político nas mídias hegemônicas.

---

[61] De acordo com a matéria da Revista Globo Rural, a Rede Globo foi premiada por uma campanha que valoriza o agronegócio. (REVISTA GLOBO RURAL, 2017).

O Serviço Social, sozinho, não vai operar na superação das causas e consequências do capitalismo, mas soma nas lutas coletivas do povo organizado, balizado pelo seu projeto ético-político na dialética do capitalismo, desvelando o que o econômico manipula na política, como a fome.

A questão agrária é perpassada por situações que não ocorrem alheias ao Estado, ao contrário, são parte de um desenvolvimento histórico com aval e intencionalmente para e com o capital. Todavia, também se expressa pelas contradições do capital no território rural e é parte de um movimento histórico das sociedades humanas que lutam por terra, trabalho e direitos.

> Há permanentemente preocupação com o acesso à terra pelos agricultores (via aquisição ou programas de reforma agrária) e a regularização de áreas habitadas por grupos tradicionais, que além de proporcionar um direito econômico e social fundamental, garante às famílias parâmetros e referências sociais que contribuem para estruturar os espaços de vivência, garantindo a manifestação dos seus costumes e tradições como uma forma de preservar sua identidade. Junte-se a isso também o atendimento das necessidades básicas para o acesso à educação, saúde, seguridade social, etc., pois, do contrário, corre-se o risco de se perpetuarem formas exploratórias de trabalho, alienação e exclusão social que ainda persistem. (SOUZA; SILVA; SILVA, 2012, p. 83).

Não há saída milagrosa dessa situação, tampouco em curto prazo de tempo. Situações estruturalmente engendradas carecem de tempo, trabalho, estudos, pesquisas e, sobretudo organização e mobilização coletivas. Desse modo, as construções coletivas e organizadas não encerram as questões aqui levantadas, mas, sim, acumulam efeitos "interferindo neles, empenhando-se para acelerar o grande motor da história", como disse Bambirra (2013, p. 27). Partimos da particularidade, da especificidade, da singularidade, da situação real do campesinato acessar a própria terra para trabalhar e os modos de produção para viver, queremos suscitar com isso mais reflexões críticas, mais estudos e ações que construam caminhos que nos livrem da barbárie.

Nesse movimento histórico, as sociedades humanas criam o lucro, mas também as contradições do próprio sistema capitalista e são essas contradições que nos possibilita vislumbrar horizontes e alternativas junto daqueles que são partícipes e sujeitos da história, "o motor que move" a resistência, como lembra Sader (2010): o Campesinato.

5

CAMPESINATO: DA EXPROPRIAÇÃO À RESISTÊNCIA

Nesse plano, a palavra camponês não designa apenas seu novo nome, mas também seu lugar social, não apenas no espaço geográfico, no campo em contraposição à povoação ou à cidade, mas também na estrutura da sociedade, por isso, não é apenas um novo nome, mas pretende ser também a designação de um destino histórico.
(MARTINS, 2002, p. 22-23).

Chegamos ao quinto e último capítulo. Seguimos apresentando as categorias e conceitos, a pesquisa bibliográfica, documental e empírica que estabelecem o constructo destas análises. Seguimos com a triangulação de dados com ênfase na vida e na luta, que se fundem nesses sujeitos políticos, com experiência e vivência em todos os aspectos abordados até então, no qual observarmos o impacto da questão agrária na concretude do campesinato.

Para refletirmos criticamente sobre a pergunta mobilizadora deste capítulo que quer saber como o campesinato vem se constituindo enquanto força contra-hegemônica frente ao capital no Brasil, faremos, primeiramente, um resgate acerca do campesinato no campo teórico, que perfaz a origem, o desenvolvimento e as perspectivas ao longo da história. Nos itens seguintes, centralizamos nossa atenção para os seus processos organizativos e coletivos de produção e circulação, mas, sobretudo, mobilizadores de resistência.

Assim, elencamos os seguintes itens para o corrente capítulo: conceitos sobre o campesinato; a intencionalidade política na defesa da soberania nacional; agroecologia, organicidade, luta e resistência; processos emancipatórios nos territórios em disputa, aqui representados nos estados do RS e PA; e, por fim, a produção e reprodução do campesinato que, imbricados na reprodução do próprio capital são também geradores de tensionamentos, contradições, desafios e superação.

5.1 Conjecturas sobre o Campesinato

Teoricamente, o campesinato teve seu papel na história questionado, enquanto sujeito capaz de contribuir com uma revolução socialista. Os teóricos que embasam esta pesquisa, na sua maioria, alicerçaram suas ideias operando com uma perspectiva de aniquilação ou de transformação definitiva dessa categoria em pequena burguesia.

Conjecturando à época dos escritos de Marx, segunda metade do século de 1800, partimos de um contexto em que o rural era muito maior que o território urbano e que a sociedade se industrializava. Portanto, em comparação à época, embora o modo de produção capitalista reinasse no restante da economia, o rural era "relativamente pouco desenvolvido". Realizada essa afirmação, Marx (1980b, p. 921) denominou a pequena propriedade de "propriedade parcelaria".

Nessa pequena propriedade "o camponês aí é o proprietário livre da terra, que se patenteia instrumento principal de produção, o indispensável campo de ação de seu trabalho e de seu capital". O camponês e a camponesa são os sujeitos históricos do campesinato e a agricultura que praticam se destina "grande parte à subsistência imediata e a terra é indispensável campo de atividade do trabalho e do capital", na qual o capital não tardou em engendrar-se sobre esses também (MARX, 1980b, p. 922).

Sobre a categoria campesinato, amplos debates foram elaborados na década de 1980, a exemplo desse conceito de Marx, trazido por Shanin (1980).

> Com efeito, Marx aponta-o tranquilamente como a "oficina individual (que) contém a economia total, constituindo um centro independente de produção" de um período anterior, subsequentemente comercializado e parcialmente transformado pelo início do desenvolvimento capitalista da França. Ou, para descodificar a linguagem metafórica, uma "batata" dentro do "saco de batatas" (como Marx caracterizava os camponeses franceses) é, sem dúvida, a mesma unidade, isto é, um estabelecimento rural familiar camponês. (SHANIN, 1980, p. 53).

Ser ou não ser Classe – trabalhadora? Ser ou não ser burguesia? Está fadado ou não ao extermínio? Shanin (1980) trouxe questões que, ao longo do tempo e das teorias, foram sendo incorporadas por uma diversidade infinda de povos, territórios, pela entrada do capitalismo no meio rural, pelo êxodo, pelas resistências e "pelo público ilustrado":

> O mesmo pode estar acontecendo com a posição dos camponeses dentro da "nação". Eles servem ao desenvolvimento capitalista em um sentido menos direto, um tipo de "acumulação primitiva" permanente, oferecendo mão-de-obra barata, alimentação barata e mercados para bens que geram lucros. Eles produzem, ainda, saudáveis e tolos soldados, policiais, criadas, cozinheiras e prostitutas; o sistema pode sempre fazer algo mais de cada um deles. E, obviamente, eles, isto é, os camponeses, dão trabalho e problemas para os estudiosos e funcionários, que quebram a cabeça em torno "da questão do seu não-desaparecimento". (SHANIN, 1980, p. 58).

Para Shanin (2005, p. 16), o campesinato é uma classe dentro da sociedade capitalista e é capaz de sê-la noutras economias, pela capacidade de transformação, da autonomia política.

Oliveira (2001, p. 185) afirma que "o camponês não é um sujeito social de fora do capitalismo, mas um sujeito social de dentro dele" que, de forma coletiva e organizada, constrói instrumentos que possibilitam autonomia e a superação da exploração que os fadaria à miséria.

O campesinato latino-americano é diverso e composto por povos tradicionais e migrantes. Uma diversidade que não favorece uma resposta uníssona quanto ao seu papel no enfrentamento ao avanço do capitalismo neoliberal. Todavia, o campesinato organizado coletivamente pressiona para mudanças nas questões que são estruturantes do desenvolvimento desigual e combinado e que geram a desigualdade no acesso aos recursos naturais e materiais, conformando o subdesenvolvimento na América Latina. Ao passo que organizam a luta coletiva, vão forjando a própria consciência de classe, como nos explicam E1 e E2:

> *E2: Na verdade a gente sempre militou. Primeiro no sindicalismo, eu fui secretário do Sindicato 6 anos...*
>
> *E1: Nas pastorais rurais da igreja, ali que a gente conheceu a organização e luta.*
>
> *E2: E a gente adquiriu um conhecimento que na vida a gente precisa construir uma luta para defender os direitos da gente, né? Daí o acesso foi assim, uma coisa espontânea, a gente sabia que a vida ia melhorar a partir que a organização fosse melhor.*
>
> *E1: A organização também, quantas reuniões foram feitas nas pastorais sociais da igreja, que não tinha MPA aqui, aliás, foi bem antes do MPA. Depois começou com o T.*
>
> *E2: Inclusive a gente estudou um livro do Paulo Freire "Como se faz análise de conjuntura" e aí esse que deu um tchã, de mudança da vida. Até então a gente ia atrás das correntes, indução dos pais...*

> *a partir daí foi a grande mudança da minha vida. O Método dele era "ver, julgar e agir", através desse método a gente formar uma posição sobre tudo né. (E1; E2, jan. 2020)*

Atentando para aspectos da contemporaneidade, Carneiro (1998) contribui com a categoria Campesinato no sentido de que expressa campos ideológicos distintos da agricultura familiar, de que supera as discussões sobre a propriedade da terra e amplia para as formas de utilização dessa terra e para a serviço de qual sistema de produção está. A referida autora trata sobre a importância da família no processo de resistência que rompe com o paradigma que igualiza a cultura camponesa ao "tradicional", "passivo" e "oposto à mudança".

> [...] a família é o fundamento da empresa camponesa, na sua condição de economia sem assalariamento, uma vez que é tanto o ponto de partida quanto o objetivo de sua atividade econômica. Como única fonte de força de trabalho a família é o suposto para a produção, cujo objetivo nada mais é, que o de garantir a própria existência. A unidade camponesa é, pois, a um só tempo: unidade de produção e unidade de consumo [...] a família e as relações que dela resultam têm que ser o único elemento organizador da economia sem assalariados. (CARNEIRO, 1998, p. 55).

Ao contrário do ideário de camponês que se criou no Brasil de ligar o "colono"[62] ou sertanejo à figura do Jeca Tatu[63], o campesinato não é alheio às tecnologias, nem contra. Ocorre que essas tecnologias não foram pensadas para as pequenas propriedades, para as terras íngremes, nem são acessíveis às condições financeiras e concretas desses trabalhadores e trabalhadoras.

Wanderley (2014, p. 2) concorda com a importância da família para compreensão do campesinato e amplia a sua perspectiva, remetendo a uma "forma social de produção, cujos fundamentos se encontram no caráter familiar, tanto dos objetivos da atividade produtiva quanto para suprir as necessidades da família", mas transcende a produção e remete a um modo de viver, de trabalhar e de vivenciar a cultura e a identidade camponesas.

Não podemos afirmar que toda a agricultura familiar é camponesa, mas podemos afirmar que toda a agricultura camponesa é familiar e coletiva.

---

[62] Colono: homem que trabalha na roça e que chegou ao Brasil a partir das políticas que fomentaram o "branqueamento" do povo e a substituição dos homens e mulheres escravizados. Receberam um lote de terra do governo brasileiro e poderiam trabalhar nas fazendas de forma remunerada.

[63] Monteiro Lobato, em 1910, criou o personagem Jeca Tatu, que representa a caricatura de uma ideia hegemônica da época, associando o homem sertanejo ao pobre, ao atrasado e ao ignorante, desvalorizando o conhecimento camponês e propondo que aceitasse as tecnologias levadas até ele no campo. Em 1914, no conto Urupês, o autor descreveu o homem sertanejo como "fraco", "indolente" e "incapaz de evoluir", alheio ao trabalho e à ideia de progresso.

> *E4: Quando o povo se organiza faz o enfrentamento, quando a E3 afirmava aqui: "nós somos camponeses", mas esse sistema que está aí, só explora nós, aí nós nos organizamos para fazer a produção de comida e, quando produzimos, ocupamos espaço de comercialização e fizemos o enfrentamento ao modelo de mercado que tem no município, na região, no estado, que é o quê? Brigar por espaços para tu vender esses produtos de qualidade. Isso tá chegando lá, então tu se mexe, se organiza. Tu podes ficar produzindo pro teu consumo, mas se tu quiser fazer luta social, tu vai brigar por espaços e de forma coletiva. (E3; E4, jan. 2020).*

A compreensão do campesinato no contexto da expansão do capitalismo no campo é diversa, mas quem são os camponeses e camponesas no Brasil? A História Social do Campesinato[64] auxilia-nos quanto a compreensão da diversidade da condição camponesa e os muitos sujeitos que a compõem. O rural brasileiro, na conformação do campesinato, inclui os proprietários e os posseiros de terras públicas e privadas, os povos que vivem do extrativismo da natureza como os povos das florestas, ribeirinhos, pescadores e catadores de caranguejos, castanheiros, quebradeiras de coco, açaizeiros. Também incluem os que "usufruem os fundos de pasto até os pequenos arrendatários não capitalistas, os parceiros, os foreiros e os que usufruem a terra por cessão; quilombolas e parcelas dos povos indígenas". Complementamos com os povos de cima e do pé da Serra, os colonos de todas as regiões e fronteiras do país; os agricultores familiares integrados aos sistemas de produção, os assentados e acampados de reforma agrária e os camponeses e camponesas que produzem por meio da agroecologia.

> Para que a forma camponesa seja reconhecida, não basta considerar a especificidade da organização interna à unidade de produção e à família trabalhadora e gestora dos meios de produção alocados. Todavia, essa distinção é analiticamente fundamental para diferenciar os modos de existência dos camponeses dos de outros trabalhadores (urbanos e rurais), que não operam produtivamente sob tais princípios. Percebendo-se por esta distinção de modos de existência, muitos deles se encontram mobilizados politicamente para lutar pela objetivação daquela condição de vida e produção (camponesa). (MOTTA; ZARTH, 2008, p. 10).

---

[64] A Coleção História Social do Campesinato foi organizada através de nove livros publicados entre 2008 e 2010 e um último publicado em 2016, que contemplou a Diversidade Produtiva das Mulheres do MPA, onde a autora contribui com dois capítulos. As duas citações acima fazem parte da Apresentação Geral, assinada pelos membros do Conselho Editorial da Coleção. A mesma apresentação repete-se em todos os volumes, com exceção do último, lançado em 2016.

Os camponeses E3 e E4 contribuem na elucidação do campesinato e da sua missão:

> *P: qual a missão do camponês e da camponesa?*
>
> *E3: (suspiro profundo) é todo um modo de vida, um jeito de produzir, mas é, pra mim é produzir alimentos, cuidar das sementes cuidar da terra, pra mim é isso.*
>
> *E4: e disseminar, semear a agroecologia para os outros camponeses, porque só nós vamos salvar os pequenos agricultores, criando todas essas condições de liberdade, de autonomia, entendeu? E a gente só vai conseguir, fazendo na prática e mostrando para os outros que é possível.*
>
> *E3: lembrando de Cuba né, "campesino a campesino".*
>
> *E4: é nós salvar o campesinato, é nos salvar, não deixar que ele termine, que acabe, fazer ele crescer cada vez mais.*
>
> *E3: qual é o medo que o capital tem do campesinato? Porque o campesinato é um problema, por que ele precisa ser exterminado?*
>
> *E4: porque o campesinato não é refém dele, o capital não é patrão dele, esse é o medo que tem, o campesinato é livre pra fazer o que quiser, inclusive pra derrubar o capital, fazer o enfrentamento do capital.*
>
> *E3: o capital tem os pés de barro, a gente sempre ouvia isso nas nossas formações, os camponeses podem ser que nem Davi e Golias, Davi era o pequeninho, o capital é o Gigante e o camponês pode acertar na "molêra" do Golias (risos)*
>
> *E4: e eu vejo que o campesinato, ele tem uma grande tarefa, de produzir comida pra ajudar na resistência dos operários [...] só o campesinato não vai fazer revolução, e só a classe trabalhadora não vai fazer revolução, mas a, eu vejo que a essência mesmo da resistência mesmo, está no campesinato, como eu já falei, que o campesinato ele é capaz, de ele se libertar e é capaz de libertar outros, pra resistir.*

Conforme Soto (2002), o conceito de campesinato[65] permitiu aos cientistas sociais entenderem e explicarem a diversidade das relações sociais existentes no campo, como a parceria, a pequena propriedade, a moradia e o arrendamento. No Brasil, a formação do campesinato é resultado de migrações forçadas, de instabilidade social e econômica, mas, sobretudo, de muita luta, da junção sociocultural de "três troncos étnicos", quais sejam: povos originários (indígenas), africanos escravizados e imigrantes europeus, em um "processo complexo e sincrético que conformam um tecido social sempre a margem e antagônico ao capital no Brasil", que tem como núcleo duro a resistência (MPA, 201-b).

---

[65] Camponês é o sujeito social e cultural. Campesinato é a condição e articulação camponesa.

Araujo (2012) faz uma análise sobre o campesinato, enquanto força coletiva de pressão e mobilização social, com ênfase na segunda metade da década de 1950, quando surgiram as Ligas Camponesas[66] e os Sindicatos de Trabalhadores Rurais. Essa mobilização colocou o campesinato em evidência na questão agrária nacional, como sujeito político coletivo e que evidenciou as graves refrações da questão social no campo no âmbito do capitalismo contemporâneo, de economia dependente.

> Isto quer dizer que, no Brasil, o desenvolvimento do modo capitalista de produção se faz principalmente pela fusão, em uma mesma pessoa, do capitalista e do proprietário de terra. Este processo, que teve sua origem na escravidão, vem sendo cada vez mais consolidado, desde a passagem do trabalho escravo para o trabalho livre, particularmente com a Lei da Terra e o final da escravidão. Mas, foi na segunda metade do século XX que esta fusão se ampliou significativamente. Após a deposição, pelo Golpe Militar de 64, de João Goulart, os militares procuraram re-soldar esta aliança política, particularmente porque durante o curto governo João Goulart ocorreram cisões nas votações do Congresso Nacional em aspectos relativos à questão agrária, principalmente quando uma parte dos congressistas votaram a legislação sobre a Reforma Agrária. (OLIVEIRA, 2001, p. 185).

A linha temporal que compreende esta pesquisa ganha força a partir de 1964 até o ano de 2020. Todavia, é importante salientar e visibilizar essa conformação social brasileira, que, embora imbricada nos processos capitalistas, contou com um campesinato que sempre fez frente à classe burguesa. Guerras e guerrilhas de independência são movimentos de superação da ofensiva imperialista e estas são particularidades das lutas na América Latina. As teorias revolucionárias só se aplicam a partir de ações igualmente revolucionárias.

A história do Campesinato no Brasil, em toda a sua diversidade, é também história de resistência nos territórios que contribuíram com a tática e estratégica na luta de classes. Historicamente, as lutas no campo foram fortemente invisibilizadas na história contada pelas forças hegemônicas vigentes: "as revoltas de Palmares, as guerras indígenas como a confederação dos Cariris, a resistência Guaicuru, a Cabanagem, a Guerra de Canudos, Trombas e Formoso, as Ligas Camponesas", bem como as lutas que foram

---

[66] Na história do Brasil, as ligas camponesas incluíram a questão agrária na pauta da sociedade brasileira em um período em que as ideias socialistas se espalhavam pelo mundo. Essas ideias socialistas aliadas ao povo organizado exigiram respostas do Estado e da elite brasileira. As respostas vieram através de uma ditadura civil-militar para implementar os planos das elites hegemônicas no território brasileiro. Essas ditaduras estenderam-se pelos demais países da América Latina.

fortemente atacadas, com a morte e desaparecimento de milhares de camponeses no golpe civil-militar de 1964, para calar os processos sociais de luta e resistência, citados por Araujo (2012):

> É importante lembrar que, no Brasil, o debate em torno da "questão agrária" no pensamento econômico emerge, não por acaso, paralelamente às mobilizações camponesas por terra, na segunda metade dos anos 1950, e, mais fortemente, no início da década de 1960, quando emergem e se desenvolvem rapidamente as Ligas Camponesas e os Sindicatos de Trabalhadores Rurais. Esse processo marca a constituição do campesinato como sujeito político coletivo no cenário nacional e evidencia a questão agrária como uma das mais amplas, singulares e graves expressões da questão social no campo no âmbito do capitalismo contemporâneo. (ARAUJO, 2012, p. 450-451).

A reprodução do capital necessita avançar constantemente e o faz sobre trabalhadores livres, por meio da ocupação de território, mas não sem resistência. Sobre os trabalhadores rurais, foi necessário organizar a exploração associada com a expropriação dos recursos naturais, de forma singular, para desenvolver o capitalismo no campo, apoderando-se da força de trabalho, dos recursos naturais e dos territórios, ou seja, a terra é elemento constitutivo do capitalismo na América Latina (DIAS; MARTINI, 2021), assim como a força de trabalho camponesa é constitutiva da produção de valor no território, conforme já havia afirmado Traspadini (2016):

> A força de trabalho camponesa tanto migrante, quanto a que permanece no campo, é a detentora da raiz histórica da explicação constitutiva no interior da economia periférica, da particular forma de produção de valor no território, em composição indissociável com a forma-conteúdo do capital em geral. (TRASPADINI, 2016, p. 223).

Assim, o desenvolvimento do capital no meio rural expandiu-se de forma singular, expropriando o saber que está relacionado com o modo de produção do campesinato. Quando a terra continua sob o domínio da agricultura familiar e camponesa, outras formas de dominação são desenvolvidas para que se mantenha o domínio do capital.

Girardi (2021) elaborou um mapa localizando os estabelecimentos camponeses no Brasil com base nos dados do censo agropecuário de 2006. A ilustração a seguir dá conta da diversidade do campesinato, tanto em condições materiais de acesso à terra, nas diversas regiões que ocupam do país:

Ilustração 2 – Estabelecimentos camponeses no Brasil

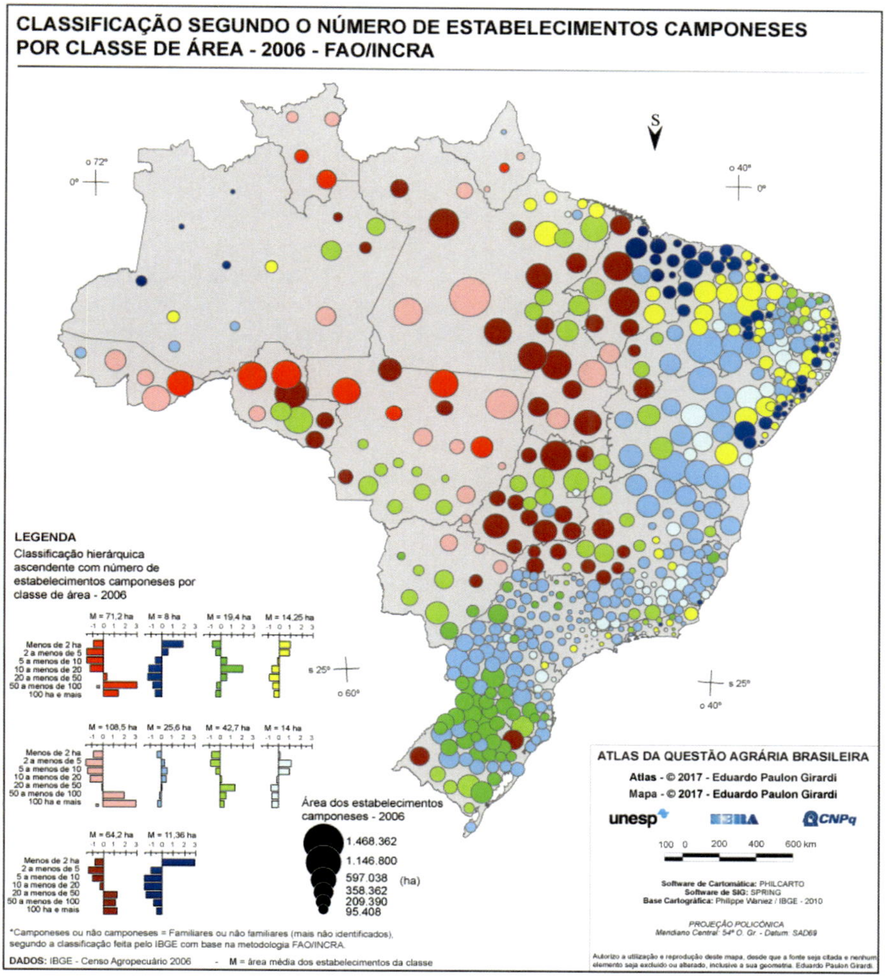

Fonte: Atlas da Questão Agrária. Dados: Censo agropecuário 2006

Como vemos, as maiores áreas de terras encontram-se no Centro-Oeste e Norte do país, sendo que essa última foi a região com maior destino da reforma agrária no Brasil. São áreas da Floresta Amazônica e territórios indígenas, ratificando o carácter conservador das áreas destinadas para assentamentos, colocando o povo indígena e o povo camponês a resolverem uma situação estrutural da má distribuição de terras no Brasil, que, para além de uma opção política, é uma opção econômica, ou melhor dizendo, uma opção política por expugnação econômica.

Girardi (2021) faz uma importante análise sobre a reforma agrária que conserva os privilégios:

> A expropriação da terra ao invés da desapropriação poderia ser uma alternativa para possibilitar uma reforma mais ampla, porém isso não é previsto na lei, salvo em áreas onde ocorra trabalho escravo e cultivo de drogas ilegais. Assim, a não reforma de áreas de ocupação consolidada é uma decisão política para conservar a elite agrária, principalmente no centro-sul e Nordeste, e reservar as terras para a territorialização do agronegócio. Isso possibilita a esta elite ainda mais riqueza e poder, a exemplo do que vem ocorrendo em São Paulo com a cana-de-açúcar. Esta opção política é sem dúvida a principal causa da reforma agrária conservadora. (GIRARDI, 2021, s/p).

A partir daí, vislumbrarmos o equívoco de olharmos para o território rural estritamente como espaço de produção, invisibilizando as famílias que vivem no e do campo. Estas precisam desenvolver estratégias de resistência em decorrência dos modos de produção que são, exogenamente, aplicados ao seu meio pelo capital e que se utilizam da desigualdade social e da consequente falta de alimentos como argumentos para o uso exacerbado de agrotóxicos, bem como justificativa de ocupação do território rural pelo agronegócio.

O campesinato sofreu e sofre com as expropriações e explorações do capital no seu território, ao passo que desenvolveu formas que possibilitaram a permanência na terra, como a forma coletiva de trabalho, que auxilia na redução da penosidade do trabalho, e a economia de subsistência, que garante a produção da alimentação, ambas ações políticas:

> Os camponeses entraram na discussão marxista como a pré-história analítica do capitalismo, como sua forragem passiva dentro da "acumulação primitiva", mas, em particular, como classes históricas "para si" com, por assim dizer, baixo "caráter de classe", explicável, por sua vez, dentro dos termos da especificidade camponesa. A utilização e as ênfases diferem no tempo e no contexto. Os camponeses pertencem aos tempos antigos e medievais no Grundrisse, ao passado mais imediato da Inglaterra em O Capital, de Marx, mas são centrais à análise da história política atual da França e ao futuro político da revolução proletária em "países de maioria camponesa". "Classe para si" representa aqui não apenas uma definição mais expressiva do que "classe em si", mas também um nível diferente de abstração, não apenas como uma construção analítica, não apenas "portadora" de características de uma "matriz" geral, mas um grupo social que existe na consciência direta e na ação política de seus membros. (SHANIN, 2005, p. 15).

Nesse ínterim, são gerados processos de resistência que necessitam ser estudados, elaborados, reelaborados, apreendidos e também superados para que possamos compreender os processos emancipatórios, principalmente nos tempos atuais, de acirramento dos aspectos neoliberais do capitalismo e que, no Brasil, ganha requintes de caráter conservador.

Na ação consciente do trabalho, intervindo na natureza e sendo parte dela, camponeses e camponesas disputam o território com o agronegócio. São projetos muito distintos e, por isso, a territorialidade da luta de classes impacta na superexploração dos sujeitos que ocupam a terra como meio de vida, como indígenas e camponeses, mas que também refratam nos trabalhadores urbanos. Logo, o campesinato vai para além da forma e da extensão da propriedade. Inscreve-se, fundamentalmente, acerca da lógica que se estabelece nas relações produtivas a partir da terra como meio de produção, mas também como meio de vida para as comunidades e que, igualmente, faz refletir sobre as organizações da classe trabalhadora para além dos territórios que ocupam.

5.2 Intencionalidade política: reforma agrária popular e a defesa das soberanias

A ocupação de terras tem sido a forma utilizada para avançar na conquista de territórios camponeses em propriedades rurais que não cumprem com a função social da terra, definida no artigo 186 da Constituição Federal. São terras de latifundiários, terras devolutas, cujos débitos à União já ultrapassaram o próprio valor do imóvel ou, ainda, de propriedades que desrespeitam as leis ambientais e trabalhistas.

Conforme o Atlas da Questão Agrária (GIRARDI, 2021) "de modo geral, as propriedades ocupadas são aquelas em que o Estado não apresenta iniciativa para cumprir a determinação constitucional" e a ocupação é realizada pelos movimentos sociais populares, com mais frequência o MST, como forma de pressionar para que se cumpra o que está previsto na Constituição Federal de 1988. Nos territórios urbanos, a mesma tática é utilizada pelo MTST para denunciar os imóveis urbanos em igual descompasso com a sua função social nas cidades.

Do início dos anos 2000 até os dias de hoje, as ocupações também têm sido utilizadas para denunciar a perversidade do capital internacional, na posição de agronegócio, nos territórios quilombolas, indígenas e nas terras públicas, a exemplo da ocupação realizada pelas mulheres da Via Campesina no ano de 2006, conforme relatamos adiante.

De fato, nunca houve expropriação das terras que manifestasse desacordo com a sua função social da propriedade, o que há no Brasil é um mercado de terras que remunera as terras que serão destinadas à reforma agrária e organiza a ocupação para áreas de interesse do agronegócio, como as terras indígenas e da Amazônia.

> O governo militar com sua política territorial voltada para os incentivos fiscais aos empresários, de um lado, e de outro fomentando, também na Amazônia, a colonização como alternativa à Reforma Agrária nas regiões de ocupação antiga (NE, SE e S), criou o cenário para a violência. Os empresários, para ter acesso aos incentivos fiscais, tinham de implantar seus projetos agropecuários na região, que estava ocupada pelos povos indígenas e, em determinadas áreas, pelos posseiros. Muitos foram os conflitos violentos. Os povos indígenas foram submetidos ou ao genocídio ou ao etnocídio. Aos posseiros não restou melhor sorte: ou eram empurrados para novas áreas na fronteira que se expandia, ou eram expulsos de suas posses e migravam para as cidades que nasciam na região. (OLIVEIRA, 2001, p. 191).

Os mapas a seguir demonstram as diferenças das regiões das terras ocupadas pelos movimentos sociais populares e a localização onde as terras foram destinadas para reforma agrária entre os anos de 1988 e 2006:

Ilustração 3 – Mapa das ocupações de terras entre os anos de 1988-2006

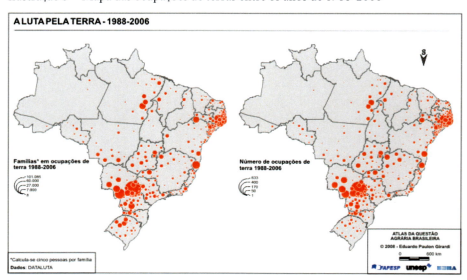

Fonte: Atlas da Questão Agrária. Dados: DATALUTA

A ilustração a seguir demonstra as terras destinadas para reforma agrária entre os anos de 1979 e 2006, que o Atlas da Questão Agrária denominou de Mapa da Conquista da Terra:

Ilustração 4 – Áreas destinadas para Reforma Agrária no Brasil entre os anos 1979-2006

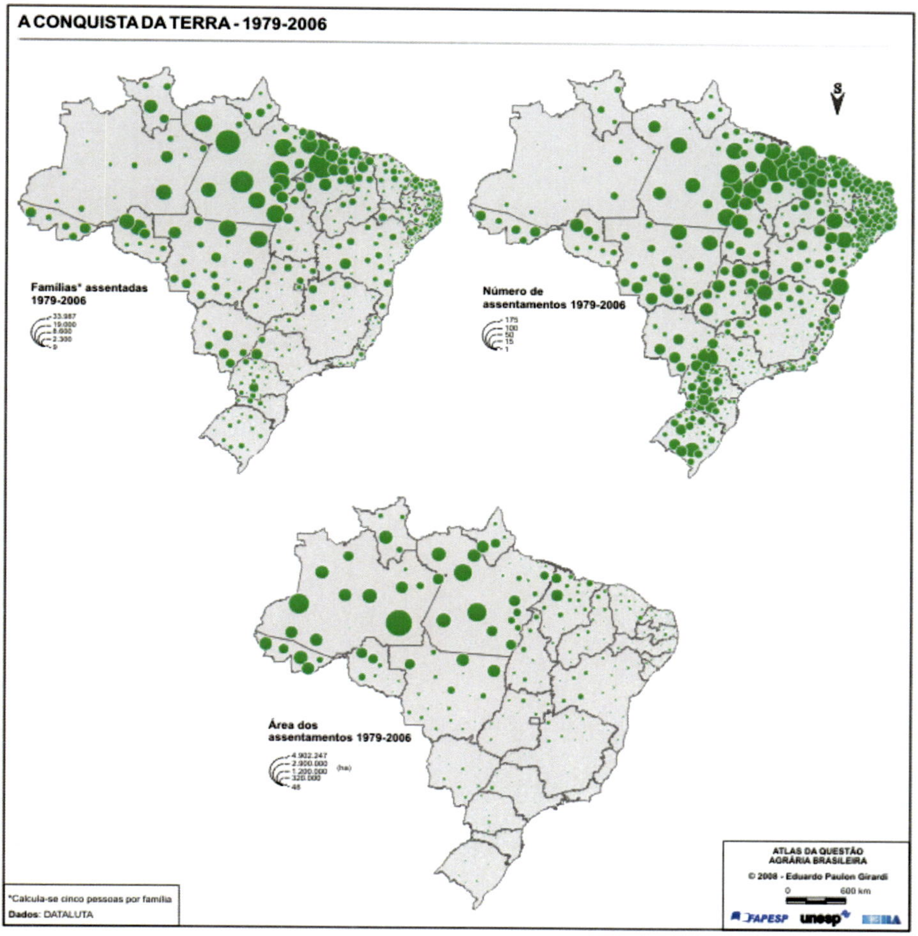

Fonte: Atlas da Questão Agrária. Dados: DATALUTA

O Atlas da Questão Agrária ainda disponibilizou um mapa comparativo que ilustra, de forma bem didática, as afirmações de que até a reforma agrária, quando ocorre, obedece aos parâmetros do capital e não às necessidades do povo que precisa da terra para trabalhar.

Ilustração 5 – Famílias em ocupações e famílias assentadas nos anos entre 1988 e 2006

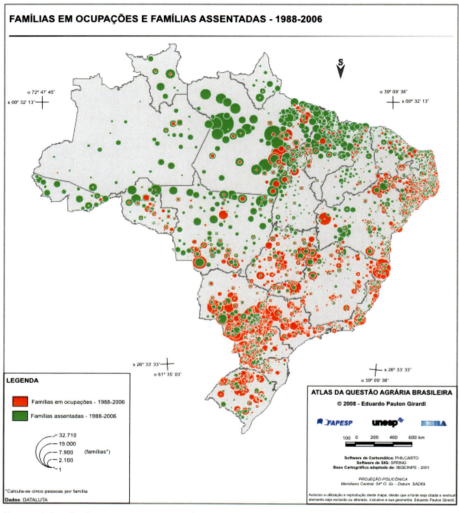

Fonte: Atlas da Questão Agrária. Dados: DATALUTA

Todavia, não deve restar dúvidas quanto a importância da luta do povo organizado por uma reforma agrária popular, pois terra conquistada é território ocupado que não se concretizaria sem pressão e mobilização do campesinato organizado coletivamente. Essas conquistas extrapolam fronteiras e regiões e convergem em força para a totalidade da luta da classe trabalhadora.

> [...] embora as condições atuais indiquem haver imensas barreiras às possibilidades de efetivação de uma reforma agrária **real**, tais possibilidades sempre estiveram, historicamente, e estão determinadas também a partir dos processos sociais e políticos oriundos das lutas e organização da classe trabalhadora e do apoio de diversas forças da sociedade. Há processos de lutas e de organização que extrapolam a fronteira nacional e regional, cuja visibilidade é obscurecida pelos meios de comunicação hegemônicos e outros processos político-ideológicos. (ARAUJO, 2012, p. 453).

Não é possível a produção de alimentos sem a terra, como já afirmamos, a terra é constitutiva do campesinato, mas também do capital nas economias dependentes. O campesinato sem a terra não produz alimentos e, ao longo dos anos, cada vez mais, ocorre o negligenciamento da produção de alimentos para o povo brasileiro, que vê ameaçada a sua soberania alimentar, considerada, aqui, na sua totalidade.

Para materializar a soberania alimentar, categoria e prática defendida pelos movimentos sociais que compõem a Via Campesina, são necessárias condições materiais que fomentem formas autônomas de produção que garantam o alimento para o povo brasileiro, mas também matrizes energéticas sustentáveis, com a recuperação de nascentes dos rios, com acesso à água em todos os lares e roças, as sementes e mudas, à terra no território, em uma relação direta com as soberanias: alimentar, energética, genética, hídrica e territorial, conforme versa Costa (2018):

> A Via Campesina posiciona a concepção e a perspectiva de Soberania Alimentar sobre as bases de [cinco] dimensões fundamentais: a alimentar, a energética, a genética, a hídrica, e a territorial. Considerada a concepção de totalidade concreta, vemos que estas dimensões são interseccionadas e interdependentes. Pressupõe, portanto, uma base material que possibilite essa condição e garanta substancialmente a cada uma delas o seu sentido fundamental. Ser, também, a materialização de processos que negam as condições objetivadas pelo modo de produção capitalista, por um lado, e, por outro, ser a expressão material dos valores inscritos em sua perspectiva. (COSTA, 2018, p. 148).

Os assentamentos de reforma agrária são patrimônio público, portanto, do Estado, mas que permitem aos que estão nela, de forma coletiva e organizada, ter a posse para o trabalho na terra, bem como nas cooperativas organizadas de forma coletiva. É também nas comunidades que devem ser acessadas a moradia, a escola, a creche, o lazer, entre outros, para desenvolver todos os aspectos da vida da comunidade.

O censo agropecuário de 2006, confirmado pelo Censo de 2017, trouxe dados que demonstram a importância do campesinato para o Brasil do ponto de vista da soberania alimentar, conforme já apontamos no terceiro capítulo. Ratificamos a importância de termos institutos de pesquisas, neste país que possibilitam visibilizar não só a sua população urbana e rural, mas também as inter-relações, interdependências das dinâmicas dos territórios onde está a totalidade da população brasileira, além de desvelarem seus processos de existência e de resistência frente ao avanço do capital e da perversidade da realidade que é encoberta sob a égide do desenvolvimento.

> Contudo, um fato parece-nos essencial. Sem uma predisposição mínima da classe para lutar em torno de objetivos e propostas que os seus membros considerem exequível ou justas, o papel de uma organização social ou política é inócuo. Daí que as organizações sociais e políticas da classe trabalhadora que conheceram maior notoriedade histórica tenham sido precisamente aquelas que num ou durante um período histórico se mostraram capazes de equivaler a sua tática e a sua estratégia às aspirações concretas – [...] em termos de transformação social – de amplas massas populares. (AGUIAR, 2009, p. 587)

A luta pela terra, a luta pelo trabalho, a luta pela moradia e tantas outras dão sentido coletivo aos elos de identidade, enquanto classe trabalhadora, que se concretizam nos movimentos sociais populares como ferramentas de luta, por meio de atos, de mobilização, de articulação, de trabalho, de formação política e técnica e de táticas que confluam para a estratégia da classe trabalhadora. Ora essas ações são pontuais e miram o acesso concreto a determinado direito – tática –, ora sinalizam para um projeto de sociedade – estratégia – onde possam existir direitos humanos.

5.3 A práxis dos movimentos sociais populares: agroecologia, organicidade e resistência

Já abordamos a importância da organização coletiva e popular para a conquista da terra e ampliamos o olhar sobre os espaços de luta e de resistência. Para além da conquista da terra, os movimentos sociais populares do campo têm mobilizado e pressionado o Estado para garantir o acesso a melhores condições de vida, de trabalho, para garantir a soberania alimentar para o povo brasileiro e acesso aos direitos nos territórios rurais.

A denominação *movimentos sociais* vinham sendo, largamente, utilizada para denominar a organização coletiva que não tivesse vínculo com sindicatos ou partidos políticos. Essa denominação caracterizou as organizações de sujeitos da classe trabalhadora que tinham uma luta social específica e começou a ser utilizada, com mais força, a partir de 2001, fruto das reflexões e dos encontros proporcionado pelo Fórum Social Mundial – FSM.

A partir de 2008, com o aviltamento da crise econômica gerada pelo capital, ocorre uma crescente distorção no uso do termo *movimento social,* que vem, cada vez mais, sendo utilizado de forma genérica, "como toda e qualquer articulação, rede, movimento ou luta que aglutine um determinado grupo humano, e, portanto, social", corrobora Stédile (2018). O popular é adicionado à denominação movimento social por representar a diversidade do povo, não é acadêmico, não é público, é o legado popular orientando a luta de classes.

No processo histórico, algumas terminologias da luta popular foram apropriadas pelo capital, como *feminismo, empoderamento, sustentabilidade, produção orgânica* e até *direitos humanos* são exemplos de terminologias que, de diferentes formas, acabaram por tornarem-se um nicho de mercado. Alguns foram substituídos, outras incrementados, todavia, quando esses termos são utilizados pelos movimentos sociais populares, designam resistência.

A atuação dos movimentos sociais populares inicia-se com a reivindicação de direitos sociais e de melhores condições de vida e de trabalho, chegando até a organização e a operacionalização de políticas públicas para a satisfação das necessidades orgânicas e subjetivas (culturais) para o desenvolvimento de todas as dimensões da vida humana. Nenhuma política pública, que a classe trabalhadora tem acesso hoje, ou tinha, nasceu da bondade dos homens de terno.

O bloqueio de rodovias, a ocupação de prédios públicos, a ocupação de propriedades sem função social, os atos de repúdio e de denúncia, entre outros, são práticas utilizadas para chamar atenção da sociedade para apoiar a luta do povo, mas, na maioria das vezes, é para forçar o Estado a agir de acordo com os interesses e as necessidades de seu povo. As mídias hegemônicas execram tais atos, ganhando a simpatia da ala mais conservadora da sociedade que considera a reação do oprimido um ato de vandalismo e não de denúncia, inclusive de alas progressistas do país.

Estes, elucida-nos Marini (2013), "desejariam uma luta de classes sem luta e, quem sabe, sem classes", em uma analogia às críticas sofridas pelo processo de luta armada frente a reação da ditadura militar. A resposta do Estado vem em forma de criminalização dos movimentos sociais que compõem a Via Campesina, dificultando, cada vez mais, a luta por direitos.

> A opção feita pela burguesia a favor de uma ditadura aberta de classe não deixa para a ação política da vanguarda e para o processo da luta de classe outro caminho que não a luta armada. Assim, o que se impõe à esquerda não é o abandono deste método de luta, nem sequer uma autocrítica por tê-lo utilizado naquele momento. Aqueles que imputam a ela a responsabilidade do golpe de 1968 são os mesmos que a acusaram de ter provocado o golpe de 1964, ou seja, são aqueles que desejariam uma luta de classes sem luta e, quem sabe, sem classes. (MARINI 2013, p. 253).

As ações perpassam as feiras da reforma agrária, feiras agroecológicas, CSA, encontros unitários, formações políticas conjuntas, estratégia de apoio eleitoral, produção agroecológica, casa de sementes crioulas, estudos conjuntos sobre as lutas travadas pelo campo progressista da América Latina, sobre a luta de classes e sua estruturação de classes, formação sobre etnia e gênero, organização e gestão de mídias próprias, articulação campo e cidade, ocupações de terras, entre outros. São ações guiadas pelos processos de resistência que fortalecem a classe trabalhadora nos territórios latino-americanos. São práticas e tarefas realizadas com intencionalidade política.

Contra-hegemonicamente, ocorrem mecanismos de resistência e sobrevivência a partir dos territórios rurais como as formas de mutirão, "pixurum" ou "puxerão"[67] bem como a elaboração de mecanização adequada para a especificidade das pequenas propriedades, ferramentas de trabalho, seleção massal[68] das sementes crioulas, cultivadores rotativos menores, caldas para as diferentes necessidades e tratos de acordo com os cultivos e animais, resgate de sementes crioulas e de animais, consórcio de produção, biomineralizadores de solo, investimento na diversificação da produção, entre outros.

---

[67] Denominações que variam de acordo com a região do Brasil, que foram elaborados para compensar a diminuição do número de pessoas nas famílias.

[68] Formas de seleção e de aprimoramento das sementes crioulas desenvolvidas com parceiras como Embrapa e cooperativas dos movimentos sociais populares do campo, em que agricultores e agricultoras iniciam o melhoramento das sementes ainda na lavoura, conforme demandas de cada família na produção. Exemplo de seleção massal é o aprimoramento de sementes de milho para redução da altura dos pés juntamente com o aumento dos grãos por espiga para evitar quebras e perdas com ventos e temporais.

Como toda a práxis realizada pelos movimentos sociais populares, a denúncia vem seguida de anúncio, ou ainda, as denúncias das injustiças vêm seguidas por anúncios que falam sobre o projeto societário construído coletivamente. Nem sempre é possível quantificar a importância e a relevância das ações desenvolvidas, mesmo com intencionalidade política, por estarem diretamente ligadas aos sentimentos de alegria e satisfação por recuperar uma semente que o avô plantava, por resgatar o hábito da seleção massal utilizada antigamente pela família ou por ver uma lavoura de milho e feijão melhorarem significativamente a produção após serem plantadas em área recuperada pela adubação verde de feijão-de-porco. Como mostra-nos a prática dessas duas lideranças camponesas.

> *Para comercializar, hoje o que a gente está mais comercializando é cacau, mas nós também temos produção de verduras e legumes, principalmente nesse período agora, a gente intensificou essa produção em função das Cestas na pandemia. Então, o mais forte é isso, o cacau que é safras né? Mas também tem os legumes, no caso mandioca, inhame, agora é período que a gente tem taioba, ora-pro-nóbis, batata doce, abóbora, que agora temos para entrega. De vez em quando tem uns porquinhos pra vender, ovos. É, pra consumo a gente tem galinha, temos uma água que passa por aqui, vez em quando tem peixe, extração, ainda tem um pedaço de mata, no período da castanha a gente cata castanha, não é uma grande quantidade, mas dá pro consumo e de vez em quando sobre alguma coisinha pra vender. (E6, fev.2021).*

> *[...] a gente produz de tudo, desde frutas, leguminosas, hortaliças, de criação de animais e aí, esses dias foi feita uma pesquisa na nossa roça e na contabilidade tinha mais de 90 tipos de plantas diferentes. Contando desde as frutas, de tudo [...] nesse período, o que a gente mais produz é milho, feijão e mandioca, melancia, abóbora e frutas de árvores grandes, mas são por períodos [...] temos uma produção de caju, de castanha e da fruta. Também temos um sistema de hidroponia devido essa dificuldade da água. Temos o quintal produtivo que tem a horta, as plantas medicinais [...] em uma quantidade maior tem milho, mandioca, caju, mas pra sobrevivência tem as pequenas plantas, que a gente também considera de uma importância muito grande, para agroecologia e para a produção também onde é feita mais pelas mãos das mulheres. Também temos animais, galinha, porco, cabra". (E5, fev. 2021).*

A produção avançou com a operacionalização de políticas públicas de incentivo à agricultura familiar camponesa, quando houve, mas também pela organização e mobilização coletiva do campesinato para o fomento e viabilidade dessa produção diversificada.

Ratificamos que o campesinato vive de sua produção e da comercialização do que é produzido pelas famílias. A inserção dessa produção em feiras e mercados criados pela organização e mobilização, tanto daqueles que produzem, como daqueles que adquirem, apontam para novas possibilidades de comércio, circulação que alguns denominam economia solidária. Economia "alternativa" à economia hegemônica que foi incentivada por políticas públicas promovidas pelos governos anteriores em resposta à pressão do campesinato organizado e que atentaram para as condições concretas e históricas da agricultura camponesa familiar, como rememora a camponesa E3:

> *A gente criou um grupo de comercialização. Eu trabalhei muitos anos no Ater agroecologia, de diversificação do tabaco e a gente fomentou a diversificação de produção, da produção de alimentos e começou a sobrar produção. Daí a gente viu que precisava fomentar a comercialização. A gente criou um grupo de 5, 6 famílias e fomos visitar o feirão em Santa Maria e no dia 9 de setembro de 2017 a gente começou a vender lá. A gente planeja a produção e organiza a comercialização de forma coletiva. (E3, fev. 2020).*

Isso possibilitou uma inserção direta do campesinato, estreitando as distâncias entre quem produz e quem consome, reduzindo também o tempo da produção na logística do transporte, nos caminhões e nos estoques dos mercados. Isso reduz muito o desperdício e vai de encontro aos ciclos curtos de comercialização.

> *E4: "Nós vendemos nas feiras, de Paraíso e em Santa Maria, tanto para outros agricultores quanto para trabalhadores da cidade, venda direta, sem atravessadores. Também nas escolas, no PNAE, [...] também fornecemos para um grupo de CSA de Santa Maria/ RS" (E4, jan. 2020).*
> *E1: "Na colheita do arroz já tem encomenda. E na Feira é através do grupo, é coletivo. A gente também entrega para a merenda escolar. Tem as vendas aqui, as vendas do grupo e também para a merenda escolar." (E1, jan. 2020).*

Na história do Brasil, quem tem terra tem poder, mas, para a Via Campesina, ter a terra somente não basta, há que relacioná-la com um modo de produção, uma forma de produzir que não tenha como finalidade o lucro a qualquer custo, que é a forma como o capital se relaciona com todos os âmbitos da vida e todos os segmentos da sociedade. Por isso, ratificamos que capital não é o dinheiro e sim as relações de poder, de exploração e expropriação. Como já afirmamos, o dinheiro é a forma fenomênica do capital.

A agricultura camponesa organiza-se a partir da agroecologia. Do ponto de vista da produção, são priorizados os alimentos e essa produção relaciona-se com a natureza, priorizando a vida de quem produz e de quem irá ingerir essa produção. A produção é realizada de forma diversificada, respeitando as identidades e os biomas de cada território. Não há utilização de transgênicos nem de venenos e a produção começa com as sementes crioulas. Quantos aos insumos utilizados, são disseminadas práticas de elaboração para as mais diversas dificuldades que possam ocorrer com a produção, a partir de elementos que existam na própria propriedade, gerando autonomia na agricultura e redução dos custos.

Do ponto de vista social, a agroecologia também aparece como uma forma de viabilizar as próprias estruturas da luta e fortalecer a autonomia de quem produz, possibilitando a superação das amarras do capital no meio rural. As relações sociais na agroecologia perfazem os aspectos históricos, políticos, econômicos de manutenção e reprodução da vida, culturais e coletivos e, de fato, possibilitam formas autônomas de produção, como nos relata a camponesa E3:

> *Se a gente começa a pensar no tempo que a gente plantava fumo e tenta fazer uma comparação com hoje, a gente trabalha mais do que quando a gente plantava fumo. Mas tem toda uma questão, quando a gente plantava fumo a gente não tinha toda essa diversidade na nossa mesa, a gente usava veneno. É uma filosofia de vida, a gente quis isso, a gente quis fazer essa transição para a produção de alimentos e sabia que não seria fácil até porque não tem estrutura na propriedade, então ao mesmo que tem bastante trabalho na roça tem bastante coisas para construir também. Ao mesmo tempo que é sacrificoso, tem essa satisfação de poder comer tudo que a gente produz, de ter alegria de chegar na feira e dizer: "isso aqui tu pode comer porque a gente garante que não tem veneno". Esses dias a gente tinha pimentão e moranguinho, que são as coisas que mais tem veneno, nas pesquisas da ANVISA, e a gente diz: "comam, deem para suas crianças, não tem veneno. Então a gente pode estar com o corpo doendo, é uma satisfação e uma alegria, uma felicidade que a gente não tem como medir. (E3, jan. 2020).*

Agroecologia e a produção orgânica têm em comum o não uso de agrotóxicos, no mais, o segundo é nicho de mercado e não altera as estruturas de exploração do campo e, tampouco, gera autonomia na produção. É possível ter monocultivos orgânicos com dependência de insumos oferecidos pelo mercado que não tenham venenos na sua formulação. Isso resulta em um custo alto de produção que acaba por ser repassado ao consumidor. Nesse contexto, teremos alimentos orgânicos com preços altíssimos nas prateleiras dos supermercados ou feiras orgânicas que atendam quem têm condições de pagar mais caro para ter acesso aos alimentos sem venenos.

A totalidade do território brasileiro é chão[69] de lutas e é no cotidiano que elas são travadas. Em contraponto aos desmontes, por parte da sociedade civil organizada, ocorre ampla defesa dos direitos sociais e humanos frente aos ataques constantes aos direitos que estavam positivados na Constituição Brasileira – CF/1988.

> Em nosso país há pedaços da longa história contada pela ética dominante; e há pedaços não contados. Apenas as ruínas servem de testemunhas das perversidades impostas, quando se interrompeu a história de tribos, aldeias, povos, quilombos e comunidades. O nacional, como "comunidades imagina-das" diferentemente umas das outras, foi no passado e é no presente, mesmo com a globalização, lugar de resistência e projeção do ser e do vir da cultura. Nessa ideia da superiori-dade cultural está o desejo do não reconhecimento do sujeito nativo e da dissolução da cultura local. (BOGO, 2010, p. 97).

São nas raízes sócio-históricas que se estruturam as condições para a superexploração: no racismo, na desigualdade de gênero, na má distribuição da terra. A agricultura é carregada dessas velhas estruturas conservadoras, patriarcais e racistas e, por isso, a agroecologia não pode se desvincular da luta de classes, do feminismo e da luta antirracista. É com muito trabalho e historicidade que se constrói a agroecologia na prática, na perspectiva da luta de classes, de gênero e de raça e, por isso, trazemos as experiências, que serão relatadas a seguir, por serem vivências mobilizadoras de processos coletivos, geradores de autonomia e construtoras de emancipação humana.

5.4 Processos emancipatórios nos territórios em disputa: Rio Grande do Sul e Pará

Temos o intuito de dar visibilidade às resistências da classe trabalha-dora deste país, com ênfase na resistência camponesa e na sua força contra--hegemônica, que gerou conquistas que foram mobilizadoras de políticas públicas e de programas sociais e que sustentou a pauta da reforma agrária

---

[69] Não utilizaremos "palco para as lutas", pois não se trata de uma encenação.

até os dias de hoje. E5 traz-nos a importância da luta do campesinato organizado, inclusive para a construção das políticas públicas: "o campesinato até na hora de reivindicar constrói luta" (E5, 2021).

> As políticas públicas para o campesinato têm uma importância imensa, para que o campesinato tenha condições de produzir, de poder diversificar a produção, tendo em vista a diversidade climática do país, da produção, da região e nesse período, principalmente, de ter a segurança de plantar e se perder, não ficar na necessidade e afundar mesmo. Ter essa subsistência é muito importante. Uma outra questão é que para o campesinato falta muita perna, com uma reforma agrária de fato para a divisão das terras e penso que isso faz parte também de ter políticas públicas de subsidiar as pequenas propriedades, a produção, desde diversificar, de assegurar a produção, para a vida mesmo dos campesinatos, dessas dificuldades que têm olhando para as pontas do mapa, de cima até embaixo [...] As políticas públicas que acessamos foram também pensadas pelos movimentos sociais do campo, pelo MPA, pelo MST, pelo MMC, que foram construídas para nós e olhando para as nossas necessidades [...] é olhar desde a subsistência das famílias camponesas até outras pessoas terem acesso a uma alimentação saudável, de verdade. É para além do financeiro, é o país também valorizar, que ter uma tomada de consciência que ter alimentos saudáveis é ter saúde, é ter vida, uma formação de consciência, é poder você ir para a escola e ter uma cabeça boa para pensar, é não ter tantos casos de câncer. [...] Nós não estamos pedindo nada, pelo contrário, queremos ofertar o que temos e dividir para que todos tenham. Que tenhamos condições para fazer isso, porque hoje, sem políticas públicas não temos. Se plantou e teve seca, não terá a semente para replantar de novo, como ficamos? até o próprio camponês e a camponesa vão passar fome. Política pública é isso, é assegurar parte da comida do campo para cidade, é o que a gente fala: "se o campo não planta a cidade não janta" e é verdade! (E5, fev. 2021).

Em tempos de desmonte dos direitos sociais conquistados, o campesinato torna-se fundamental para a defesa da soberania nacional, ao passo em que tem suas lutas coletivas criminalizadas e suas lideranças assassinadas, no afã de fazer calar suas denúncias. Como denunciou o camponês E8:

> Não tinha mais pressão, mas agora como asfaltaram a PA-42, que é a Tauá, então os empresários começaram a abrir os olhos, ele já falou quem tem, tá dentro da terra. Ele chama nós de

> *terrorista e vagabundo e agora no mês passado ele estava chamando e estava dizendo que ia devolver as terras para os ex-donos das terras, se a polícia não resolvesse, ele ia botar a força, ele falou...ele chamou foi de marginais. As nossas áreas são do Estado, mas os fazendeiros estão querendo criar asa. (E8, mar. 2020).*

O movimento social popular na qual militam os camponeses entrevistados é o Movimento dos Pequenos Agricultores (MPA) que, no ano corrente, comemora seus 25 anos de existência. No Rio Grande do Sul, tem sua origem em dia 17 de janeiro de 1996. Surge reivindicando atitudes do poder público para o enfrentamento de uma longa estiagem que desencadeara uma situação insustentável para os agricultores e agricultoras que não estavam sendo conduzidos de maneira satisfatória pelos sindicatos da categoria. O casal E1 e E2 rememoram o sentimento de não se sentirem representados nos espaços institucionais do Sindicato da época:

> *E2: a gente tem uma visão, a gente primeiro avalia, reflete muito mais para tomar um passo. A gente no coletivo tem uma facilidade maior, quando escuta uma conversa consegue avaliar se é mentira.*
> *E1: dá uma capacidade de refletir mais, tem muitos anos de formação, a gente se posiciona.*
> *E2: dentro do sindicato mesmo, eu saí porque achava que aquilo não era sindicalismo. O Sindicalismo defende a classe. Faz reuniões de tempos em tempos e tira as ideias do meio dessa classe. E o sindicalismo rural, ele nunca fez isso.*
> *E1: virou um assistencialismo não um sindicalismo. Para manter sócio ele é assistencialista.*
> *E2: era pra manter um cabide de empregos e nós era radicalmente contra. Nós formamos uma oposição ferrenha e eles me tiraram, foram escanteando. Eu achei até bom porque não estava mais atrelado aquele sistema, não era mais condizente com aquilo que eu gostava de fazer. (E1; E2, jan. 2021).*

Desde lá, a centralidade da luta perpassa pelas políticas públicas para a agricultura camponesa familiar. A pauta de origem mobilizou um longo acampamento em um período de muita seca no estado e de grandes perdas produtivas, foi, justamente, o *cheque seca*. O grito de ordem da mobilização era "com chuva, sol ou com vento, queremos 1500,00". Muitas políticas públicas foram conquistadas desde então. Após 25 anos de existência, a Consignia é *Luta, Afirmação Camponesa e Poder Popular*.

No estado do Pará, O MPA chegou, formalmente, em 2015 e, desde a origem da organização popular, a centralidade é a luta pela terra. O camponês E8, do estado do Pará, teve uma vida que se confundiu com a luta e não deixou de esperançar:

> Então pra isso que nós temos essa luta severa aí, temos uma briga com o governo aí que, é complicado, é muito complicado para nós, aonde a gente tem adversários que são os grandes produtores, os grandes empresários, latifundiários, todo esse pessoal aí, que complica e isso aí eu sei na pele, sei na pele porque eu convivo isso, convivo isso muito, muitas vezes a gente se sente assim um pouco mais desanimado, mas aí quando pensa que não, a gente ergue o corpo de novo, vai pra luta, e é assim, a gente tá aí na luta. As vezes a gente tem guerra até com os próprios companheiros, aqueles que não querem, tão ali por tá, não é por aí que a gente desiste, tenho acompanhado muito o Mpa, o Movimento, eu já fui de outros movimentos, mas, a maioria dos tempos foi o MPA. Na verdade, a gente assumiu o MPA, aqui no Pará e a gente vai tentando tocar na forma possível da gente, como pode e é assim, que eu entendo, e tô aí na Luta, pro que der e vier, pela idade que eu já tenho, sessenta anos. (E8, mar. 2020).

Na totalidade, O MPA é formado por famílias camponesas, tem abrangência nacional e caráter popular, de massa, autônomo e de luta permanente. Atualmente, o MPA está em 17 estados do país (SC, PR, MT, GO, DF, RO, PA, PI, CE, SE, PE, AL, BA, ES, RJ, MG, RS) e, no Rio Grande do Sul, em mais de 100 municípios. A cada ano, mais estados somam-se na luta. No Brasil, o MPA organiza-se com a Frente Brasil Popular e, internacionalmente, organiza-se com movimentos sociais de outros países por meio da Via Campesina (*La Via Campesina*), da CLOC (*Coordinadora Latinoamericana de Organizaciones del Campo*), da FIAN (*FoodFirst Information & Action Network*) e da ALBA (*Alianza Bolivariana para los Pueblos de Nuestra América*).

É ferramenta do campesinato organizado de luta contra os processos históricos de violências que geraram o empobrecimento no campo, o êxodo rural, a negligência das políticas públicas nos territórios onde vivem e trabalham, o subjugo da identidade e da cultura dos diversos povos que conformam o campesinato. O jovem camponês e liderança do Pará, E7, fala da importância da organização coletiva para avançar na luta:

> *Tem muita diferença né, tem muita diferença, porque a gente percebe que a desorganização ela leva a alienação, ela leva também a cooptação não só política, mas também econômica, você fica refém daqueles que se dizem doutores, você fica refém daqueles que muitas das vezes se dizem que tem conhecimento sobre determinado e querem impor a sua visão de mundo a quem tá... nessas comunidades, ficam falando a questão da produção, a questão que você tem que viver no campo e que quem tá no campo é dependente intelectualmente de quem tá na cidade. E assim, é uma visão que tem hegemonia dentro da estrutura do capital, e quando a gente tá organizado a gente percebe que precisa contrapor essa leitura que é uma leitura equivocada, que nós que estamos no campo, não somos tão dependentes assim, na verdade não somos dependentes, na verdade a cidade é o povo mais dependente de quem tá lá inclusive na roça. Então a gente tem muita gente, como diz o Eduardo, muita gente papelada também lá nas comunidades né, então estar organizado inclusive para acessar também políticas públicas como você coloca, para conseguir conquistas e acima de tudo acho que esse trabalho coletivo, porque nós vivemos em uma sociedade tão individualista que acaba você ficando naquela... fechar o cerco para você e sua família e muitas das vezes não consegue analisar o todo, então quando a gente consegue organizar junto à comunidade a gente percebe que o problema que nós estamos enfrentando individualmente, que às vezes é o problema da falta de água, o problema do acesso a água, a gente organizado consegue solucionar ele, porque é conversando e dialogando que a gente consegue chegar em um ponto em comum de solução né, de como a gente vai resolver este problema. Acho acredito que essa organização é o que dá condições para a gente entender que os nossos vizinhos que moram ao torno, não é o nosso inimigo, e de fato tu saber quem...quem se coloca como inimigo dos camponeses né, quem é na verdade o nosso inimigo, quem é que tá ameaçando a nossa existência e o nosso modo de viver. Muitas vezes a gente pensa que é alguém que tá ao nosso lado, mas é um pouco diferente, então quando tá organizado ter essa leitura, o movimento ele consegue né, nas suas formações nos seus diálogos, nas suas reuniões...é dialogar com essas questões, conosco e sobre nós. (E7, fev. 2021).*

Com a fala do companheiro E7 (2021), iniciamos os próximos itens com um histórico da conformação de cada estado que está relacionado com a entrada do capital nos territórios, avançamos para as consequências na vida concreta dos camponeses e camponesas, miramos para a produção e os aspectos gerais do rural de cada unidade federativa e o desfeche ocorre com a organização e vida daqueles e daquelas que constroem, com seu modo de vida, possibilidades de uma sociedade melhor e mais justa para a totalidade da classe trabalhadora.

São histórias de vida, de resistência, da luta do povo que, contadas pelo lado hegemônico, foram negligenciadas, como veremos nos estados brasileiros do Pará e Rio Grande do Sul. Iniciemos pelo Pará.

5.4.1 Processos emancipatórios de territórios em disputa: Pará – Brasil

O estado do Pará faz parte da Bacia Amazônica e, como ocorre em outras regiões e nos países da América Latina, possui, em grande parte do território, a atuação do capital para exploração dos recursos naturais. A Amazônia é o último reduto de terras no Brasil e as maiores áreas de demarcações de terras indígenas. Nos anos dos governos militares que governaram sob um regime de exceção da democracia – ditadura –, houve o incentivo de ocupação por meio de assentamentos da reforma agrária e de políticas públicas para a compra de áreas, nessa região, como vimos anteriormente.

Grandes projetos econômicos forjaram a conformação do estado do Pará, principalmente no período descrito acima. Felix (2019, p. 45) analisou a implantação da industrialização no estado, que teve relação direta com os recursos naturais da região. Segundo o autor, foram grandes projetos vinculados à mineração que "se desenvolveram na região a partir dos anos de 1970, num contexto em que a dependência político-econômica foi reproduzida e aprofundada a partir das sucessivas frentes de expansão", construídas por mão de obra "recentemente proletarizada". Ou seja, "uma exploração minera em grande escala não traz necessariamente por si um clima de prosperidade" (FELIX, 2019, p. 48).

Vejamos essas frentes de expansão no norte do país, em um processo dialético em que temos a contextualização de refrações da questão social interpeladas pela urgência das questões postas, que refletem na sociedade capitalista a degradação do próprio trabalho, a partir de sua superexploração, bem como na sua ausência no caso de desemprego (questão social). Isso ocorre com aval do Estado que intervém no âmbito da política para atender aos interesses econômicos e a sua reprodução ampliada.

> A massa da riqueza social, superabundante e transformável em capital adicional graças ao progresso da acumulação, precipita-se freneticamente sobre os velhos ramos da produção, cujo mercado se amplia repentinamente, ou em ramos recém-abertos, como o das ferrovias etc., cuja necessidade decorre do desenvolvimento dos ramos passados. Em todos esses casos, é preciso que grandes massas humanas estejam disponíveis para serem subitamente alocadas nos pontos decisivos, sem que, com isso, ocorra uma quebra na escala de produção alcançada em outras esferas. A superpopulação provê essas massas. (MARX, 2013, p. 703).

Essas frentes de expansão relacionadas à megamineração geraram impactos sobre as comunidades locais, gerando espoliação, deslocamentos compulsórios, "a luta contra a implantação ou por indenizações pelos danos sociais e socioambientais, das resistências de camponeses, trabalhadores rurais, indígenas, etc." (FELIX, 2019, p. 46). Felix (2019) ainda verifica que, 50 anos depois da implantação das megaminerações, tem-se uma região integrada de "forma dependente ao mercado mundial como lócus para a produção de carne a partir de uma cadeia de produção com o capital concentrado em uma ou duas empresas voltadas para exportação". A particularidade do estado do Pará reflete a condição das economias periféricas no capitalismo mundial, apresentando uma condição de dependência com desenvolvimento desigual e combinado.

A implantação das megaminerações necessitou da construção de estradas e dessas aos portos que daria destino aos recursos naturais expropriados. A construção dessas estradas, como a PA-70, atual BR 222[70], abriu caminho para "os agentes que alteraram profundamente a paisagem social, como no caso os pecuaristas". Essa mudança na paisagem e no contexto amazônico segue para além dos limites do Pará, pois a PA-70, segue com a rodovia transamazônica (BR-230), formando uma rodovia federal transversal, conforme ilustrado a seguir:

---

[70] A PA-70 ou BR-222 é uma rodovia federal que se estende, atualmente, do Ceará até a cidade de Marabá, interligando Ceará, Pará, Piauí e Maranhão. Sua extensão atual é de 1811,6 km e seu percurso integra as regiões mineradoras ao restante do território nacional (Wikipedia. BR-222, s/a).

Ilustração 6 – Junção da PA-70 (BR-222) e Transamazônica (BR-230)

Fonte: wikipedia.org. Dados: Ministério dos Transportes

Novas táticas foram articuladas no Brasil e confluíram para acirrar a dependência, enquanto nação livre, aviltando a dignidade da classe trabalhadora com mais formas de superexploração da força de trabalho. Como ocorre nas diferentes regiões de Rondônia, demonstrada pela liderança camponesa, na Região Norte do país:

> Aqui na região sul do estado, a soja é muito forte. Já na região mais central, o forte da produção é leite e café. Tem muito pequeno agricultor que produz café, mas o controle é das grandes empresas, tanto do café que depende do preço que a cerealista colocar, que as cafeeiras colocarem. E o leite também, é o preço que as empresas de laticínios colocarem. (E6, fev. 2021).

Com ênfase na fase que seguiu após a Revolução Verde, corroboramos com Marx (1980a), que desfaz a ideia de que a renda da terra viria ao proprietário pela comercialização de excedentes. Outrossim, Martins (1995) aponta para a especificidade do capital, que estabeleceu as condições para extrair o excedente econômico, quando não é vantajoso ser proprietário da terra. Essas formas criam condições para extrair o excedente econômico, inclusive "onde ela aparentemente não existe". As terras não ocupadas pelo capital não resultam nas demais libertas.

> O que se verifica no Brasil é que o capital tem se apropriado diretamente de grandes propriedades ou promovido a formação em setores do campo em que a renda da terra é alta, como no caso da cana, da soja, da pecuária de corte. Onde a renda é baixa, como no caso dos setores de alimentos de consumo interno generalizado [...] o capital não se torna proprietário da terra, mas cria condições para extrair o excedente econômico, ou seja, especificamente renda onde ela aparentemente não existe. (MARTINS, 1995, p. 175).

Oliveira (1979, p. 132) explica que, necessitando de mercadorias, o camponês foi forçado a dirigir parte do trabalho para aquelas produções que "a rede comercial aceita como pagamento pelas mercadorias que fornece", como exemplo de pagamento temos a seringa (borracha), a castanha, o café, entre outros. Para o camponês restavam duas alternativas nesse período:

> Ou ele se mantém primordialmente fora da rede de comércio e financiamento, retraindo-se a uma condição próxima a auto subsistência; ou se ele vincula aquela rede enquadrando-se em um sistema flexível, que pode variar de uma ênfase exclusiva na extração até a fixação de uma cota mínima de borracha por cada produtor. Sendo aquela opção meramente teórica, ao caboclo não resta mais que inserir-se ao sistema de comércio centralizado e aí, produzindo segundo as normas, procurar exercer uma permanente barganha por vantagens comerciais. (OLIVEIRA, 1979, p. 132).

Velho (2009) traz a situação da exploração dos castanheiros[71] como exemplo de extorsão de mais-valia absoluta.

> Existem cerca de seis grupos exportadores importantes em Belém. Com o virtual oligopólio que mantinham, já que até recentemente era praticamente insignificante a parte da castanha consumida no mercado nacional, eram capazes de descarregar boa parte dos efeitos das oscilações de preços no mercado internacional em cima dos grupos de Marabá; os quais, então, buscavam se resguardar levando às últimas consequências o processo de extorsão da mais-valia absoluta. (VELHO, 2009, p. 59-60).

---

[71] A forma como o capital adentrou nos territórios da Amazônia, gerando uma prosperidade relativa é deveras importante e relevante para compreendermos a dinâmica do capital nos países periféricos. Para mais informação, sugerimos a leitura de Otávio Guilherme Velho sobre a "Frente de expansão e estrutura agrária: um estudo do processo de penetração numa área da transamazônica" (VELHO, 2009).

A terra, como já afirmamos, é constitutiva do capital na América Latina e, por isso, faz parte o desmatamento da Amazônia e o desflorestamento das unidades federativas dos países que compõem a Bacia Amazônica (Ilustração 7), como estratégia para garantir a expansão do capital e o acesso à terra para uso nos moldes capitalistas. Esse território tem sido fator importante, também, para conservar o preço das terras de interesse do capital, visto que, na lógica da oferta e demanda, o aumento da demanda por terra aumentaria seu preço para aquisição, conforme elucida-nos Michelotti (2019).

Ilustração 7 – Bacia Amazônica (América Latina)

Fonte: ilustração de domínio público, divulgada pela BBC

O estado do Pará vivencia 39% da área desmatada da Amazônia, conforme dados do INPE de 2019, sendo recordista em áreas degradadas. O monitoramento da Amazônia aponta que, de agosto de 2018 a julho de 2019, ocorreu 9.762 km² de desflorestamento, 29,5% a mais do que no período anterior. Os dados seguintes, anteriores a 2018, já apontavam o aumento de terras para produção primária em detrimento à redução da Floresta Amazônica, conforme mostra a tabela a seguir:

Tabela 8 – Modo de utilização da terra com a produção primária no estado do Pará

Modo de utilização	1970	1985	1996	2006	2017	2017%
Lavouras totais	366.958,0	1.078.630,0	1.256.717,2	1.884.705,0	1.642.089,0	6%
Matas e florestas naturais	4.897.922,0	12.623.576,0	11.593.055,0	8.533.265,0	11.613.680,0	37%
Matas ou florestas plantadas	33.955,0	90.507,0	114.369,4	62.164,0	185.044,0	
Pastagem total	2.540.681,0	6.596.393,0	7.455.727,6	11.069.245,0	14.506.193,0	51%
Total área rural	7.839.516,0	20.389.106,0	20.419.869,2	21.549.379,0	7.947.006,0	
Outros					1.680.668,0	6%
* Houve um aumento da área rural do PA e o principal fator é o avanço sobre as terras da Amazônia						100%

Fonte: elaborada pela autora. Dados: Censo Agropecuário 2017. (BRASIL, 2017)

Verificamos a partir dos gráficos esboçados, no gráfico a seguir, um crescente tanto em número de propriedades, quanto em hectares com a finalidade de produção agrícola.

Gráfico 5 – Aumento de propriedades e hectares para a produção agrícola

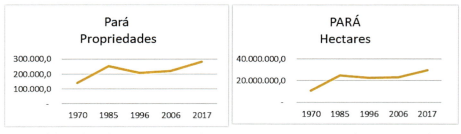

Fonte: elaborado pela autora a partir do Censo Agropecuário 2017. (BRASIL, 2017)

O desmatamento é seguido pelas queimadas, que abrem caminho para áreas de produção rural. O ano de 2019 bateu recordes de focos de incêndio, conforme dados do INPE. Só o município de Novo Progresso apresentou um aumento de 300% das queimadas em comparação ao mesmo período do ano anterior. As áreas abertas na floresta pelas queimadas abrem caminho para o gado, como verificamos no gráfico a seguir:

Gráfico 6 – Produção de gado e lavouras dedicadas para a pastagem no estado do Pará

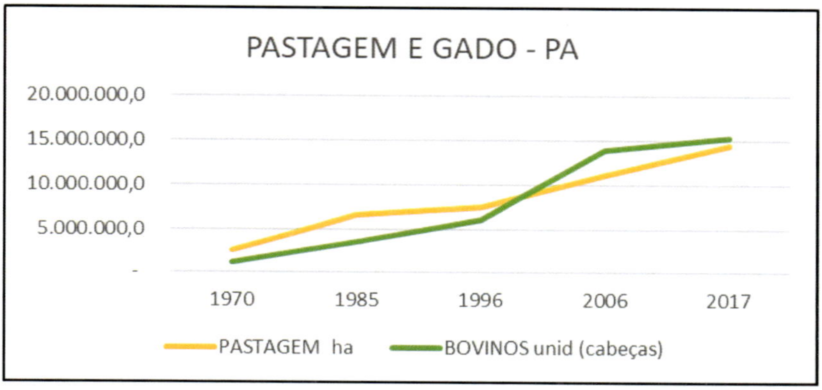

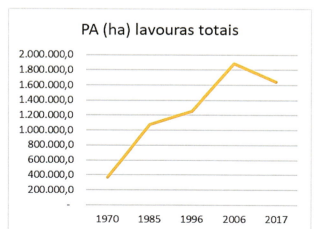

Fonte: elaborado pela autora a partir do Censo Agropecuário 2017. (BRASIL, 2017)

Observamos o aumento das propriedades rurais, bem como dos hectares no estado, porém com diminuição das áreas utilizadas para lavouras, como vemos a seguir:

Gráfico 7 – Redução das áreas utilizadas para lavouras no estado do Pará

Fonte: elaborado pela autora a partir do Censo Agropecuário 2017 (BRASIL, 2017)

As terras ocupadas e produzidas pelos camponeses fazem do estado do Pará, atualmente, o maior produtor de mandioca (aipim, macaxeira) do Brasil. Entretanto, não é a produção, diretamente, que coloca esse estado nesta pesquisa. O que emerge é o fato der ser o estado brasileiro com maior conflito agrário do país. É o território onde mais se assassinam militantes sociais e ambientais.

De acordo com os dados da Comissão Pastoral da Terra (CPT), ao todo, o Brasil registrou 45 massacres e mais de 200 mortes em 32 anos. Só no Pará, ocorreram 26 massacres com 125 pessoas assassinadas. Até 2018, havia mais de 20 liminares de despejos expedidas pela Vara Agrária de Marabá[72], que já resulta na desalojação de quase duas mil famílias. Algumas dessas liminares já foram cumpridas, como é o caso do Acampamento Hugo Chávez, onde mais de 300 famílias foram despejadas sem terem local para ir.

Em investigação policial, descobriu-se a organização "do dia do fogo", que contou com a participação de fazendeiros, madeireiros, empresários e delegados de polícia. Foram 31 mil focos de incêndio na Amazônia identificadas pelo Instituto Nacional de Pesquisas Espaciais, que sofreu ataques pela divulgação da alta do desmatamento na Amazônia. Isso, acarretou a exoneração do diretor Ricardo Galvão, um dos pesquisadores mais respeitados no mundo científico.

Sobre o aumento colossal do desmatamento e queimadas na Amazônia no último período, reforçamos a denúncia que os defensores da Amazônia já realizaram, pelo fato de que o repórter que realizou as denúncias à mídia impressa e virtual segue sob proteção, pois, desde então, tem sido ameaçado de morte por fazendeiros da região.

As ameaças de morte, e a concretização delas fazem o estado do Pará e a região amazônica estarem à frente quanto ao assassinato de militantes sociais, como o aconteceu em Pau D'Arco. A Procuradoria Federal dos Direitos do Cidadão (PFDC) e o Ministério Público Federal investigam os assassinatos na região onde também foi assassinada a missionária Dorothy Stang[73].

A centralidade da luta coletiva e da militância no estado do Pará é por terra para a produção de alimentos, por meio de uma Reforma Agrária Popular, pela regularização dos lotes dos acampados, pelo direito dos que já estão de permaneceram nos assentamentos e pelos processos produtivos autônomos e agroecológicos. Essa luta também é travada judicialmente, provocada pelos grileiros de terra na região, que acionam a todo momento a justiça para a retirada das terras dos assentados e acampados.

---

[72] Conflitos Agrários no Pará: Organizações sociais e religiosas se reúnem com INCRA, Ministério da Justiça e PF em Brasília (CPT, 2018).

[73] Segundo o Jornal GGN, o estado do Pará lidera o ranking de assassinatos por conflitos de terra (Jornal GGN, 2018).

A situação irregular do lote que as famílias ocupam há muitos anos, até mesmo com produção, impede-as de acessar políticas públicas, inclusive interfere no acesso das crianças na escola, na regularização de um título eleitoral, no acesso à política da assistência e todos os serviços que as famílias acampadas possam acessar nos municípios e no estado, que necessite de um comprovante de endereço. Ter a posse do lote, regularizar o espaço de produção e de moradia perpassa pelo reconhecimento da dignidade desses camponeses e camponesas que lutam por terra. Como acompanhamos no estado do Pará e relata-nos E7:

> Outro aspecto também é o de reconhecimento de dignidade da família, que não tem o reconhecimento e garantia, muitas das vezes, dos seus direitos fundamentais. O Estado precisa garantir a regularização para essas famílias que já estão exercendo e a gente não tem isso garantido. E a partir daí outras políticas como a educacional, que muitas das vezes quando você não tem papel de energia comprovando residência, implicará em não matricular o seu filho né, numa escola... de quase tudo você precisa ter um comprovante de residência. O acesso à energia né, a água potável, a gente precisa de políticas públicas. A gente tem bastante dificuldade de acessar quando não se garante a regularização da terra. (E7, fev. 2021).

No período em que estivemos no estado, participamos de várias mobilizações que corroboram com essa centralidade. No estado, além de estar enquanto doutoranda e ter tarefas acadêmicas a cumprir, fomos para lá com tarefas militantes e chegamos em meio às lutas do 8 de março (Apêndice I).

Nesse processo, inserimo-nos nos atos e nas mobilizações nas quais tínhamos algumas tarefas específicas: contribuir com os processos formativos quanto ao Feminismo Camponês e Popular, fomentando as reflexões sobre a desigualdade de gênero vivida pelas camponesas, contribuir na luta contra a violência contra a mulher (Apêndice V), dentre outras consequências da desigualdade de gênero. Outras tarefas perpassam pela contribuição com a assessoria de comunicação do Movimento, com elaboração de materiais informativos e formativos junto ao Coletivo Nacional de Gênero[74], conjuntamente à coordenação do estado e, por fim, mas não menos importante, assessorar na elaboração de projetos sociais para captação de recursos para fomentar a luta e as mobilizações coletivas.

---

[74] O Movimento dos Pequenos Agricultores (MPA) possui uma categoria de publicações sobre gênero disponível em seu site.

Na semana seguinte ao ato (março de 2020), seguimos com as mobilizações e luta pela terra (Apêndices II, III e IV).

Infelizmente, a situação das famílias que encontramos no estado continua a mesma. O ITERPA[75] – Instituto de Terras do Pará – delegou aos assentados a atribuição de contratar um profissional (engenheiro florestal ou ambiental) para fazer a demarcação dos lotes e a elaboração do CAR – Cadastro Ambiental Rural. O que seria uma questão positiva, pois a espera burocrática de um técnico do Estado para o serviço levaria anos em função do desmonte das instituições ambientais e a falta de técnicos. Porém, gerou-se outro problema: os assentados não possuem recursos para o pagamento do profissional.

No retorno ao RS, seguimos contribuindo nas campanhas de lutas (Apêndice VI), na elaboração dos materiais que socializam as lutas, os atos, as mobilizações junto à equipe nacional de comunicação e os materiais que levam informação à militância do estado. Também seguimos com as assessorias na elaboração de projetos para captação de recursos para o MPA do estado.

É luta que segue, de norte a sul neste Brasil, e a liderança paraense reflete sobre a importância e o alcance dessa luta coletiva, desse trabalho que contribui para a dignidade das famílias assentadas, mas também na forma como a sociedade capitalista vê os assentamentos, na disputa das ideias e quebra de paradigmas:

> *Quando a gente começou na militância foi com um trabalho mais humano e dependendo aí da realidade em que a gente vivia e estava inseridos. A partir dessas demandas práticas, de acesso a dignidade mesmo e condições melhores, a gente começou a questionar algumas situações, aqui na prefeitura, a nível local, de como a gente queria fazer, requisitar alguma coisa para o assentamento. Para a gente é uma área de ocupação, hoje bendizer é um pré-assentamento, mas para a sociedade em geral o que tem ali é uma área de invasão: "é o pessoal lá da invasão", então já inicia um preconceito. Então acho que o nosso trabalho, o nosso papel nesse contexto, não só daqui, mas eu falo, acredito que em muitos outros lugares é de fazer aí um enfrentamento junto a esse estado aqui né, que é o estado campeão em conflitos agrários. Fazer um enfrentamento para que as famílias camponesas e pequenos agricultores tenham acesso a essas políticas públicas que a gente estava conversando ainda pouco né. Ter acesso e ter o reconhecimento enquanto sujeito. Então é o nosso trabalho nesse sentido, de dar condições, de organizar as famílias de uma forma coletiva para suas pautas em comum né, essas pautas em comum [...] nós acabamos que assim, tendo que ter esse tempo, acho*

---

[75] O Portal do Instituto de Terras do Pará (ITERPA) pode ser acessado em seu endereço eletrônico (ITERPA, 2021).

que cinco ou seis anos, perdi a conta já. Se ver uma pessoa só, nessas condições, fica engessada de conseguir avançar né? E aí a gente ali, a partir dessa organização, acaba entendendo que a forma coletiva de reivindicação, acabou trazendo uma serenidade, uma resposta mais concreta a essas demandas. (E7, fev. 2021).

5.4.2 Processos emancipatórios de territórios em disputa: Rio Grande do Sul – Brasil

O sul do Brasil tem um processo de conformação social distinto do norte, com uma ocupação planejada a partir de 1850. As partes mais íngremes do território foram cuidadosamente fatiadas e disponibilizadas aos colonos que deveriam ocupar essas terras para diversificar a produção de charque, dominante na região.

Utilizamos o termo *fatiadas*, pois é, justamente, essa conotação que temos quando visualizamos, por exemplo, a colônia de Santo Ângelo, que deu origem aos municípios onde estão localizadas as famílias entrevistas do RS, conforme mapa com a divisão dos lotes para os colonos alemães que chegaram a partir de meados de 1850, conforme a seguir:

Ilustração 8 – Planta da colônia de Santo Ângelo

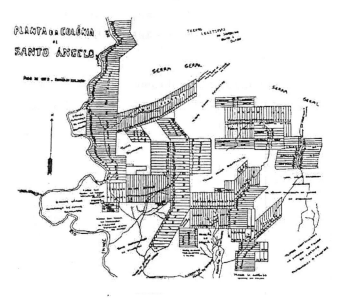

Fonte: Werlang (1991)

No dia 1º de novembro de 1857, chegaram à região os primeiros imigrantes alemães. Entre os principais objetivos da província para colonização, estavam o preenchimento de vazios populacionais e a diversificação da produção. As colônias de imigrantes que se instalaram no Rio Grande do Sul tiveram um papel fundamental para a diversificação da produção rural com o suprimento das demandas regionais, desde que não interferissem no mercado do charque[76]. A importância das colônias para a diversificação produtiva fica evidente no trecho escrito por Werlang (1991):

> O imigrante não poderia possuir escravos e a dimensão da sua terra seria um minifúndio [...]. A estrutura fundiária baseada no trabalho familiar eliminava qualquer possibilidade de concorrência com o latifúndio produtor de charque no Rio Grande do Sul [...]. De uma mesma família, não poderia haver mais de um proprietário de terras, como fica bem claro no regulamento de 1900 em que a política colonizadora da província tinha, entre outros, os seguintes objetivos: 1) Evitar a concentração da propriedade, proibindo a concessão de mais de um lote a uma mesma pessoa e a transferência das glebas antes da totalização de seu pagamento; 2) as áreas deveriam ser efetivamente exploradas; 3) O colono deveria morar no seu lote de terras explorando-o pessoalmente ou através da mão de obra familiar. (WERLANG, 1991, p. 30-31).

A vinda dos imigrantes propiciou o surgimento de uma agricultura diversificada e com base na mão de obra familiar. Além disso, houve a implantação de técnicas diferenciadas de manejo do solo e das plantas e o nascimento de um formato de organização comunitária. A colônia de Santo Ângelo também é apontada como pioneira na produção de arroz irrigado na Província do Rio Grande.

> A Colônia Santo Ângelo despontou como primeira produtora de arroz irrigado da província. Posteriormente, foram utilizadas em larga escala nas várzeas do Rio Jacuí, máquinas à vapor (Dampfbetrieb) e bombas para irrigação, além de trilhadeiras e descascadores (Reischalmaschine) importados pela Bromberg & Cia., da Alemanha [...]. Essa produção ampliou a riqueza entre os proprietários das lavouras, casas

---

[76] A produção industrial do charque, ou carne seca, data de 1780 e foi, até 1935, foi a principal fonte de renda do Rio Grande. Portanto, a criação de gado era a atividade mais lucrativa. A produção era feita em grandes latifúndios e, até 1888, através da utilização da mão de obra escrava. O governo da Província precisava importar: arroz, açúcar, vinho, aguardente e outros. Nesse contexto, o governo pretendeu aumentar a produção agrícola, através da colonização, preenchendo, assim, os grandes vazios populacionais pelo interior do Rio Grande do Sul (WERLANG, 1991, p. 16).

> de comércio, transportadores, moinhos, entre as pequenas manufaturas como a fundição de Gerdau. (FROËHLICH *et al.*, 2008, p. 165).

Constatamos o papel estabelecido aos colonos que chegaram na região pesquisada, que era o de produzir alimentos de forma diversificada, papel que se destaca até os dias atuais e que pode ser caracterizado como uma agricultura de resistência aos fatores exógenos trazidos pela Revolução Verde.

Outrossim, há autores que discordam que a necessidade da diversificação produtiva da produção de alimentos tenha sido o motivo para o incentivo de doação das terras para imigrantes europeus. Fulgêncio (2014) defende que a concepção do problema de escassez de mão de obra nos primeiros anos da República foi uma justificativa encontrada para solucionar a necessidade do *branqueamento* da população.

Isso deveria ocorrer por meio da "melhoria da qualidade étnica da população local por meio de um processo de miscigenação [...] paradigma adotado pela inteligência nacional da época", com base em doutrinas raciais recebidas da Europa, criou-se a "teoria do branqueamento[77] especialmente para dar solução à realidade brasileira de uma população altamente miscigenada" (FULGÊNCIO, 2014, p. 203-204), em uma demonstração racista que estrutura a desigualdade neste país até os dias de hoje.

O fato de as terras estarem nas mãos dos colonos não impediu que o capital engendrasse formas de lucrar sobre a força de trabalho do campesinato imigrante, conforme elaborado anteriormente. Ao vislumbrar a dinâmica da cadeia integrada do tabaco, observamos que ela trouxe uma dicotomia entre o que se produz para vender e o que se produz para comer, causando uma desestrutura no modelo camponês tradicional, causando, além da dependência econômica, o fim da autonomia do trabalho e da produção, bem como um desestímulo aos jovens que, nessa situação, não querem permanecer na roça. E *"não ter a juventude no campo, com certeza faz reduzir a entrada de militantes também nos movimentos sociais campesinos"* (E5, fev. 2021).

A ausência da juventude no meio rural dá-se em todas as regiões do país, do Sul ao Norte. Como a grande maioria do campesinato vive em áreas de assentamentos e acampamentos, no norte a situação é mais grave ainda com a incerteza da permanência na área, como relata-nos o jovem camponês E7:

---

[77] Para mais informações sobre a temática, consultar o artigo de Rafael Figueiredo Fulgêncio, "O paradigma racista da política de imigração brasileira" (FULGÊNCIO, 2018).

> *A gente fez algumas atividades algumas reuniões para conversar com a juventude e desde aquela época, ainda continua. A gente tem poucas juventudes nos acampamentos aqui, por exemplo, a maioria são homens né, tem uma grande maioria homens, solteiros e de 60 anos pra cima. Essa é a realidade aqui. Acho que de 40 famílias, na época eu tinha esses dados, de 40 famílias ali no Monte Cião, quase 16 ou mais era nesse perfil aí, de homem solteiro, de 40 ou 50 anos. Os outros tinham família, mas viviam no lote e a família em outro lugar. Por exemplo, o A. era uma pessoa assim que vivia. Então era um diagnóstico que a gente tinha feito, de muita dificuldade, de porque essa juventude não está no campo. Porque não tem acesso à educação, o acesso à educação é muito precário, uma área distante, não tem assim o carro para levar para a escola. Muitas das vezes a questão da moradia, por essa incerteza de permanecer ou não, ela é muito insalubre né, aí a juventude tendo a oportunidade de ter uma casa na área rural muitas das vezes acaba por não optar por acompanhar o pai né. (E7, fev. 2021).*

Em contraponto, atualmente, os assentamentos da reforma agrária são os maiores produtores de arroz irrigável agroecológico da América Latina[78]. Essa produção tornou o estado do RS o maior produtor de arroz sem venenos. Regionalmente, o MST faz movimentar cerca de 7 milhões de reais por ano, só no município de Nova Santa Rita, na Região Metropolitana de Porto Alegre, reflexo da produção e da comercialização do arroz produzido no município.

Referente à área rural, o censo agropecuário (2017) apontou que houve uma diminuição da área no RS, comparando com as décadas de 1970, 1980 e 1990, tanto em hectares quanto em quantidade de propriedades, conforme podemos visualizar a seguir:

Tabela 9 – Modo de utilização das terras rurais no estado do Rio Grande do Sul

Modo de utilização	1970	1985	1996	2006	2017	2017%
Lavouras totais	4.978.173,0	6.592.085,0	6.241.663,9	6.954.939,0	7.847.180,0	36%

---

[78] De acordo com a matéria da revista Globo Rural (2019), o Rio Grande do Sul lidera a produção de arroz orgânico.

Modo de utilização	1970	1985	1996	2006	2017	2017%
Matas e florestas naturais	1.725.837,0	1.664.612,0	1.881.493,0	2.072.504,0	2.507.236,0	
Matas ou florestas plantadas	245.764,0	567.848,0	630.138,0	777.221,0	918.269,0	16%
Pastagem total	14.634.986,0	12.963.460,0	11.680.324,7	9.243.112,0	9.141.752,0	42%
Total área rural	21.584.760,0	21.788.005,0	20.433.619,6	19.047.776,0	20.414.437,0	
outros					1.229.732,0	6%
						100%

Fonte: arquivos de imagens do Coletivo de Mulheres do MPA/RS

Dos dados apresentados, podemos avaliar dois fatores para essa redução: o primeiro é o aumento de matas e florestas plantadas, principalmente de eucalipto, em grandes áreas de monoculturas. O segundo fator deu-se pela urbanização que avançou sobre as áreas rurais.

Gráfico 8 – Redução de propriedades e hectares para a produção agrícola no RS

Fonte: elaborado pela autora a partir do Censo Agropecuário 2017. (BRASIL, 2017)

Ao contrário do estado do Pará, no Rio Grande do Sul houve redução na área utilizada para criação de gado e, consequentemente, para pastagens conforme verificamos:

Gráfico 9 – Produção de gado e lavouras dedicadas para a pastagem no estado do RS

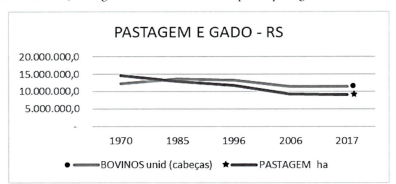

Fonte: elaborado pela autora a partir do Censo Agropecuário 2017. (BRASIL, 2017)

Embora haja redução da área total, houve aumento nas lavouras totais no RS, nas décadas seguintes, a partir de 2000, como podemos observar a seguir:

Gráfico 10 – Aumento nas lavouras totais no estado do Rio Grande do Sul

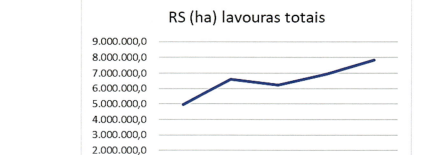

Fonte: elaborado pela autora. Dados: Censo Agropecuário 2017 (BRASIL, 2017)

As entrevistas com as famílias do RS demonstraram um contraponto ao agronegócio, pois rompem com a lógica da monocultura e com as formas de produção a ela associadas. Todavia, não há trabalho fácil, tampouco romantização do trabalho das famílias camponesas que produzem de forma agroecológica, é trabalho penoso, em propriedades íngremes, pedregosas, com pouca mão de obra e sem recursos e tecnologias necessárias, que poderiam reduzir a penosidade do trabalho, conforme afirma o casal de camponeses (E3; E4) do RS:

> *E4: É, ele é um trabalho sacrificoso, mas ao mesmo tempo é gratificante. Sacrificoso porque é um trabalho braçal, que nós, os camponeses temos pouca estrutura então, é no cabo da enxada, no cabo do arado, então tu não tens uma estrutura que facilita o trabalho braçal.*
>
> *E3: não tem tecnologia apropriada pra nós, né?*
>
> *E3: e quando existe é muito caro, os pequenos não têm acesso, não têm condições financeiras de adquirir. Mas ao mesmo tempo é gratificante porque você se liberta, se liberta de um pacote tecnológico. Sai de uma cadeia de integrado que as pessoas ficam refém das grandes empresas, a gente tem a liberdade de ir pra roça a hora que a gente quer, tomar um chimarrão a hora que quer, ir na casa do vizinho a hora que quer, parar de trabalhar a hora que tu queres e gratificoso porque tu vês quando trata os porcos, tira leite, lida com as galinhas, quando tu dá uma enxadada na terra e salta minhoca pra cima, então que ali existe vida. Então, por mais sacrificoso que é, essas coisas todas recompensam o trabalho e mostra que é bom porque muita gente que não tem acesso a isso que nós estamos fazendo, gostariam de ter, mesmo não conhecendo isso, porque muitas pessoas acabam tendo acesso a um alimento de qualidade, muitos agricultores não têm condições a ter uma produção dessa forma, mas no fundo se pudessem fazer eles fariam né, porque isso é uma coisa que faz bem e faz bem de um modo geral, para as famílias que dependem dessa produção. (E3; E4, jan. 2020).*

O dia de trabalho começa muito cedo, em dias de feira, 3h30, 4h da manhã, nos demais dias 5h30, 5h45. As diferentes tarefas abarcam: plantar as diversas produções, colher e organizar os produtos para a feira, capinar nos canteiros, alimentar dos animais, tirar leite, organizar a produção para a comercialização, fazer os pães e cucas, queijo, kombucha, limpar as hortas, preparação da terra para os próximos cultivos, replantar o que a seca matou ou os bichos e insetos comeram, fazer podas e raleios, selecionar as sementes crioulas, somando-se, ainda, todo o trabalho reprodutivo.

As famílias entrevistadas ainda realizam assessoria em extensão rural e foi possível acompanhar dias de campo, onde trocam conhecimentos sobre agroecologia, trocam plantas, sementes, receitas, mobilizam para a diversificação produtiva, contrapondo à lógica de monocultura da região e demonstram, na prática, que é possível se desvencilhar da monocultura e cadeia de fumo. O casal (E3; E4) conta um pouco do que produzem na propriedade:

E3: (suspiro profundo)... Meu Deus, quanta coisa... A gente está com uma propriedade bastante diversificada, temos uma gama grande de diversificação, são 25 hectares, tem 5 ha de lavoura e o restante é reserva ambiental. Vou falar das hortaliças e T fala das culturas anuais. Temos uma gama grande de hortaliças, plantas medicinais. Então nas hortaliças a gente tem: tomate, couve, brócolis, abóbora, moranga, mogango, feijão de vagem, cenoura, beterraba, radite, azedinha, pepino, rabanete, beringela, abobrinha, feijão de vagem, serralha, bertalha, peixinho da horta, beldroega e mais de 50 variedades de plantas medicinais só ao redor da casa. Aí tem mais os animais, a gente tem porco de raça crioula (mouro faixa branca) criados na cama, que daí a gente já tem o próprio adubo, as galinhas caipiras da raça indiana, criadas soltas. Temos a nossa vaquinha, Jersey e temos uma bezerrinha agora. E das culturas anuais E4?

E4: milho pro consumo, milho verde que vai para as feiras, pro trato dos animais. A gente trabalha só com milho crioulo, trabalhamos com a própria semente. Trabalhamos também com feijão crioulo, nós temos oito variedade de feijão na propriedade onde a produção é pro consumo, pra renda nas feiras e também nós guardamos a própria semente e distribuímos para as famílias que não tem. Também produzimos mandioca, batata doce, cebola, alho, "catofla" que batatinha, que os alemão dizem catofla (risos).

E3: temos também cana de açúcar, inhame, Caará da terra, açafrão, gengibre, yacon. E temos também agora um pomar de frutíferas com goiaba nativa, gravatá, ananá, e a gente implantou bananeiras, citros e agora nesse ano que passou a gente ganhou da EMBRAPA um quintal com 50 espécies de frutíferas exóticas e que ao longo de 12 meses é pra ter e a gente comprou mudas de goiaba paloma e figo. Então, plantado tem bastante frutíferas, mas que ainda não estão produzindo. (E3; E4, fev. 2020).

São vulnerabilidades que se apresentam do sul ao norte com algumas especificidades. Na região central do RS, ocorrem os maiores embates com as transnacionais do tabaco, disputando espaço, terras e vidas com a monocultura do fumo . Essa região registra 23% dos casos gerais de suicídios do Brasil. As principais causas respondem a um conjunto de fatores relacionados, principalmente, com o endividamento bancário, com as "firmas" de fumo e com a depressão acometida pela contaminação do sistema nervoso central no contato direto com os agrotóxicos nas diferentes etapas de produção da safra de fumo. Endividados, doentes, e considerando a si mesmos como a causa da "derrota", dão fim a própria vida.

Há intencionalidade política em todas as ações, na produção, na comercialização, nos dias de campo, nas trocas presenciais, nas mídias organizadas pelos militantes sociais, na organização das unidades de produção camponesa, nos coletivos, entre outros. A intencionalidade política perpassa também pelo ensejo de exterminar todas as formas de desigualdade de gênero encontradas em todos os segmentos da sociedade, que encontra a pauta principal do Coletivo de Gênero do MPA/RS. Com esse mesmo intuito, trazemos a experiência da Unidade de Produção Camponesa Harmonia – Feminismo e Agroecologia.

A seguir, há um relato de experiência, com imagens, que ajudam a contar as histórias de trabalhos conscientes, com intencionalidades políticas que contribuem com fissuras nas velhas estruturas, favorecendo o nascimento do novo e a superação do sistema capitalista.

5.4.2.1 Igualdade de gênero na mobilização social: o Coletivo de Gênero do Movimento dos Pequenos Agricultores – MPA/RS

O campesinato nasce das velhas estruturas que também forjaram o sistema capitalista; daí partem as contradições que também enfrentamos e que se tornam barreiras para o avanço das organizações coletivas. Romper com a desigualdade de gênero é desfazer as estruturas de exploração e expropriação que foram engendrados para servir ao acúmulo da propriedade privada e do capital no capitalismo, conforme descreve Engels (1982, p. 3):

> Contudo, no marco dessa estrutura da sociedade baseada nos laços de parentesco, a produtividade do trabalho aumenta sem cessar, e, com ela, desenvolvem-se a propriedade privada e as trocas, as diferenças de riqueza, a possibilidade de empregar força de trabalho alheia, e com isso a base dos antagonismos de classe: os novos elementos sociais, que, no transcurso de gerações, procuram adaptar a velha estrutura da sociedade às novas condições, até que, por fim, a incompatibilidade entre estas e aquela leva a uma revolução completa. A sociedade antiga, baseada nas uniões gentílicas, vai pelos ares, em consequência do choque das classes sociais recém-formadas; dá lugar a uma nova sociedade organizada em Estado, cujas unidades inferiores já não são gentílicas e sim unidades territoriais — uma sociedade em que o regime familiar está completamente submetido às relações de propriedade e na qual têm livre curso as contradições de classe e a luta de classes, que constituem o conteúdo de toda a história escrita, até nossos dias. (ENGELS, 1982, p. 3).

Ao longo do tempo, nas atividades desenvolvidas pelo MPA no RS, passamos a observar as mulheres na agricultura, suas vidas, suas lutas e a sua participação na mobilização social e percebemos que sua participação consistia, na grande maioria, em ficar na propriedade cuidando de tudo para que seus maridos e pais pudessem participar da organização política.

O MPA compreendeu a importância de ter um espaço específico de debate para as mulheres nos mais diversos temas que se relacionam com a desigualdade de gênero e que esses espaços transcenderam para a totalidade do Movimento, a fim de promover debates, reflexões e ações que contribuam para a superação da sociedade patriarcal, do machismo e de todas as formas recorrentes da opressão das mulheres da classe trabalhadora. Em 2005, a partir das demandas de equidade, foi organizado o primeiro encontro das Mulheres no MPA/RS, no município de Palmeira das Missões, no norte do estado do RS. A partir desse encontro, foram destacadas as primeiras companheiras dirigentes que iriam compor a direção do Movimento.

Imagem 1 – Primeiro encontro das Mulheres do MPA/RS-2005

Fonte: arquivo do Coletivo de Mulheres no RS

O Coletivo de Gênero do Movimento dos Pequenos Agricultores – RS inicia no ano seguinte, em 2006, e foi criado para trabalhar, discutir e refletir sobre a desigualdade de gênero que transversa todos os segmentos da sociedade, com objetivo, também, de ampliar a participação das famílias, de fortalecer o papel das mulheres na participação social e na mobilização dentro das estruturas do Movimento, bem como nos espaços de decisão.

Originar-se desde a região de Santa Cruz do Sul/RS foi tático para fazer frente à dominação e exploração do capital transnacional na região por se tratar do berço da atuação das transnacionais do tabaco e, rapidamente, avançar para regiões de produção integrada do frango, de suínos, da soja e do leite. A orientação principal era debater as relações de gênero e a geração de renda para as famílias, principalmente pelo fato de as mulheres cuidarem das criações e das miudezas que vão para a mesa da família, para fomentar a diversificação da propriedade e, consequentemente, melhorar a renda.

As palavras grifadas acima são comumente pronunciadas. Criação confunde-se com a criação dos filhos, mas refere-se ao trabalho com os animais: galinha, porcos, vaca de leite. Miudezas vêm de miúdo, pequeno, e refere-se à produção que não está na lavoura onde está a produção que denominam de "carro-chefe", que é de onde provém a maior parte da renda bruta familiar, a partir de sistemas integrados de produção. Essas miudezas perfazem uma diversidade enorme de alimentos.

As próprias mulheres foram protagonistas na criação do grupo, que logo compreendeu a necessidade da participação dos companheiros nesses espaços de formação conjunta, inserindo, igualmente, várias parcerias e assessorias. Os primeiros trabalhos desenvolvidos relacionavam-se com o estudo das plantas medicinais, com criação de hortos e espirais medicinais, com a reflexão crítica sobre as monoculturas com o modelo de produção atual, o endividamento e o impacto desse modelo na vida de todas e todos.

Imagem 2 – Trabalho no horto medicinal, plantio, troca de mudas e de conhecimentos, elaboração do "Relógio do Corpo Humano", em agosto de 2008 – Santa Cruz do Sul/RS

Fonte: arquivos de imagens do Coletivo de Gênero do MPA/RS

A primeira experiência de comercialização ocorreu em 2009, há 12 anos e contou com uma produção a partir das plantas medicinais: tinturas, sementes; mas também bolsas, doces, pães, lanches, sucos, compotas, conservas, queijo e artesanatos, para as feiras e, principalmente, para as festas relacionadas à agricultura camponesa. Nem toda a produção tinha objetivo comercial, especificamente.

Imagem 3 – Exposição dos produtos fitoterápicos em feiras, em Frederico Westphalen/RS, 2009

Fonte: arquivos de imagens do Coletivo de Mulheres do MPA/RS

As trocas frequentes objetivavam a auto-organização das mulheres, mas também o resgate de uma prática muito comum no campesinato. Estas ocorreram concomitante aos atos de denúncias em várias regiões do RS: Região Vale do Rio Pardo, Região Celeiro, Região do Médio e Alto Uruguai e Região do Vale do Taquari. Nos atos de mobilização e resistência ocorrem as denúncias, mas também o anúncio do projeto societário pelo qual lutamos.

Imagem 4 – Feira realizada em Santa Cruz do Sul em março de 2013, com produção agroecológica e artesanato

Fonte: arquivos de imagens do Coletivo de Mulheres do MPA/RS

Após 15 anos e várias avaliações e reflexões, compreendemos que aquelas primeiras práticas de comercialização e de trocas foram fundamentais e serviram para o acúmulo no processo de mobilização e de organização das feiras agroecológicas no estado. A diversidade de alimentos nas feiras são simbologias das lutas do campesinato. Ao passo que havia a denúncia da exploração da monocultura do tabaco, da soja, do leite, do frango, do endividamento, da falta de políticas públicas para o campesinato, da falta de estruturas em seus territórios, anunciávamos a diversidade da produção camponesa com feiras nas praças centrais, com grande visibilidade, organizando bancas enormes cheias de fartura, de alimentos agroecológicos.

Atualmente, essas feiras, juntamente à organização de grupos de consumidores/as e produtores/as, são fontes de renda daqueles e daquelas que se desvencilharam da integração com o capital e que, concomitantemente com a luta por soberania alimentar, contribuem para a autonomia social, produtiva e econômica das famílias.

Desde o princípio desse Coletivo, compreendemos a importância da formação como um dos objetivos principais, para a reflexão do modelo de agricultura vigente e do modelo de agricultura que se queria construir, considerando a natureza, a biodiversidade, que fosse capaz de manter as futuras gerações e, sobretudo, que refletisse sobre as questões do campesinato, em um comparativo com os processos de cultivo e da própria vida, de antes e depois da Revolução Verde: como viviam, como se alimentavam, como eram as suas relações sociais, como produziam e como todos os aspectos da vida foram mudando a percepção e a autonomia na agricultura.

Isso posto, percebemos a importância de resgatar conhecimentos esquecidos no decorrer da história, pois a maioria desses conhecimentos sempre foram transmitidos por meio da oralidade, não havendo registros escritos. Foi nesse processo que despontou a necessidade do resgate em torno da utilização das plantas medicinais que foram fundamentais em um período histórico, quando ainda não havia produtos fármacos e que se dependia totalmente do conhecimento da natureza. Durante muitos anos, as plantas medicinais foram o fator mobilizador desse Coletivo e isso acrescentou um capítulo lindo de pura identidade camponesa e indígena, com um profundo olhar sobre a natureza e todas as possibilidades que ela oportuniza de forma sustentável para o futuro da humanidade.

Os encontros envolviam um trabalho prático no horto medicinal e um teórico sobre assuntos relacionados com a pauta da diversificação da produção e da soberania alimentar. Essa metodologia também acumulou para o trabalho de ATER (atividades técnicas de extensão rural) que, atualmente, são desenvolvidas pelo Movimento por meio de suas cooperativas.

Na perspectiva inconteste de transformar a realidade, as atividades extrapolaram os fatores mobilizadores utilizados na sua origem, convergindo para os processos políticos de participação e emancipação, autonomia na produção de alimentos para autoconsumo, comercialização e organização de feiras para geração de renda, para a reivindicação de direitos sociais e fundamentais, para a sustentabilidade ambiental, chegando à temática da violência contra as mulheres.

A pauta da violência foi trazida, de forma espontânea, por uma companheira que se sentiu acolhida para fazer um relato do que havia passado em sua vida durante anos. A partir de então, essa pauta nunca mais saiu do Coletivo de Gênero do MPA. Compreendemos que a participação das mulheres e o fato de estarmos somente entre companheiras possibilitou um contexto propício para que viessem à tona situações que só poderiam ser apresentadas por elas e que foram desveladas por necessidade de denunciar e de cessar uma das formas mais cruéis de domínio dos corpos: a violência física. Quando esta ocorre, inúmeras outras já a antecederam ou ocorrem concomitantemente: violência psicológica, moral, patrimonial, sexual.

Como resposta a essa situação, passamos a ocupar espaços nos conselhos municipais e estaduais do Conselho dos Direitos das Mulheres, como forma de pensarmos, conjuntamente, essa expressão da questão social na particularidade das camponesas.

Imagem 5 – Eleição do CMDM de Santa Cruz do Sul/RS – 2014

Fonte: arquivos de imagens do Coletivo de Mulheres do MPA/RS

Chauí (2000, p. 89) atenta para as formas que a desigualdade assume, que pode ser pela opressão física e/ou psíquica; na divisão social das classes, essas formas são naturalizadas por um conjunto de práticas que "ocultam a determinação histórica ou material da exploração, da discriminação e da dominação, e que, imaginariamente, estruturam a sociedade sob o signo da nação una e indivisa". As primeiras reflexões foram no sentido de identificar e desnaturalizar as várias expressões, da violência, que perpassam a vida das mulheres, que já passaram ou vivenciaram a partir situações enfrentadas por elas e/ou por suas mães, avós, bisavós.

Utilizamos várias metodologias: rodas de conversa, seminários com vários dias de encontro, intercalamos regiões e municípios, fazendo cada atividade em uma região do interior para ter acesso ao maior número de camponesas. Acionamos o estado do RS, à época o Governador Tarso Genro (PT), para a disponibilização do ônibus lilás, que nos auxiliou e chegar nos mais distantes territórios com uma equipe qualificada. Era também uma simbologia da luta contra a violência e passou a estar presente nas atividades coletivas.

Imagem 6 – Algumas atividades do Coletivo de gênero em diferentes regiões do RS – Ibirubá, Frederico Westphalen, Vera Cruz e Santa Cruz do Sul

Fonte: arquivos de imagens do Coletivo de Mulheres do MPA/RS

A metodologia do Teatro do Oprimido (TO) foi muito útil e possibilitou tratarmos de assuntos sensíveis a todas, abordando as diferentes formas de violência: violência física, psicológica, patrimonial, estupro no **casamento, até a questão do endividamento no sistema de integrados.**

Imagem 7 – Atos de mobilização pelo Dia Internacional de Luta das Mulheres em Santa Cruz do Sul, no Pavilhão Central do parque da Oktoberfest - Temática: "Violência contra a mulher não é o mundo que a gente quer". Metodologia: TO

Fonte: arquivos de imagens do Coletivo de Mulheres do MPA/RS

A etapa seguinte consistiu em identificarmos a rede de proteção das mulheres, nos vários municípios e fortalecermos as denúncias junto às delegacias. Quanto mais dávamos visibilidade aos processos de denúncias, mais obstáculos iam aparecendo: delegacias que não tinham atendimento especializado para atender as denúncias de violências; o sinal de celular que não chegava no interior, em muitos lugares ainda não chega, para que a mulheres pudessem ligar 190 ou discar 100 em tempo de salvar suas vidas ou de familiares; o registro das mortes de mulheres causadas pelos maridos ou ex-maridos, que entrava na seara comum dos homicídios, invisibilizando o feminicídio; um percentual enorme de indeferimentos dos pedidos de medidas protetivas por parte dos juízes; a falta de delegacias da mulher; a falta de Casas de Acolhimento e Passagem para mulheres vítimas de violência e para seus filhos e filhas que necessitam se afastar do agressor para não morrerem; entre outros. Tudo isso causava uma subnotificação das violências por medo e por deficiência de uma rede que não as protegia de fato.

Imagem 8 – Atos de mobilização pelo Dia Internacional de Luta das Mulheres – Fórum na Comarca Regional de Santa Cruz do Sul – Tema mobilizador: indeferimento dos pedidos das medidas protetivas e a falta de atendimento especializado nas delegacias da região

Fonte: arquivos de imagens do Coletivo de Mulheres do MPA/RS

A partir dessas demandas, nos anos que seguiram, a pauta da violência passou a fazer parte, conjuntamente, com as pautas da totalidade do campesinato, ocupando o mesmo espaço das denúncias contra o agronegócio. Muito se avançou entre 2006 e 2016 no Brasil, mas, a cada ano que passa, a partir de então, vemos o desmonte das políticas públicas conquistadas pela luta do povo organizado. Atualmente, há Coletivos Estaduais de Gênero nas diversas regiões do país onde existe MPA organizado, com companheiras contribuindo de diversas formas, em diferentes frentes de lutas que vertem no Coletivo Nacional de Gênero do MPA. Cabe ressaltar que em 31 de março de 2023, foi inaugurado o Juizado da Violência Doméstica e Familiar Contra a Mulher, cuja luta tem participação direta do Coletivo de Gênero do MPA.[79]

Ao longo da luta coletiva, com muito estudo, muita prática e com a práxis articulando os passos da caminhada coletiva, fomos acumulando e construindo, enquanto Mulheres da Via, nos vários movimentos que a compõem, o feminismo que nos acolhia na perspectiva camponesa e popular: O Feminismo Camponês e Popular[80].

Importante salientar que O Coletivo de Mulheres do MPA/RS nasceu das lutas e das mobilizações integrado aos movimentos sociais populares da Via Campesina, compondo as "Mulheres da Via". Essa integração deu-se desde a origem e com o *batismo na luta coletiva das mulheres*, que, já em 2006, realizaram um ato de denúncia no Horto da Aracruz Celulose.

Sobre esse ato específico, podemos afirmar que foi um marco, não só, pela data do 8 de março, que era comemorado e que passou a ser reafirmado como um dia de luta das mulheres, mas também porque passou a integrar a luta contra o capital internacional, denunciando suas consequências sobre as comunidades rurais do país, com consequências diretas na questão agrária brasileira. Sob os gritos de ordem *"onde o deserto verde avança, a diversidade é destruída*[81]*"*, as mulheres escancararam para o mundo uma das faces perversas do sistema capitalista, agindo diretamente sobre a vida dos camponeses e camponesas e dos povos originários. Um ato severamente punido, questionado e criminalizado, que, no entanto, deu voz e vez a novos sujeitos sociais políticos: as Camponesas.

---

[79] Após 10 anos de luta, Santa Cruz do Sul terá Juizado da Violência contra a Mulher (Brasil de Fato, 2023).

[80] Reconhecemos a existência de muitos Feminismos e de sua contribuição histórica. No entanto, nos posicionamos como mulheres feministas com a consciência de que a igualdade substantiva nas relações de gênero não é possível ser alcançada plenamente nos marcos do capital. Lutamos pela destruição de todas as formas de dominação e de exploração deste nefasto modelo. Da mesma forma, defendemos que é na luta pela construção de uma nova sociedade para além dos marcos do capital, que as desigualdades de gênero devem ser enfrentadas. A luta pela emancipação das mulheres tem que estar lado a lado da luta pelo fim da propriedade privada, pelo direito à Terra e ao Território, pela Reforma Agrária, contra as transnacionais, contra os transgênicos, contra os agrotóxicos, pelo fim das mineradoras etc. Uma mudança estrutural não representa uma alternância de poder. Ela deve ser portadora de uma sociabilidade que precisa ser construída na realidade objetiva que vivemos, mesmo que a efetivação plena do processo de emancipação ocorra sob outro contexto" em FEMINISMO CAMPONÊS E POPULAR, Texto para a V Assembleia de Mulheres da CLOC/Via Campesina, março de 2015.

[81] Para mais informações sobre esse ato histórico, é possível acessar o documentário "Rompendo o Silêncio".

Imagem 9 – Ato de mobilização pelo Dia Internacional de Luta das Mulheres no Horto da empresa Aracruz Celulose, em Barra do Ribeiro em março de 2006

Fonte: disponível em: http://noticias.terra.com.br/. Acesso em: 22 maio 2021

São muitos desafios que atravessam a vida das camponesas: a precariedade no acesso à água, estradas que inviabilizam, cada vez mais, o escoamento da produção, a falta de fomento à agricultura camponesa, o desmonte dos direitos fundamentais e sociais de saúde, educação, cultura e seguridade social e, tudo isso, costurado pela desigualdade de gênero. A expropriação e exploração acirram-se sobre os corpos das mulheres e, de forma mais feroz, sobre as mulheres negras e indígenas. Quiçá, um dia, todas sejamos livres e tenhamos autonomia para pensar, agir e sonhar, como nos faz esperançar a companheira E5 (fev. 2021):

> *A minha família é uma família matriarca, então são mulheres, tu conhece M., tu conhece mãe, tu conhece eu, então é nesse nível, desde a bisavó que morreu com 100 anos, a outra minha bisavó morreu com quase 100 anos. Foram mulheres que se forjaram na vida, pela necessidade porque elas ficaram todas sozinhas com muitos filhos para criar. Então a nossa educação ela vem daí e passamos por muitas coisas. As famílias vão se construindo e reconstruindo, vai entrando outras pessoas, outras formações. Mas a minha vó paterna também foi assim. Então por mais que meu pai seja machista até porque não tem como não ser, nessa sociedade, já desconstruímos muita coisa nele, por ter na casa 3 mulheres militantes feministas. Mas, a gente consegue ter esse olhar e dizer: "poxa, quantas mulheres a gente gostaria que tivesse essa compreensão e liberdade que nós temos: de pensar, de fazer, de agir e de sonhar!*

Produzir alimentos agroecológicos implica disputar o poder econômico e político na perspectiva da soberania nacional, da formação sócio-histórica que expropriou a terra para manter privilégios, mas que deixou nos territórios a marca da luta de classes por melhores condições de vida e de trabalho, que perpassa pelas infraestruturas, por acesso aos serviços básicos, pela educação, pela comunicação, pelo direito ao trabalho e à vida digna e por relações que não sejam atravessadas pelo capital.

Por fim, lutamos e acreditamos na agroecologia como uma das formas de superação do capital sobre a produção de alimentos[82], que faz verter consequências nos territórios rurais e urbanos, que une a classe trabalhadora do campo e da cidade, mas que encontra limites quando esbarra na desigualdade de gênero, visto ser a camponesa a maior incentivadora e incrementadora desse sistema nas propriedades.

Nesse sentido, reafirmamos que *sem feminismo não há agroecologia* (CHIMINI, 2015) e que na medida em que avançamos na compreensão da nossa condição enquanto classe trabalhadora, em um país de economia dependente e cuja história do continente foi construída sobre o escravismo e o genocídio dos povos originários, também afirmamos com força que *com o Feminismo, construímos o Socialismo!* Há muita luta ainda por fazer e uma história de justiça social para construir, avante!

5.5 Produção e reprodução do campesinato: tensionamentos, contradições, desafios e superação

A questão agrária é dinâmica e permeada de contradições e correlações de forças. Nesse item, encaminhamo-nos para finalizar as várias categorias, contextos, conjunturas, teorias e experiências que deram movimento ao objetivo geral que enseja dar visibilidade ao campesinato na luta de classes.

Isso significa, igualmente, considerar o campesinato a partir das contradições que se manifestam nas lutas sociais, mas, essencialmente, compreender que o campesinato existe, resiste e constitui-se enquanto força contra-hegemônica frente ao avanço do capital no Brasil. Estamos de acordo com Costa (2018), que aborda com profundidade sobre a questão agrária na qual o campesinato se constitui.

---

[82] De acordo com um artigo do site De Olho nos Ruralistas, a agroecologia pode alimentar o mundo, mas ainda falta investimento (De Olho nos Ruralistas, 2023).

> De modo geral, ao tratar da Questão Agrária e buscar compreender o campesinato, significa levar em consideração a multidimensionalidade de processos econômicos e políticos a que estes seres sociais/trabalhadores estão expostos. E, a partir da totalidade concreta busca compreender as mudanças desencadeadas no mundo pelo avanço do modo de produção e suas crises, mas sobretudo, considerar o campesinato a partir das contradições objetivas manifestas na correlação de forças – materiais e políticas –, nas lutas sociais e, portanto, como estes fazem o processo de ocupação do território material e estão inseridos nas relações objetivas da infraestrutura e superestrutura que lhes garante permanência na sociedade. (COSTA, 2018, p. 197).

A perversidade desse sistema, associada ao estado, recai sobre o rural brasileiro e aumenta *suas ondas* na medida em que avança sobre as cidades, chegando com mais força nas periferias; vai deixando um rastro de destruição. A fome no mundo, a falta de alimentos, a falta de água potável, a destruição ambiental, o aquecimento global, a pandemia do Coronavírus e outros fatores dialogam, diretamente, com o campesinato, na sua missão de produzir alimentos de forma agroecológica, na defesa da terra para agricultura camponesa familiar, na prioridade da produção de alimentos para a soberania alimentar.

A missão do campesinato de produzir alimentos contrapõe-se ao que a sociedade capitalista reservou para essa classe. Historicamente, como demonstrou Shanin (1980), os camponeses foram marginalizados, bem como a agricultura que praticam foi diminuída e desmerecida dentro da economia nacional, sendo considerada atrasada. Essa desvalorização tem relação direta com o papel do campesinato dentro do neoliberalismo, que se reproduziu por meio da figura do camponês atrasado, cabível de ser explorado.

A família camponesa não mora (ou morava) em casas de chão batido e utiliza (ou utilizava) patentes (banheiro de madeira precário e sem saneamento básico e escoamento de suas necessidades e higiene, sem luz) por ser contra a tecnologia ou por agradar-lhe essa subcondição. O primeiro programa de moradia para o meio rural ocorreu somente 502 anos (MPA, [201-a]) após a invasão do Brasil. Novamente por força, pressão e organização dos movimentos sociais populares do campo brasileiro, em 2002, foi criado o Programa de Moradia Minha Casa Minha Vida Rural – PNHR. Para resistir é necessário ficar na roça e, para isso, são necessárias condições dignas. Casa para a família camponesa nunca foi sinônimo de "luxo" ou de bem suntuário, é direito e garante o mínimo de dignidade (Apêndice VIII – Programa Moradia Camponesa – antes e depois da casa nova). O casal (E1; E2) relata-nos a preocupação dos jovens não acessarem os programas que vinham sendo operacionalizados até 2016 e as consequências dos desmontes que se deram a partir de então:

> E2: é muito preocupante, não por nós, porque nós estamos em fim de carreira...
> E1: Os jovens né? quem vai plantar daqui uns tempos a comida... ninguém tem mais incentivo de ficar;
> E2: essas políticas públicas eram garantia pro filho do produtor ficar na roça, imagina, ganhar uma casa, isso ajuda né? não é fácil, e que tem todo o conforto.
> E1: com o mínimo de condições humanas né? tem casas que dá medo de olhar...
> E2: a facilidade dos acessos a financiamentos, máquinas dentro da lavoura, Pronaf...Mais alimentos...
> E1: pra mim são dois extremos! (E1; E2, jan. 2020).

A desvalorização do rural e das questões que estão implicadas nesse território, inclusive sua resistência, foram amplamente desvalorizadas e consideradas atrasadas, como parte da dinâmica de avanços do capital sobre o campo, como parte de um processo de desvalorização da identidade camponesa e de sua produção, resultado do seu trabalho. Certa vez, enquanto a pesquisadora atuava como técnica de assistência técnica rural – ATER, em um projeto com objetivos de organizar e multiplicar bancos de sementes crioulas, atentamos para um diálogo entre dois camponeses:

> Deixa de ser bobo, é claro que vão dizer que teu porco dá colesterol e entope as veias do coração, assim tu vai acreditar que ele é ruim e eles vão poder pagar centavos pelo quilo da carne, depois esse mesmo porco tu não compra por menos de quinze reais o quilo no mercado. [obs.: hoje no mercado, não se encontra por menos de R$ 30,00] (ATER Sementes Crioulas, 2013-2015).

Mas o campesinato não está totalmente engolido pelo sistema, há braços e mãos que não respondem aos estímulos dessa engrenagem. Por meio da elucubração crítica, essa desvalorização é percebida pelos sujeitos do campesinato, como podemos acompanhar na fala do casal (E1; E2) do RS:

> E1: Isso dói porque a gente fica no anonimato. Imagina um país como o nosso sem o produtor pra botar comida da mesa, o que seria? Por que a gente não tem valor?

> *E2: Deve ter umas coisas por trás, umas horas eles gavam, outras distratam, conforme está alguma coisa atrás deles. A gente olha muito pouco JN, a gente olha mais a notícia da gente. A gente tem um olhar crítico, pra ver o que eles estão falando.*
> *E1: Mas a gente sabe que isso é muito direcionado, pra tirar o estímulo do pequeno.*
> *E2: Eles falam muito desse tal do agronegócio...*
> *E1: Como se o agronegócio colocasse comida na mesa né, com a monocultura. (E1; E2, jan. 2020).*

Teoricamente, o campesinato teve seu papel na história questionado enquanto sujeito capaz de contribuir com uma revolução. Os teóricos que embasam essa pesquisa, na sua maioria, alicerçaram suas ideias, operando com uma perspectiva de aniquilação ou de transformação definitiva dessa categoria em pequena burguesia, como vimos. Há que se considerar a presença da contradição que, do ponto de vista do modo de produção e do produto de seu trabalho, tem serventia para o capital. Não no sentido de subserviência, mas no sentido de que seu trabalho serve ao capital pois dá lucro a ele.

Ao atentarmos para as estruturas de dependência do capitalismo, percebemos que esse engendramento coloca as economias centrais dependentes da produção agrícola dos países periféricos, cuja produção chega nas economias centrais abaixo do seu valor, em função da superexploração da força de trabalho. O que foi produzido pelo campesinato chega como mercadoria para abastecer o mercado interno dos países de economia central, de forma mais barata para a sua classe trabalhadora. Como é o caso do tabaco, do suíno e do frango, produzidos de forma integrada no sul do Brasil, pela agricultura camponesa familiar, ou da castanha no norte, com absorção de mais-valia absoluta pelo capital.

O fato de a agricultura camponesa familiar ser responsável por mais de 70% da produção de alimentos no Brasil mostra seu protagonismo na produção e situa que sua existência não é só resistência, mas também necessária para o capital. O que o agronegócio não produz, a agricultura camponesa familiar produz e com parte da força de trabalho não remunerada, possibilitando ao capital lucrar mais com a produção que chega mais barata.

Os povos tradicionais que não servem de nenhuma forma ao capital são, historicamente, dizimados. No Brasil e na América Latina, ser quilombola e indígena é ser o alvo das balas que virão do latifúndio agrário e do Estado burguês, patriarcal, machista, racista e, perigosamente, armado. Então, como podemos identificar a resistência?

O campesinato visibilizado somente por meio de seu produto final e tendo seu território apenas como território de produção pode não trazer as respostas que ensejamos, tampouco demonstra a totalidade de sua força contra-hegemônica e de sua resistência. Para tanto, precisamos considerar as formas de organização e mobilização coletivas que, por conseguinte, vão dispor sobre as formas de produção e de circulação. Dessa maneira, os territórios em que vivem e trabalham falarão de lugares e de suas formas de vida, de história, de resistência e de memória.

Ao ampliar o grau das lentes para compreendermos a totalidade da vida camponesa, visibilizamos a resistência na forma agroecológica de produzir, da luta em manter, conservar, resgatar e ampliar as sementes crioulas para iniciar qualquer produção. No manejo do solo com adubação verde e controle biológico, cuja forma de produzir não utiliza nenhum tipo que agrotóxico e adubação química. No resgate e no manejo das plantas medicinais e das plantas não-convencionais comestíveis (PANCS), na produção da diversidade de culturas e de seus alimentos, que se contrapõem à monocultura, na compreensão da dinâmica da natureza, que necessita dos vários sistemas para se equilibrar, nos cuidados com a água, com a terra e com as vidas humanas.

Também identificamos resistência na organização de Assistência Técnica e Extensão Rural (ATER) pelas cooperativas organizadas pelos movimentos sociais populares, que disputam editais para que tenham o direito de socializar esse conhecimento da produção agroecológica com a totalidade do campesinato. Na compreensão de que estar formalmente inserido na produção e reprodução agrícola possibilita disputar os recursos que auxiliam na manutenção das estruturas, na geração de renda de técnicos e técnicas militantes da classe trabalhadora, mas também passam a ocupar espaços em anais de eventos e revistas acadêmicas, divulgando o trabalho do campesinato organizado e das experiências que anunciam um projeto popular a partir de relatos e de artigos científicos e, principalmente, em oportunizar que camponeses e camponesas possam usufruir também desses espaços, como ocorre nos congressos brasileiros de agroecologia (CBA):

> Então, na nossa roça tudo o que nós plantamos são sementes que foram já da nossa produção ou trocas de sementes que feitas nas comunidades e entre outras comunidades. Para além de comunidades, de outros estados, como por exemplo teve um CBA em 2019 e teve a troca de sementes entre os camponeses. No CBA teve mais de 5 mil camponeses e camponesas, então meu pai esteve no

> *CBA e veio maravilhado! Para o camponês jogar várias sementes e dizer "vamos escolher" é igual você chamar várias crianças e estourar uma bexiga de balas no chão. Eles botam no bolso e trazem muitas sementes, isso é muito lindo. E onde eles vão, eles trazem sementes. (E5, fev. 2021).*

Todos os espaços são necessários para romper com paradigmas que reforçam os discursos hegemônicos, principalmente, dentro dos espaços acadêmicos e universidades que foram um dos principais responsáveis por consolidar a Revolução Verde no Brasil.

Na luta pelo direito de produzir, de morar de forma digna, de preservar sua memória e sua história e que anda lado a lado com a luta pela terra, pela posse do lote, pela reforma agrária popular e que traz à tona as expressões da questão social, que é desvelada na fala do camponês E4, do interior do RS:

> *Eu sou filho de pequeno agricultor. Desde pequeno trabalhava na roça com o pai, na agricultura. Quando eu fiz 18 anos fui pro quartel, quando saí do quartel fiquei mais um tempo com o pai na lavoura, trabalho braçal, pouca terra numa família de 9 filhos. Tenho 8 irmãos. A gente teve a oportunidade de fazer só o primeiro grau e não deu pra ir adiante nos estudos. Aí eu me engajei na Pastoral da Juventude. Depois de dois anos na Pastoral, entrei na luta pela terra, no Movimento dos Trabalhadores Sem Terra, onde fui militante por 6 anos, na articulação de agricultores para acampamento, pra luta, fizemos muita luta nesse período. Depois vim pra região onde encontrei a R e foi onde eu voltei na prática a trabalhar de novo na roça e resgatar um pouco daquilo que aprendi com meu pai, que foi de fazer a agricultura camponesa. Isso depois de conhecer todo do modelo tecnológico, do pacote, que eu vi que não era bom e que meu pai na década de 1970 entrou. Antes, a gente não usava nada de veneno, de semente certificada e a partir daí passou a usar. A gente acompanhou isso e vimos que não era bom. E foi opção de vida, não praticar essa agricultura, moderna que eles dizem né, que leva veneno, adubo químico, semente certificada e assim por diante. (E4, fev. 2020).*

Identificamos resistência nas formas de circulação ao construir meios que os desvencilhem das amarras dos atravessadores e da produção integrada, na qual organizam meios de comercializarem de forma direta com os trabalhadores urbanos. Na organização das feiras agroecológicas; na criação de grupos urbanos (se denominam coprodutores) de Consumidores que Sustentam Agricultura (CSA), que se organizam e pagam cotas adiantadas que auxiliam nas despesas e custeio da produção dos agricultores antecipadamente; no Programa de Aquisição de Alimentos (PAA), que liga grupos de produção com as prefeituras para o fornecimento de alimentação para escolas, casas lares e programas da assistência social. São relações que, ao aproximarem trabalhadores rurais e urbanos, estreitam os laços na luta de classes. Para além de uma relação de demanda e oferta de alimentos, o estreitamento dessas relações faz emergir reflexões das consequências do sistema capitalista que perpassam a vida do povo.

O campesinato tem um papel fundamental na saída das crises colocadas pelo capital, mas, muito além de sair das crises periódicas geradas pelo capital, é preciso construir outra forma de organização da sociedade que supere o objetivo de acumular e de centralizar mais capital, cuja consequência direta é a produção e a reprodução da pobreza e da alienação e as crises sistemáticas que só possibilitam acumular mais capital.

> A superficialidade da economia política se mostra, entre outras coisas, no fato de ela converter a expansão e a contração do crédito, que é o mero sintoma dos períodos de mudança do ciclo industrial, em causa destes últimos. Tão logo iniciam esse movimento de expansão e contração alternadas, ocorre com a produção exatamente o mesmo que com os corpos celestes, os quais, uma vez lançados em determinado movimento, repetem-no sempre. Os efeitos, por sua vez, convertem-se em causas, e as variações de todo o processo, que reproduz continuamente suas próprias condições, assumem a forma da periodicidade. (MARX, 2013, p. 704).

São desafios que se colocam para o fortalecimento do campesinato no Brasil, que exigem a participação e o controle social, mas, principalmente, exigem que nos debrucemos com afinco e compromisso com a humanidade, para o fim do machismo e do racismo, elementos estruturantes dessa realidade concreta, bem como a superação do conservadorismo na sociedade e nos espaços de lutas. Para que "o sol nasça para todos e todas" como desejava o companheiro Pipoca, que faleceu sem realizar o seu sonho coletivo:

> A gente tá aprendendo né, a gente não pode dizer assim, sei de muita coisa, então sempre tá aprendendo, eu vivo no Movimento já um tempo aí, já o MPA numa faixa de oito anos, dez anos mais ou menos, e aí na Luta, entendendo que a Luta não pode morrer, minha felicidade é ver os companheiros

na terra, trabalhando, esperando que o sol seja pra todos nós, porque o mundo, ele é muito desigual, uns acham que o sol não nasceu pra todos e fica difícil. (Raimundo Manoel da Silva Santos, mar. 2020).

Partimos do princípio de que toda a classe trabalhadora tem direito de comer bem, sem venenos e de forma diversificada. Portanto, outro desafio é superar a lógica de mercado de ganho sobre a demanda e a oferta. O custo da produção não se altera se somente 10 ou 100 produzirem, o custo não aumenta porque tem pouca produção disponível. Com isso, reafirmamos que a produção do campesinato não circula fora do capitalismo, à revelia do sistema, mas estarmos incluídos no capitalismo pede-nos solidariedade enquanto classe.

> Eu e J. ainda não fizemos as contas do que a gente colocou nas doações ano passado, mas desde o início da pandemia, da produção de frutas, de poncã...só de um pedaço aqui saiu 3 sacas cheios de poncã para doação, no mínimo sai 1 sacola, 2 sacolas... Colocar para doação é outra forma que gratifica. Você produz para a família e consegue ainda fazer doação, seja para as famílias que estão precisando ou até para os familiares que vêm visitar a gente. Como é bom quando saem com uma sacolada de limão, de mandioca, de banana... o povo sai faceiro e a gente fica faceiro também, então eu acho que é muito gratificante! (E6, fev. 2021).

Cabe ressaltar que solidariedade e humanidade é o que os movimentos sociais populares mais têm demonstrado nesse período de pandemia e grave crise sanitária. Só no ano de 2020, o MST e MPA doaram mais de 3.300 toneladas de alimentos às periferias do Brasil[83].

Em uma análise sobre o custo de vida da classe trabalhadora, para que os mais pobres pudessem ter acesso aos alimentos, seria necessário baixar muito, mas muito mesmo, os valores encontrados nas feiras agroecológicas e orgânicas das cidades, que hoje são voltadas para a classe média alta. Outrossim, a superexploração da classe trabalhadora da cidade é tão intensificada que comercializar nos valores que pudessem adquirir, acarretaria a inviabilidade da própria reprodução camponesa, além de darmos subsídios para que o capital asseverasse ainda mais a sua exploração, como fazem as políticas sociais de renda. Que, de todo o contraditório, ainda salva milhares da fome. Sejamos solidários e lutemos por políticas públicas que subsidiem a produção camponesa.

---

[83] Segundo informações disponíveis em uma matéria do site De Olho nos Ruralistas (2020), as doações do MST e do MPA chegaram a 3.300 toneladas, porém não foram noticiadas pelo Jornal Nacional.

Por óbvio, trazemos essa questão porque nos vemos enquanto classe trabalhadora, uma e diversa e, por fazer parte, vislumbramos que essa questão não será resolvida dentro da própria classe. Trouxemos exemplos e fatos históricos que mostraram todo incentivo e investimentos públicos que engendram o sistema para a obtenção de mais capital, em uma dinâmica que tira da classe trabalhadora para dar para a burguesia, sociabilizando a resolução do problema da queda tendencial da taxa de lucros sobre a classe que gera a mais-valia para a burguesia.

As contradições e as dificuldades que ocorrem no seio do campesinato, inclusive por sua militância, não foram criadas pela própria classe e não serão resolvidas somente por ela:

> Então, além dessas questões de sustentabilidade da vida, da economia, da vida social, *tem também essas questões que ferem muito, ferem nossos princípios enquanto organização política que constrói a cada dia a transformação dessa sociedade para que seja para todos e todas e não apenas para o que têm mais. Então, se for colocar numa balança, essas questões são as que pesam mais, porque a gente segue vivendo, porém, essa desconstrução dessas consciências do que eles conseguiram fazer, ela é muito grave! Muito, muito grave, nós perdemos gente, perdemos confiança, relações políticas. Quando você fala de ideologia você já é abominado, já vem "os comunistas que querem dominar tudo".* (E5, fev. 2021).

Será necessária a unidade enquanto classe trabalhadora, será necessário adentrar nas estruturas do Estado, executar a reforma agrária popular e as políticas públicas de subsídio e de fomento à agricultura camponesa familiar, que possibilite o acesso à terra para trabalhar, que faça os alimentos poderem chegar a quem tem fome e a terra a quem queira produzir, gerando trabalho, renda e alimentos para a totalidade da classe trabalhadora.

CONCLUSÕES

A busca por novas alternativas econômicas e que tenham, no seu âmago, também a sustentabilidade social e ambiental, em um contexto de base agrícola minifundiária e familiar, características das famílias camponesas, ainda é um desafio. Desafios que trazem para os anos vindouros do planeta o compromisso de trabalho consciente sob todos os aspectos.

A dependência elaborada por Marini explicita a forma como os países da América Latina expandem suas economias de forma subordinada às potências imperialistas, conformando a superexploração e o subimperialismo. Esse é o *modus operandi* das economias periféricas até os dias atuais, com lapsos de melhora na condição de vida da classe trabalhadora, fomentado pelos governos progressistas com bandeira do neodesenvolvimentismo, mas que, ao fim e ao cabo, nem arranharam as estruturas do capitalismo nos países latino-americanos.

Marini faz-nos entender para intervir com ações que representam táticas que desaguem em uma sociedade sem as amarras do capital. Como disse Bambirra (2013): há uma dependência, mas uma dependência que podemos disputar, resistir e romper com o capitalismo a fim de construir um projeto popular. Se quisermos fazer revolução, precisaremos de teorias revolucionárias e a TMD é uma delas.

Em contraponto à subordinação e dependência, a TMD incorpora aspectos que apontam para um caminho, para superação das relações capitalistas de produção e para a construção do socialismo. Nas palavras de Luce (2018, p. 13): "[...] cuja superação é problematizada como tarefa profundamente imbricada com a luta pelo socialismo", talvez por esse motivo, por propor a superação do sistema hegemônico vigente, a TMD tenha sido depreciada por tantos anos, utilizando as palavras do autor, "perseguida pelo terror do Estado, combatida pelo dogmatismo teórico e também marginalizada pelo neoliberalismo acadêmico" (LUCE, 2018, p. 11).

Os conceitos e as categorias utilizadas para dar sustentação teórica são comuns para a compreensão da luta de classes nos territórios urbano e rural e desvelam a terra como um denominador comum, utilizando uma terminologia da matemática. Assim, a questão agrária e a questão social partilham da terra como cerne do capitalismo na América Latina.

Em um processo dialético e de exercício da práxis, cabe-nos refletir sobre a contextualização de todas as problemáticas arroladas, cuja relação se dá com o futuro da humanidade. Não vislumbrar a acumulação de mais capital como resultado da produção de alimentos remete a um projeto popular que possibilita ao campesinato organizar formas de produção, organização e circulação coerentes com a sustentabilidade ambiental, com a valorização das identidades e com as formas coletivas de economia solidária, ainda que incluídos no sistema capitalista e enredados de suas contradições. No derradeiro sobre o campesinato, o que os clássicos não puderam antever ficou a cargo da resistência, da importância do campesinato enquanto força coletiva de pressão, de mobilização social e propositivo de um projeto popular.

Esse projeto popular que orienta a luta coletiva dos movimentos sociais populares do campo, mediado pelo Serviço Social, dá visibilidade ao projeto ético-político da profissão. Ambos estão comprometidos com a construção de um presente e de um futuro sem desigualdades, sem miséria, sem discriminação, sem exploração e com sustentabilidade ambiental, por meio da lógica da solidariedade e da resistência, para além da lógica do capital.

Embora todo o sistema financeiro e estatal funcione priorizando o agronegócio em detrimento ao campesinato, os resultados desta pesquisa demonstram a necessidade de apoiar, capacitar, subsidiar, incentivar e desenvolver a agricultura camponesa familiar para fazer frente ao êxodo rural, com uma preocupação nítida com a produção de alimentos e com a questão ambiental. A análise histórica mostra que o sistema financeiro não prioriza a classe trabalhadora, logo, não será a partir de soluções dentro do capitalismo que teremos um país emancipado politicamente e com justiça social para seu povo.

Dessa forma, temos no campesinato as possibilidades de visualização e de contribuição do Serviço Social, cujas categorias centrais, utilizando o materialismo histórico dialético, estão relacionadas aos processos emancipatórios que vão na direção da defesa dos direitos sociais e fundamentais, no fortalecimento das identidades coletivas, no fortalecimento da cultura, do modo de produção agroecológico e que, na luta de classes faz resistência ao sistema capitalista, pela emancipação política que busca pela emancipação humana. Iasi (2011), relaciona a emancipação humana com a necessidade de fazer e reconhecer a própria história, sem interferências do capital, ou de quaisquer amarras de dominação. A emancipação humana, refletida por

Marx, exige superação das mediações que relacionam os seres humanos e o mundo, "construindo de forma consciente e planejada o destino humano" (IASI 2011, p. 59).

Do ponto de vista da superação das refrações da questão social, a produção, reprodução e a emancipação dos camponeses e camponesas está diretamente relacionada à preservação e ao desenvolvimento das soberanias que perdem forças à medida em que avança o agronegócio, destruindo os espaços da vida camponesa.

As análises e reflexões realizadas outrora e potencializadas no doutoramento, base deste livro, aguçaram, de forma muito singular, a necessidade de visualizar o Serviço Social nesses processos de luta e de resistência conectados aos fundamentos da profissão, cuja realidade é agravada não somente pelas desigualdades materiais, mas, sobretudo, pelas ideológicas, incluindo a perda da identidade do seu povo e de seus conhecimentos e, por isso, relacionamos a importância do campesinato na defesa da soberania alimentar. Por Soberania alimentar ratificamos seu conceito político, que alia o direito à necessidade humana básica da alimentação, com a função social da terra, com sustentabilidade ambiental e justiça social, respeitando as culturas e a diversidade.

Quanto ao Serviço Social, concluímos que ter como objeto de trabalho as refrações da questão social, embora aparente para um sem-fim de tarefas, cuja analogia nos remonta à ideia de "enxugar gelo", atuar nas consequências nos remete à resistência e táticas que conjuntamente com outros segmentos da classe trabalhadora avançam na defesa de direitos e no acesso às políticas públicas pelo povo brasileiro. É trabalho profissional que nega as desigualdades e não aceita injustiças.

Antes de finalizarmos, incumbimo-nos de uma reflexão crítica sobre o contexto que vivenciamos em todos os territórios do Brasil. No mês de julho de 2023, em que vamos encerrando a versão final destas reflexões praxianas, chegamos à mais de 700 mil óbitos confirmados[84], mortes de brasileiros e brasileiras por Covid-19. Covid é o nome da doença, mas Bolsonaro foi o nome da negligência, do descaso, do desamor, da discriminação, do ódio aos povos originários, da negação da ciência, da corrupção, do racismo, da LGBTfobia, da covardia que mata e da ganância que tripudia sobre uma nação inteira.

---

[84] Dados oficiais sobre a Covid-19 no Brasil podem ser encontrados no site do Ministério da Saúde (Ministério da Saúde, 2023).

O CPF é de Bolsonaro e por isso afirmamos que se tratou de um genocida que esteve no cargo mais importante do Estado, aquele que poderia ter adiantado a compra de vacinas que salvariam milhares de vidas e ignorou os laboratórios fornecedores porque queria lucrar com a vacina e com a pandemia, aquele que isentou ainda mais a tributação de empresas sem motivos aparentes, que chancela o desmatamento e favorece o crime e as milícias. Aliás, quem mandou matar Marielle Francisco da Silva (Marielle Franco), assassinada em 14 de março de 2018?

É nesse contexto de impunidade e injustiças, acirrado a partir de 2016, que passou e passa o povo brasileiro e são contextos como esse, que se repetem como ciclos na história desse país, que vemos as mãos do "deus mercado" agindo sob as formas mais escrachadas, violentas e perversas para que se mantenham os privilégios e os lucros aviltantes, para que mantenha intacta a engrenagem desse sistema, que fere de morte quem se levanta e luta. Bolsonaro e todo o conservadorismo representam interesses que extrapolam o neoliberalismo e perfazem o fascismo e o militarismo entreguista. Bolsonaro foi vencido nas urnas e está inelegível até 2030, todavia o bolsonarismo está mais vivo do que nunca, necessitando trabalho reflexivo profundo em todas as frentes possíveis.

Ratificamos a força política, social, cultural, ambiental e material do campesinato enquanto coletivo político que supera o próprio destino traçado por aqueles que predestinavam o seu fim. Aprendemos, na prática e na teoria, com o campesinato, que as leis não são eternas, mas são forças que brotam das velhas estruturas. Na medida em que a história avança, avança com ela a luta da classe trabalhadora organizada, conforme atenta Marx (1982a, p. 119): "eles não precisam mais procurar a ciência em seu espírito: basta-lhes dar conta do que se passa ante seus olhos e se tornarem porta-vozes disto".

Por fim e não em definitivo, ratificamos que as contradições que ocorrem no seio da classe trabalhadora não foram criadas pela própria classe e não serão resolvidas sem que a totalidade da sociedade tome consciência de que as expressões da questão social, que enfrentamos cotidianamente, das várias formas e dores, são frutos de um sistema que mói vidas humanas e a natureza e, somente organizados e organizadas em coletividade, poderemos construir táticas que confluam para a emancipação humana.

O campesinato organizado orienta que todos os espaços devem ser disputados pela classe trabalhadora e que existir não deveria ser sinônimo de resistir. Porém, neste momento histórico, para os excluídos desse país, é. Estejamos atentos e atentas, vigilantes e defensores do projeto societário que defendemos. Tirar o Bolsonaro foi tático para a luta de classes no Brasil, mas superar o sistema capitalista é estratégico para o futuro da humanidade.

O embrião da nova sociedade brota dentro da antiga e supera-a. Observemos, nessa realidade desigual e injusta, o lado subversivo que derrubará a velha sociedade com as teorias revolucionárias iluminando ações revolucionárias. Desvelamos processos geradores de autonomia que vão na direção da defesa dos direitos humanos, do fortalecimento das identidades coletivas, da cultura que é memória e também história contra-hegemônica, da produção agroecológica, das formas de circulação que redirecionam e mobilizam a renda e que, na luta de classes, faz resistência ao sistema capitalista. Anunciamos, portanto, o campesinato enquanto sujeito político e revolucionário de uma sociedade em construção.

REFERÊNCIAS

AGÊNCIA BRASIL. Nova proposta de classificação territorial do IBGE vê o Brasil menos urbano. **Agência Brasil**, Brasília, DF, 31 jul. 2017. Disponível em: https://agenciabrasil.ebc.com.br/geral/noticia/2017-07/nova-proposta-de-classificacao--territorial-do-ibge-ve-o-brasil-menos-urbano Acesso em: 8 ago. 2019.

AGÊNCIA SENADO. **Lei Kandir**. Disponível em: https://www12.senado.leg.br/noticias/entenda-o-assunto/lei-kandir. Acesso em: 18 out. 2020.

AGORA FIOCRUZ. **Isenções e reduções fiscais na comercialização, industrialização e uso de agrotóxicos no Brasil**. Disponível em: https://agora.fiocruz.br/2019/09/12/isencoes-e-reducoes-fiscais-na-comercializacao-industrializacao-e-uso-de-agrotoxicos-no-brasil/. Acesso em: 27 dez. 2020.

AGUIAR, Kátia. No calor de um lugar: territórios, subjetividades e poder. **Fractual**, [*S. l.*], v. 21, n. 3, p. 581-598, set./dez. 2009. Disponível em: https://www.scielo.br/j/fractal/a/XKnjqCV657TcnzHJ6tLrZdB/abstract/?lang=pt Acesso em: 22 jul. 2021.

ALVES, Stênio Eduardo de Sousa. **A crise estrutural do capital de István Mészáros como uma síntese sui generis**: possibilidades e limites. 2012. 208 f. Tese (Doutorado em Sociologia) – Faculdade de Ciências Sociais, Universidade Federal de Uberlândia, Uberlândia. Disponível em: https://repositorio.ufu.br/bitstream/123456789/12908/1/CriseEstruturalCapitalIstvan.pdf. Acesso em: 22 jul. 2021.

ARAÚJO, Ronaldo Marcos de Lima. O marxismo e a pesquisa qualitativa como referências para investigação sobre educação profissional. *In:* SEMINÁRIO DO TRABALHO – TRABALHO, EDUCAÇÃO E SOCIABILIDADE, 7., 2010, Marília, SP. **Anais** [...]. Marília: UNESP, 2010. p. 1-22.

ARAUJO, Severina Garcia. Entrevista cedida à Maristela Dal Moro. **Temporalis**, Brasília, DF, ano 12, n. 24, p. 447-457, 2012. Disponível em: https://periodicos.ufes.br/temporalis/article/view/4077. Acesso em: 22 jul. 2021.

BAMBIRRA, Vânia. **O Capitalismo Dependente Latino-Americano**. 2. ed. Florianópolis: Insular, 2013.

BBC NEWS BRASIL. **A grande mentira verde**: como a destruição da Amazônia vai além do desmatamento. Disponível em: https://www.bbc.com/portuguese/brasil-51317040. Acesso em: 11 jun. 2020.

BOGO, Ademar. **Identidade e luta de classes**. 2. ed. São Paulo: Expressão

BRASIL. **Censo Agropecuário 2017**. Disponível em: https://www.ibge.gov.br/censo-agro/2017. Acesso em: 10 jan. 2020.

BRASIL DE FATO. **Após 10 anos de luta, Santa Cruz do Sul terá Juizado da Violência contra a Mulher**. Disponível em: https://www.brasildefators.com.br/2023/03/24/apos-10-anos-de-luta-santa-cruz-do-sul-tera-juizado-da-violencia-contra-a-mulher. Acesso em: 24 mar. 2023.

BRASIL DE FATO. **Investigação aponta que a OEA manipulou dados para acusar fraude em eleição na Bolívia**. Disponível em: https://www.brasildefato.com.br/2020/03/13/investigacao-aponta-que-oea-manipulou-dados-para-acusar-fraude-em-eleicao-na-bolivia. Acesso em: 18 jun. 2020.

BRASIL. Lei n.º 4.504, de 30 de novembro de 1964. Disponível em: https://www.jusbrasil.com.br/topicos/11377317/artigo-2-da-lei-n-4504-de-30-de-novembro-de-1964. Acesso em: 15 jun. 2021.

BRASIL. Ministério do Planejamento, Orçamento e Gestão. Instituto Brasileiro de Geografia e Estatística – IBGE. **Censo Agropecuário 2006**. Rio de Janeiro: IBGE, 2009.

CANAL DA UNIVERSIDADE POA SILVA, Defesa de Tese de Leticia Chimini. Disponível em: https://www.youtube.com/watch?v=MQF8Nlnj9Rk, 2021. Acesso em: 17 jan. 2024.

CAPES. **Catálogo de Teses & Dissertações**. Disponível em: https://catalogodeteses.capes.gov.br/catalogo-teses/#!/. Acesso em: 19 maio 2019.

CARCANHOLO, Reinaldo A. **Capital**: essência e aparência. São Paulo: Expressão Popular, 2011. v. 1.

CARNEIRO, Maria José. **Camponeses, agricultores e pluriatividade**. Rio de Janeiro: Contra Capa Livraria, 1998.

CENTER FOR ECONOMIC AND POLICY RESEARCH (CEPR). **Nuevo estudio del CEPR muestra que la OEA "tergiversó datos y evidencia" en su Informe Final de auditoría para justificar acusaciones de fraude en las elecciones bolivianas**. Disponível em: https https://cepr.net/press-release/nuevo-estudio-del-cepr-muestra-que-la-oea-tergiverso-datos-y-evidencia-en-su-informe-final-de-auditoria-para-justificar-acusaciones-de-fraude-en-las-elecciones-bolivianas/. Acesso em: 18 jun. 2020.

CHAUÍ, Marilena de Souza. **Brasil:** Mito fundador e sociedade autoritária. São Paulo: Abramo, 2000.

CHIMINI, Letícia. **Gênero no meio rural**: a mulher na diversificação produtiva, no contexto da monocultura do tabaco, no município de Agudo/RS-Brasil. 2015. 130 f.

Distância entre Belém, PA, Brasil, e Porto Alegre, Rio Grande do Sul, Brasil. Disponível em: https://www.distanciaentreascidades.com.br/distancia-de-belem-pa-brazil-ate-porto-alegre-rio-grande-do-sul-brazil. Acesso em: 28 jul. 2020.

COSTA, Joaquim Gonçalves da. **Soberania Alimentar**: dimensões material, prático-política, utópica e contraposição à [des]ordem do Sistema Agroalimentar. 2018. 700 f. Tese (Doutorado em Políticas Públicas e Formação Humana) – Universidade do Estado do Rio de Janeiro, Rio de Janeiro, 2018.

CPT. **Conflitos Agrários no Pará**: Organizações sociais e religiosas se reúnem com INCRA, Ministério da Justiça e PF em Brasília. 2018. Disponível em: https://cptnacional.org.br/quem-somos/12-noticias/conflitos/4190-conflitos-agrarios-no-para-organizacoes-sociais-e-religiosas-se-reunem-com-incra-ministerio-da-justica-e-pf-em-brasilia. Acesso em: 12 jul. 2019.

DALLABRIDA, Valdir Roque. **Desenvolvimento regional**: por que algumas regiões se desenvolvem e outras não? Santa Cruz do Sul: Edunisc, 2010.

DANIEL, Vanessa Cristhina Zorek; BEGA, Marcia Tarcisa Silva. Estado e campesinato brasileiro: um panorama sobre as relações dos governos federais e as políticas públicas para o campo. **Guaju**, Matinhos, v. 4, n. 2, p. 30-47, jul./dez. 2018. Disponível em: https://revistas.ufpr.br/guaju/article/view/61594. Acesso em: 22 jul. 2021.

DARDOT, Pierre; LAVAL, Christian. **A nova razão do mundo**: ensaio sobre a sociedade neoliberal. Tradução: Mariana Echalar. São Paulo: Boitempo, 2016.

DELGADO, Guilherme Costa. **Do Capital Financeiro na Agricultura à Economia do Agronegócio**: mudanças cíclicas em meio século (1965-2012). Porto Alegre: Ed. da UFRGS, 2012.

DE OLHO NOS RURALISTAS. **Doações do MST e do MPA chegam a 3.300 toneladas, mas não aparecem no Jornal Nacional.** 2020. Disponível em: https://deolhonosruralistas.com.br/2020/08/26/doacoes-do-mst-e-do-mpa-chegam-a-3-300-toneladas-mas-nao-aparecem-no-jornal-nacional/. Acesso em: 19 jul. 2021.

DE OLHO NOS RURALISTAS. **A agroecologia pode alimentar o mundo, mas falta investimento.** Disponível em: https://deolhonosruralistas.com. br/2023/07/17/a-agroecologia-pode-alimentar-o-mundo-mas-falta-investi-mento/. Acesso em: 19 jul. 2023.

DIAS, Cristiane Francelina; MARTINI, Vanderlei. "Questão social", questão agrária e dependência em debate. **Praia Vermelha,** Rio de Janeiro, v. 31 n. 1, p. 39-64, jan./jun. 2021. Disponível em: https://revistas.ufrj.br/index.php/praiavermelha/article/view/40097 Acesso em: 22 jul. 2021.

DIEESE. **Em resposta aos economistas que explicam o aumento da fome e da desigualdade no Brasil pela alta ou baixa do PIB.** Disponível em: https://www.redebrasilatual.com.br/economia/2020/05/extrema-pobreza-cresce-pe-lo-5o-ano-seguido-e-deve-explodir-com-a-pandemia/. Acesso em: 6 jul. 2021.

ENGELS, Friedrich. **A Origem da Família, da Propriedade Privada e do Estado.** 8. ed. Rio de Janeiro: Civilização Brasileira, 1982.

ETGES, Virgínia Elisabeta. A região no contexto da globalização: o caso do Vale do Rio Pardo. *In:* VOGT, Olgário; SILVEIRA, Rogério (org.). **Vale do Rio Pardo**: (re)conhecendo a região. Santa Cruz do Sul: Edunisc, 2001.

ETGES, Virgínia Elisabeta. Desenvolvimento Regional Sustentável: o território como paradigma. **REDES**, Santa Cruz do Sul, v. 10, n. 3, p. 47-55, set./dez. 2005. Disponível em: https://online.unisc.br/seer/index.php/redes/article/view/11050. Acesso em: 22 jul. 2021.

FAORO, Raymundo. **Os donos do poder.** São Paulo: Globo, 2001.

FEDERAÇÃO DOS TRABALHADORES E TRABALHADORAS NA AGRICUL-TURA FAMILIAR DO RIO GRANDE DO SUL (Fetraf RS). Em plena pandemia, governo desconsidera produção da agricultura familiar e faz compras com mul-tinacionais. Disponível em: https://contrafbrasil.org.br/noticias/em-plena-pan-demia-governo-desconsidera-producao-da-agricultura-familiar-e-faz-co-0e1e/. Acesso em: 20 jul. 2021.

FELIX, Gil. **Mobilidade e superexploração do trabalho**: o enigma da circulação. Rio de Janeiro: Lamparina, 2019.

FERNANDES, Bernardo Mançano. **Questão agrária, pesquisa e MST**. São Paulo: Cortez, 2001.

FOLHA DE S. PAULO. Acesso ao mestrado no Brasil é 16 vezes menor do que em países ricos. Disponível em: https://www1.folha.uol.com.br/educacao/2019/09/acesso-a-mestrado-no-brasil-e-16-vezes-menor-do-que-em-paises-ricos.shtml. Acesso em: 1 jan. 2021.

FREIRE, Paulo. **Pedagogia da Esperança**: um reencontro com a Pedagogia do Oprimido. Rio de Janeiro: Paz e Terra, 1992.

FROËHLICH, José Marcos *et al*. A colonização alemã na região central do Rio Grande do Sul: capital social e a dinâmica do desenvolvimento. **Antropolítica**, Niterói, n. 25, p. 159-177, 2. sem. 2008. Disponível em: https://periodicos.uff.br/antropolitica/edicoes Acesso em: 22 jul. 2021.

FULGÊNCIO, Rafael Figueiredo. **O paradigma racista da política de imigração brasileira**. 2018. Disponível em: https://www2.senado.leg.br/bdsf/handle/id/503045. Acesso em: 22 jul. 2021.

FUNDAÇÃO OSWALDO CRUZ (Fiocruz). **Fundação Oswaldo Cruz diz que agrotóxico vinculado a sementes transgênicas causa danos à saúde**. Disponível em: https://memoria.ebc.com.br/noticias/saude/2013/12/fundacao-oswaldo-cruz--diz-que-agrotoxico-vinculado-a-sementes-transgenicas. Acesso em: 27 dez. 2020.

GALEANO, Eduardo. **As veias abertas da América Latina**. Porto Alegre: L&PM Pocket, 2015.

GAUCHAZH. **Mapa dos suicídios no Brasil coloca Rio Grande do Sul em alerta**. 2017. Disponível em: https://gauchazh.clicrbs.com.br/saude/noticia/2017/09/mapa-dos-suicidios-no-brasil-coloca-rio-grande-do-sul-em-alerta-cj7ur9sz-8003701tg0ygobo0s.html. Acesso em: 11 jul. 2019.

GERHARDT, Tatiana Engel; SOUZA, Aline Corrêa de Souza. Aspectos teóricos e conceituais. *In*: GERHARDT, Tatiana Engel; SILVEIRA, Denise Tolfo (org.). **Métodos de pesquisa**. Porto Alegre: Editora da UFRGS, 2009. p. 11-29.

G1 GLOBO. **Número de agrotóxicos registrados em 2019 é o maior da série histórica; 94,5% são genéricos, diz governo**. Disponível em: https://g1.globo.com/economia/agronegocios/noticia/2019/12/28/numero-de-agrotoxicos-registrados-em-2019-e-o-maior-da-serie-historica-945percent-sao-genericos-diz-governo.ghtml. Acesso em: 11 jun. 2020.

G1 GLOBO. **Perigo**: O Brasil é o maior consumidor de agrotóxicos do mundo. Disponível em: https://g1.globo.com/pr/parana/especial-publicitario/apreaa/

noticia/perigo-o-brasil-e-o-maior-consumidor-de-agrotoxicos-do-mundo.ghtml. Acesso em: 30 jul. 2019.

GIRARDI, Eduardo Paulon. **Atlas da Questão Agrária Brasileira**. Disponível em: http://www.atlasbrasilagrario.com.br/con_subcat/a-questao-agraria. Acesso em: 3 jul. 2021.

GIRARDI, Eduardo Paulon. **Atlas da Questão Agrária Brasileira.** Presidente Prudente: Unesp/NERA, [2021]. Disponível em: www.atlasbrasilagrario.com.br Acesso em: 22 jul. 2021.

GLOBO RURAL. **Rio Grande do Sul lidera produção de arroz orgânico**. 2019. Disponível em: https://revistagloborural.globo.com/Noticias/Agricultura/Arroz/noticia/2019/01/rio-grande-do-sul-lidera-producao-de-arroz-organico.html. Acesso em: 11 jul. 2019.

GRESPAN, Jorge Luis. **O negativo do Capital**: o conceito de crise na crítica de Marx. 2. ed. Expressão Popular: São Paulo, 2012.

GUNDER FRANK, Andre. Latinoamérica: subdesarrollo capitalista o revolución socialista. **Pensamiento Crítico**, Habana, n. 13, p. 3-41, fev. 1968. Disponível em: http://www.filosofia.org/rev/pch/1968/pdf/n13p003.pdf. Acesso em: 15 ago. 2020.

INSTITUTO BRASILEIRO DE GEOGRAFIA E ESTATÍSTICA (IBGE). 10,3 milhões de pessoas moram em domicílios com insegurança alimentar grave. Disponível em: https://agenciadenoticias.ibge.gov.br/agencia-noticias/2012-agencia-de-noticias/noticias/28903-10-3-milhoes-de-pessoas-moram-em-domicilios-com-inseguranca-alimentar-grave. Acesso em: 6 jul. 2021.

Investing.com. "Em julho de 2020, conforme destacado pela consultoria Safra & Mercado, as vendas futuras para a safra de soja 2020/2021 já haviam alcançado 39,8% do projetado, representando 14,7% a mais de comercialização quando comparado ao mesmo período do ano passado." Disponível em: https://maissoja.com.br/venda-antecipada-uma-ferramenta-que-pode-diminuir-riscos/. Acesso em: 3 jul. 2021.

ITERPA – Instituto de Terras do Pará. Disponível em: http://portal.iterpa.pa.gov.br/. Acesso em: 22 jul. 2021.

HUDSON, Michael. Entrevista concedida à Guns and Butter e editada por Aline Scátola. **Brasil de Fato**, [S. l.], 15 jul. 2019. Disponível em: https://www.brasildefato.

com.br/2019/07/15/como-o-fmi-e-o-banco-mundial-asseguram-o-imperialismo-alimentar-dos-eua/ Acesso em: 30 jul. 2019.

IAMAMOTO, Marilda Vilela. **O Serviço Social na contemporaneidade**: as dimensões históricas, teóricas e ético-políticas. Fortaleza/ CE: CRESS 3ª Região, 1997.

IAMAMOTO, Marilda Vilela. **O Serviço Social na contemporaneidade**: trabalho e formação profissional. São Paulo: Cortez, 2005.

IAMAMOTO, Marilda Vilela. **O Serviço Social na contemporaneidade**: trabalho e formação profissional. 26. ed. São Paulo, Cortez, 2015.

IASI, Mauro Luís. **Ensaios sobre consciência e emancipação**. São Paulo: Expressão Popular, 2011.

JORNAL GGN. **Pará lidera o ranking de assassinatos por conflitos de terra.** 2018. Disponível em: https://jornalggn.com.br/violencia/para-lidera-o-ranking-de-assassinatos-por-conflitos-de-terra/. Acesso em: 12 jul. 2019.

KATZ, Claudio. **A teoria da dependência cinquenta anos depois.** Tradução de Maria Almeida. São Paulo: Expressão Popular, 2020.

KAY, Cristóbal; VERGARA-CAMUS, Leandro (org.). **La Cuestión agraria y los gobiernos de izquierda em América Latina**: campesinos, agronegocio y neo-desarrollismo. CLACSO: Ciudad Autónoma de Buenos Aires, 2018.

LAMOSO, Lisandra Pereira. Reprimarização no Território Brasileiro. **Espaço e Economia**, [*S. l.*], ano 9, n. 19, p. 1-31, 2020. Disponível em: https://journals.openedition.org/espacoeconomia/15957. Acesso em: 9 set. 2020.

LENIN. **Imperialismo, fase superior do capitalismo**. São Paulo: Global, 1979.

LIMA. Maria Helena de Almeida. **Serviço Social e sociedade brasileira**. São Paulo: Cortez, 1982.

LIMA, Thiago. Toda fome é uma decisão política. **Carta Maior**, [*S. l.*], 1 fev. 2021. Disponível em: https://www.cartamaior.com.br/?/Editoria/Direitos-Humanos/Toda-fome-e-uma-decisao-politica/5/49838. Acesso em: 22 jul. 2021.

LUCE, Mathias Seibel. **Teoria Marxista da Dependência**: problemas e categorias, uma visão histórica. São Paulo: Expressão Popular, 2018.

LUXEMBURGO, Rosa. **A acumulação do capital**: estudo sôbre a interpretação econômica do imperialismo. 3. ed. Rio de Janeiro: Zahar Editores, 1983.

MARINI, Ruy Mauro. **Dialética da Dependência**. Petrópolis: Vozes, 2000.

MARINI, Ruy Mauro. **Subdesenvolvimento e revolução**. 5. ed. Florianópolis: Insular, 2014.

MARINI, Ruy Mauro. **Subdesenvolvimento e revolução**. 4. ed. Florianópolis: Insular, 2013.

MARTINS, José de Souza. **Os camponeses e a política no Brasil**: as lutas sociais no campo e seu lugar no processo político. 5. ed. Petrópolis: Vozes, 1995.

MARTINS, José de Souza. **A sociedade vista do abismo**: novos estudos sobre exclusão, pobreza e classes sociais. Petrópolis: Vozes, 2002.

MARX, Karl. **Contribuição à crítica da economia política**. São Paulo: Abril Cultural, 1974.

MARX, Karl. **O Capital**: crítica da Economia Política. O processo global de produção capitalista. 3. ed. São Paulo: Civilização brasileira, 1980a. v. 4. (Livro 3).

MARX, Karl. **O Capital**: crítica da Economia Política. O processo global de produção capitalista. 3. ed. São Paulo: Civilização brasileira, 1980b. v. 6. (Livro 3).

MARX, Karl. **A Miséria da Filosofia**. Resposta à Filosofia da Miséria do Sr. Proudhon. São Paulo: Livraria Editora Ciências Humanas, 1982a.

MARX, Karl. **O Capital**: crítica da Economia Política. O processo de produção do capital. 7. ed. São Paulo: Difel, 1982b. v. 1. (Livro 1).

MARX, Karl. **O Capital**: crítica da Economia Política. O processo de produção do capital. 7. ed. São Paulo: Difel, 1982c. v. 2. (Livro 1).

MARX, Karl. **O Capital**: crítica da economia política. São Paulo: Boitempo, 2013.

MARX, Karl. **Contribuição à crítica da economia política**. 2. ed. São Paulo: Expressão Popular, 2007.

MARX, Karl. **Miséria da filosofia**. Tradução: José Paulo Netto. São Paulo: Expressão Popular, 2009.

MARX, Karl. **Grundrisse**: manuscritos econômicos de 1857-1858: esboços da crítica da economia política. São Paulo: Boitempo, 2011.

MARX, Karl; ENGELS, Friedrich. **A ideologia alemã**. Tradução: Álvaro Pina. São Paulo: Expressão Popular, 2009.

MARX, K. ENGELS, F. **Manifesto comunista**. São Paulo: Hedra, 2010.

METSO. **Crescimento da mineração no Brasil**. Disponível em: https://www.metso.com/br/blog/mineracao/crescimento-da-mineracao-no-brasil/. Acesso em: 23 dez. 2020.

MÉSZÁROS, István. A crise estrutural do Capital. **Outubro**, São Paulo, ed. 4, p. 7-15, fev. 2000. Disponível em: http://outubrorevista.com.br/a-crise-estrutural--do-capital/ Acesso em: 22 jul. 2021.

MICHELOTTI, Fernando. **Territórios de Produção Agromineral**: relações de poder e novos impasses na luta pela terra no sudeste paraense. 2019. 388 f. Tese (Doutorado em Planejamento Urbano e Regional) – Instituto de Pesquisa e Planejamento Urbano e Regional, Universidade Federal do Rio de Janeiro, Rio de Janeiro, 2019.

MINAYO, Maria Cecília de Souza (org.). **Pesquisa social**: teoria, método e criatividade. Petrópolis: Vozes, 2001.

MINAYO, Maria Cecília de Souza. **O desafio do conhecimento**. Pesquisa qualitativa em saúde. São Paulo: HUCITEC, 2007.

MINISTÉRIO DA SAÚDE. COVID-19 no Brasil. Disponível em: https://covid.saude.gov.br/. Acesso em: 21 jul. 2023.

MORAES, Rodrigo Fracalossi de. **Agrotóxicos no Brasil**: padrões de uso, política da regulação e prevenção de captura regulatória. Texto para discussão. Brasília: Instituto de Pesquisa Econômica Aplicada – IPEA, 2019.

MOTTA, Márcia; ZARTH, Paulo. Apresentação à coleção. *In:* NEVES, Delma Pessanha; SILVA, Maria Aparecida de Moraes (org.). **Processos de constituição e reprodução do campesinato no Brasil**: formas tuteladas de condição camponesa. São Paulo: UNESP; Brasília, DF: Ministério do Desenvolvimento Agrário, 2008. p. 6-15. v. 1. (Coleção História Social do Campesinato)

MPA – Movimento dos Pequenos Agricultores. **Coletivo Nacional Gênero**. Disponível em: https://mpabrasil.org.br/categoria-publicacao/coletivo-nacional-genero/. Acesso em: 21 jul. 2023.

MPA – Movimento dos Pequenos Agricultores. **Quem somos**. Disponível em: https://mpabrasil.org.br/quem-somos/. Acesso em: 22 jul. 2021.

MPA – Movimento dos Pequenos Agricultores. Moradia camponesa. *In:* MPA – Movimento dos Pequenos Agricultores. [*S. l.: s. n.*], [201-a]. Disponível em: https://mpabrasil.org.br/moradia-camponesa/ Acesso em: 18 dez. 2020.

MPA – Movimento dos Pequenos Agricultores. Lutas Camponesas. *In:* MPA – Movimento dos Pequenos Agricultores. [*S. l.: s. n.*], [201-b]. Disponível em: https://mpabrasil.org.br/lutas-camponesas/ Acesso em: 3 jul. 2019.

NETTO, José Paulo. **Ditadura e Serviço Social**: uma análise do Serviço Social no Brasil pós-64. São Paulo: Cortez, 1991.

NETTO, José Paulo. **Introdução ao estudo do Método de Marx**. São Paulo: Expressão Popular, 2011.

NUNES, Cíntia Florence; SCHERER, Giovane Antonio. A relação entre natureza e capital: reflexões a partir da discussão da Propriedade Privada da Terra. *In:* SEMINÁRIO NACIONAL DE SERVIÇO SOCIAL, TRABALHO E POLÍTICAS SOCIAIS, 2., 2017, Florianópolis. **Anais** [...]. Florianópolis: Editora UFSC, 2017. p. 1-10. Disponível em: https://repositorio.ufsc.br/xmlui/bitstream/handle/123456789/180067/102_00557.pdf?sequence=1&isAllowed=y. Acesso em: 19 set. 2019.

NUZZI, Vitor. IPEA: sem apoio à agricultura familiar, população terá menos acesso a alimentos. **Contraf Brasil**, [*S. l.*], 5 jul. 2021. Disponível: https://contrafbrasil.org.br/noticias/ipea-sem-apoio-a-agricultura-familiar-populacao-tera-menos-acesso-a-alimentos-bd3f/. Acesso em: 22 jul. 2021.

OLIVEIRA, Ariovaldo Umbelino de. **Terras de Estrangeiros no Brasil**. São Paulo: Iãnde Editorial, 2018.

OLIVEIRA, Ariovaldo Umbelino de. **Modo capitalista de produção, agricultura e reforma agrária**. São Paulo: FFLCH, 2007.

OLIVEIRA, Ariovaldo Umbelino de. A longa marcha do campesinato brasileiro: movimentos sociais, conflitos e reforma agrária. **Estudos avançados**, São Paulo, v. 15, n. 43, p. 185-206, 2001. Disponível em: https://www.revistas.usp.br/eav/article/view/9831. Acesso em: 22 jul. 2021.

OLIVEIRA, João Pacheco de. O caboclo e o brabo: notas sobre duas modalidades de força de trabalho na expansão da fronteira amazônica do século XIX. **Encontros com a Civilização Brasileira**, Rio de Janeiro, v. 11, p. 101-140, 1979.

OPERA MUNDI. Voltei graças ao povo, diz Evo em 1º discurso após retornar à Bolívia. **Brasil de Fato**, [*S. l.*], 09 nov. 2020. Disponível em: https://www.brasil-defato.com.br/2020/11/09/voltei-gracas-ao-povo-diz-evo-em-1-discurso-apos--retornar-a-bolivia. Acesso em: 29 dez. 2020.

OPERA MUNDI. **Quais empresas controlam o que comemos?** Disponível em: https://operamundi.uol.com.br/politica-e-economia/46184/quais-empresas-con-trolam-o-que-comemos. Acesso em: 31 jul. 2019.

OPRIMA. **O Teatro do Oprimido.** Disponível em: https://oprima.wordpress.com/about/. Acesso em: 22 maio 2021.

OSÓRIO, Jaime. **O Estado no centro da mundialização**: a sociedade civil e o tema poder. São Paulo: Expressão Popular, 2014.

PAIVA, Beatriz; ROCHA Mirella; CARRARO, Dilceane. Política social na América Latina: ensaio de interpretação a partir da Teoria Marxista da Dependência. **SER Social**, Brasília, DF, v. 12, n. 26, p. 147-175, jan./jun. 2010.

PONTES, Reinaldo Nobre. **Mediação em Serviço Social**. 3. ed. São Paulo: Cortez, 2002.

PORTAL EXPRESSO. Negociações de preço do fumo para esta safra encerram sem acordo. Disponível em: https://www.portalexpresso.com.br/noticia/negociacoes-de--preco-do-fumo-para-esta-safra-encerram-sem-acordo. Acesso em: 13 dez. 2020.

PRATES, Jane Cruz. O método marxiano e o enfoque misto na pesquisa: uma relação necessária. **Textos & Contextos**, Porto Alegre, v. 11, n. 1, p. 116-128, jan./jul. 2012. Disponível em: https://revistaseletronicas.pucrs.br/ojs/index.php/fass/article/view/11647. Acesso em: 22 jul. 2021.

REDE BRASIL ATUAL. Pessoas com fome: 19 milhões. Insegurança alimentar dispara no Brasil. Disponível em: https://www.redebrasilatual.com.br/cidadania/2021/04/pessoas-com-fome-19-milhoes-inseguranca-alimentar-dispara--no-brasil/. Acesso em: 7 jul. 2021.

REDE BRASIL ATUAL. **Agricultura familiar é fundamental no apoio ao acesso a alimentos.** Disponível em: https://www.redebrasilatual.com.br/economia/2021/07/agricultura-familiar-apoio-acesso-alimentos/. Acesso em: 7 jul. 2021.

REDESANS. Estudo UNESP destaca valor da reforma agrária no desenvolvimento. Disponível em: http://redesans.com.br/estudo-unesp-destaca-valor-da-reforma--agraria-no-desenvolvimento/. Acesso em: 3 jul. 2021.

REVISTA GLOBO RURAL. Rede Globo é premiada por campanha que valoriza o agro. Disponível em: https://revistagloborural.globo.com/Noticias/noticia/2017/01/rede-globo-e-premiada-por-campanha-que-valoriza-o-agro.html. Acesso em: 18 maio 2021.

ROCHA, Gilberto Magalhães. **A ideologia da modenização**. João Pessoa: Universitária, 2000.

Rompendo o Silêncio. Documentário. Disponível em: https://www.youtube.com/watch?v=VNpAm_SMxxg. Acesso em: 22 jul. 2021.

SADER, Emir. **Século XX**: uma biografia não autorizada – o século do imperialismo. 2. ed. São Paulo: Editora Fundação Perseu Abramo, 2010.

SANTOS, Milton. **Economia Espacial**: críticas e alternativas. 2. ed. São Paulo: Edusp, 2003.

SANTOS, Milton. **A natureza do espaço**: técnica e tempo, razão e emoção. São Paulo: Edusp, 1996.

SHANIN, Teodor. A definição do camponês: conceituações e desconceituações – o velho e o novo em uma discussão marxista. **Estudos CEBRAP**, São Paulo: Editora Vozes, n. 26, p. 41-80, 1980.

SHANIN, Teodor. A definição de camponês: conceituações e desconceituações – o velho e o novo em uma discussão marxista. **Revista NERA**, Presidente Prudente, ano 8, n. 7, p. 1-21, jul./dez. 2005. Disponível em: https://revista.fct.unesp.br/index.php/nera/article/view/1456. Acesso em: 22 jul. 2021.

SMITH, John. David Harvey niega el imperialismo. **Boletin CLACSO**, n. 14, p. 12-16, 2017.

SIMIONATTO, Ivete. **Gramsci**: sua teoria, incidência no Brasil, influência no Serviço Social. Florianópolis: Ed. da UFSC; São Paulo: Cortez, 2004.

SILVA, Ludovico. **A Mais-Valia Ideológica**. Florianópolis: Insular, 2013.

SILVA, Marcelo (org.). **Plano Camponês, por soberania alimentar e poder popular**. São Paulo: Outras Expressões, 2019.

SOARES, Wagner Lopes; CUNHA, Lucas Neves da; PORTO, Marcelo Firpo de Souza. **Relatório produzido pela Abrasco através do GT Saúde e Ambiente, com o apoio do Instituto Ibirapitanga**. Disponível em: https://apublica.org/

wp-content/uploads/2020/02/relatorio-abrasco-desoneracao-fiscal-agrotoxi-cos-12022020.pdf. Acesso em: 27 dez. 2020.

SOTO, William Héctor Gómez. **A produção do conhecimento sobre o "mundo rural" no Brasil**. Santa Cruz do Sul: Edunisc, 2002.

SOUZA, Emanuel F. M.; SILVA, Marcio G.; SILVA, Sandro P. A cadeia produtiva da mandiocultura no Vale do Jequitinhonha (MG): uma análise dos aspectos socio-produtivos culturais e da geração de renda para a agricultura familiar. **Isegoria**, ano 1, v. 1, n. 2, p. 73-85, set. 2011/fev. 2012. Disponível em: http://cirandas.net/articles/0011/5020/A_cadeia_produtiva_da_mandiocultura__no_Vale_do_Jequi-tinhonha__MG___.pdf. Acesso em: 10 set. 2019.

STÉDILE, João Pedro. A luta de classes na batalha das ideias: movimento sociais x movimentos populares. **Sul 21**, Porto Alegre, [*s. n.*], 10 maio 2018. Disponível em: https://www.sul21.com.br/colunas/via-campesina/2018/05/a-luta-de-clas-ses-na-batalha-das-ideias-movimentos-sociais-x-movimentos-populares-por--joao-pedro-stedile/. Acesso em: 13 set. 2019.

TALASKA, Alcione. **Ainda existem Latifúndios?** Uma análise do Espaço Agrário Brasileiro. Santa Cruz do Sul: Edunisc, 2016.

TERRA. O perdão bilionário que Bolsonaro quer dar ao agronegócio. **Terra**, [*S. l.*], 7 fev. 2019. Disponível em: https://www.terra.com.br/noticias/brasil/o-per-dao-bilionario-que-bolsonaro-quer-dar-ao-agronegocio,6ce83e1f740c6c64c61d-f91cc6a4028fl86d5gea.html. Acesso em: 26 dez. 2020.

TERRA. **O perdão bilionário que Bolsonaro quer dar ao agronegócio**. Entre-vista com Mauro Silva, diretor de Assuntos Técnicos da Associação Nacional dos Auditores Fiscais da Receita (Unafisco). Disponível em: https://www.terra.com.br/noticias/brasil/o-perdao-bilionario-que-bolsonaro-quer-dar-ao-agronego-cio,6ce83e1f740c6c64c61df91cc6a4028fl86d5gea.html. Acesso em: 26 dez. 2020.

TERRA. **O Brasil é a maior reserva hidrológica do mundo**. Disponível em: https://www.terra.com.br/noticias/dino/o-brasil-e-a-maior-reserva-hidrologica--do-mundo,f2c23e2f005d1d37def1039b351802b8j5wkysad.html#:~:text=O%20Brasil%20%C3%A9%20a%20maior%20reserva%20hidrol%C3%B3gica%20do%20mundo.,sul%20e%203%25%20no%20nordeste. Acesso em: 27 dez. 2020.

TRASPADINI, Roberta Sperandio. **Questão agrária, imperialismo e dependên-cia na América Latina**: a trajetória do MST entre novas-velhas encruzilhadas. 2016. 338 f. Tese (Doutorado em Educação: Conhecimento, Inclusão Social e

Educação) – Faculdade de Educação, Universidade Federal de Minas Gerais, Belo Horizonte, 2016.

TRASPADINI, Roberta; AMARA, Marisa. A superexploração e seus dois sentidos. **Outras Palavras**, [*S. l.*], 9 dez. 2020. Disponível em: https://outraspalavras.net/descolonizacoes/a-superexploracao-e-seus-dois-sentidos. Acesso em: 20 jan. 2021.

TRIBUNAL DE JUSTIÇA DO DISTRITO FEDERAL E DOS TERRITÓRIOS (TJDFT). Disponível em: https://www.tjdft.jus.br/institucional/imprensa/campa-nhas-e-produtos/direito-facil/edicao-semanal/grilagem#:~:text=Lotear%20ou%20registrar%20terra%20p%C3%BAblica,pr%C3%A1tica%20tamb%C3%A9m%20conhecida%20como%20grilagem. Acesso em: 29 maio 2021.

VELHO, Otávio Guilherme. **Frente de expansão e estrutura agrária**: estudo do processo de penetração numa área da Transamazônia. Rio de Janeiro: Centro Edelstein de Pesquisas Sociais, 2009. Disponível em: https://static.scielo.org/scielobooks/zjf4z/pdf/velho-9788599662915.pdf. Acesso em: 22 jul. 2021.

WANDERLEY, Maria de Nazareth Baudel. O campesinato brasileiro: uma história de resistência. **Rev. Econ. Sociol. Rural**, Piracicaba, SP, v. 52, supl. 1, p. 1-20, 2014. Disponível em: https://www.scielo.br/j/resr/a/4Hn3FCvFdb9VBYwSwJfKSGJ/abstract/?lang=pt. Acesso em: 22 jul. 2021.

WERLANG, William. **Colônia Santo Ângelo**: (1857-1890). Santa Maria: Palo-tti, 1991.

WIKIPEDIA. BR-222 – A PA-70 ou BR-222 é uma rodovia federal que se estende, atualmente, do Ceará até a cidade de Marabá, interligando Ceará, Pará, Piauí e Maranhão. Sua extensão atual é de 1811,6 km e seu percurso integra as regiões mineradoras ao restante do território nacional. Disponível em: https://pt.wikipedia.org/wiki/BR-222. Acesso em: 16 jul. 2021.

ZIEGLER, Jean. **Destruição massiva**: Geopolítica da fome. São Paulo: Cortez, 2012.

APÊNDICE I

Informativo elaborado das lutas Alusivas ao 8 de março (página 1)

JORNADA DE LUTAS PELO DIA INTERNACIONAL DE LUTAS DAS MULHERES

MPA PARÁ

JORNADA DE LUTAS DO MPA PA

10, 11 e 12 de março foram dias de mobilização, formação, resistência, denúncias e reivindicações para os camponeses e camponesas do PA, militantes do Movimento dos Pequenos Agricultores.

O Movimento dos Pequenos Agricultores realizou nos dias 10, 11 e 12 de março, no município de Ananindêua, um ponto de apoio e resistência para tratar das demandas das famílias camponesas dos assentamentos e acampamentos do estado do Pará. O local cedido para esses dois dias foi o Centro dos Conselhos no PAAR – local simbólico onde ocorreu a maior ocupação da América Latina.

O primeiro dia foi de formação, organização das pautas, assembleia, levantamento das demandas dos assentamentos e acampamentos da região, bem como vem sendo trabalhado o planejamento para as próximas etapas.

A luta pela terra, foi a pauta central que perpassou todas as temáticas tratadas, inclusive a questão de gênero. Foi um importante momento para rememorar as origens da data do 8 de março, bem como a importância da Luta das Mulheres para a democracia desse país.

No segundo dia da jornada, o mote foi a regularização fundiária das terras. Camponeses e camponesas se deslocaram até o ITERPA – Instituto de Terras do Pará, a regularização das áreas de assentamentos e acampamentos, reivindicar providências que estão sendo solicitadas a anos e cuja resposta era omissão do Estado.

O terceiro e último dia, tem objetivo de denunciar a grilagem de terras na região. Para isso, uma comissão dos assentamentos protocolou junto ao Tribunal de Justiça do estado do Pará mais uma denúncia para a Comissão de Grilagens de Terra.

> "A GENTE VIVE NA LUTA HÁ UM TEMPO JÁ E ENTENDENDO QUE A LUTA NÃO PODE MORRER(...) A MINHA FELICIDADE É VER OS COMPANHEIROS NA TERRA, TRABALHANDO, QUE O SOL SEJA PRA TODOS NÓS, PORQUE O MUNDO É MUITO DESIGUAL. POR ISSO TEMOS ESSA LUTA SEVERA AÍ!"
> (COMPANHEIRO RAIMUNDO DOS SANTOS - "PIPOCA" - ASSENTAMENTO MONTE SIÃO)

11 de março de 2020 MPA PARÁ

APÊNDICE II

Informativo elaborado das lutas Alusivas ao 8 de março (página 2)

MPA PARA

AVANÇOS DA LUTA
Um passo a mais na direção do título da Terra

No ITERPA, os companheiros e companheiras foram atendidos pelo Presidente Adjunto Flavio Ricardo Albuquerque Azevedo e pelo Ouvidor Tiago de Lima Ferreira, que reforçaram o papel do Instituto de regularizar o melhor ocupante da terra, porem quem defini quem ficará com a terra é o juiz. Toda a sessão foi mediada pela Dra. Marta Barriga advogada que acompanha o MPA a mais de 5 anos.

O MPA realiza a denúncia de grilagem de terras nos territórios de assentamentos e acampamentos, com provas de deslocamento de titulos e sobreposições das terras e exige do ITERPA providências para avançar na regularização fundiária dessas familias camponesas que produzem alimentos e que sofrem constantemente com ações de reintegração de posse e despejo por parte de grileiros que historicamente desmatam e depois de retirar toda a madeira abandonam a área degradada.

As denúncias, já realizadas por parte do MPA a Comissão de Grilagem de Terras e a Corregedoria do Judiciário, serão ratificadas pelo ITERPA. Das demais demandas apresentadas, o Instituto tomou ciência em ata e já deu providências dos documentos necessários para que as familias camponesas de posse dos documentos oficiais possam ter o titulo de suas terras.

A jornada se encerra, mas a Luta pela Terra continua. Já

> "ESSA JORNADA FOI MUITO IMPORTANTE, PRINCIPALMENTE PARA AS MULHERES DO NOSSO ASSENTAMENTO. DAS OUTRAS VEZES, VINHAM MAIS OS HOMENS. HOJE NÃO! HOJE AS MULHERES ESTÃO SE INTERESSANDO MAIS NO MOVIMENTO, INTERAGINDO MAIS, CORRENDO ATRÁS DE SEUS DIREITOS (...) FOI MUITO IMPORTANTE, MUITO ESCLARECEDOR, TODAS NÓS SOMOS CAPAZES". (COMPANHEIRA ANA PAULA, ASSENTAMENTO NEWTON MIRANDA)

REGULARIZAÇÃO FUNDIÁRIA

No ITERPA, foi realizado trabalho conjuntos de verificação e revisão de cada processo que coloca em risco a moradia, o trabalho e a dignidade das famílias camponesas, dos seguintes assentamentos e acampamentos: Nova Esperança, Newton Miranda, e fazendas reunidas em Ulianópolis, no município de Tauá Monte Sião, comunidade 1º de Maio e Roceiros do Amanhã, no Moju acampamento Virgilio sacramento e acampamento 13 de Agosto em Santa Izabel.

com agendas para os meses de março, abril e maio, as famílias retornarão ao Instituto para a resolução definitiva das questões que as separam do direito de ter terra para trabalhar, viver e cumprir com a sua missão, que é de colocar comida na mesa do povo brasileiro.

APÊNDICE III

Informativo elaborado das lutas Alusivas ao 8 de março (página 3)

APÊNDICE IV

Informativo elaborado sobre a Campanha de Lutas pela Terra (página 1)

A LUTA CONTRA A FOME E A LUTA PELA TERRA ANDAM JUNTAS NO PARÁ

NA LUTA CONTRA A FOME, NÓS CONTINUAMOS PRODUZINDO O SEU ALIMENTO

Historicamente o Pará tem sido território de muitas lutas camponesas, algumas que se estendem por gerações e que são estruturais para que a desigualdade social se acirre.

A luta pela Reforma Agrária, pela regularização fundiária e contra a grilagem de terras no estado do Pará faz parte do cotidiano das lutas das famílias que querem a terra para trabalhar e produzir alimentos.

Cientes de seus direitos os camponeses e camponesas do MPA no Pará, se mobilizam para realizar as campanhas nacionais "fique em casa, nós continuaremos produzindo seu alimento", bem como "Mutirão contra a fome". Nós afirmamos que a terra, soberania alimentar e

"AQUI O PESSOAL MEXE COM TUDO, COM GADO, VACA LEITEIRA, GADO PARA CORTE, CRIA PORCO, CRIA GALINHA, TEM SÍTIO, TEM GENTE QUE TEM ACEROLA, CAJU, ABACAXI, MANDIOCA. ESSA ÁREA AQUI É BEM PRODUTIVA, A COMUNIDADE AQUI É BEM EVOLUÍDA, A ÁREA TODA."

dignidade são pautas emergentes e conjuntas para o enfrentamento das crises que são colocadas para sustentar ainda mais o acúmulo de riquezas nas mãos de poucos.

Este é um período de muita solidariedade e união de forças para continuarmos com a produção na roça e fazendo com que esses alimentos cheguem às famílias do campo e da cidade. É o que acontece, por exemplo, no município de Ulianópolis, sudeste paraense, onde as famílias camponesas organizadas na base do MPA, das áreas NOVA VIDA

A LUTA PELA REGULARIZAÇÃO FUNDIÁRIA

Raimundo Alves da silva e muitas outras famílias que produzem alimentos no estado do Pará, moram no complexo de fazendas chamada "fazenda reunidas" que totalizam cinco fazendas: fazenda Amazônia, Jerusalém, Palestina II, Vale do Gurupizinho e a Gleba Cauaxi. Todas em área pública estadual, com exceção da última que é uma área federal (Cauaxi). É território ocupado há quase 20 anos por centenas de famílias de pequenos agricultores no município de Ulianópolis e estão em constante luta pelo direito à regularização fundiária.

APÊNDICE V

Informativo elaborado sobre a Campanha de Lutas pela Terra que seguiu na semana seguinte ao 8 de março (página 2)

(fazendas reunidas), Newtom Miranda e Nova Esperança, fazem diante da crise, agravada pela pandemia do corona vírus, onde organizam ações para garantir que a produção de alimentos, solidariedade e o humanismo.

O companheiro Raimundo Alves da Silva, da Comunidade Km 14, segue na produção de pimenta, "o serviço não para não, a gente tem que estar direto podando, roçando, pulverizando, adubando. Em época de colheita chega a ter 12 pessoas trabalhando com a gente. São quase 6.000 pés de pimenta e esse ano, se Deus quiser, quero plantar mais o dobro. Vou fazer também um plantio de limão e Laranja."

A LUTA PELA TERRA
24 ANOS DA CHACINA DE ELDORADO DOS CARAJÁS

Muitos companheiros e companheiras tombaram lutando pelo direito a terra, suas vidas e lutas não foram em vão e neste período de abril, que é de luta internacional pela Reforma agrária, nos unimos às outras organizações da via campesina para denunciar os 24 anos do massacre de eldorado dos Carajás.

As famílias que ocupam os territórios camponeses, sofrem constantes ameaças por grileiros da região de forma direta ou através do Estado, via ordens de despejo. O MPA enfrenta as batalhas judiciais há pelo menos 20 anos, de forma organizada e coletiva, para garantir junto ao governo do estado o direito a regularização fundiária e reforma agraria. Os processos judiciais se arrastam na Vara Agrária de marabá, onde por diversas vezes já

provaram que a terra é pública e que o direito, conforme defende nossa Constituição Federal, é das famílias de agricultores que ali trabalham, vivem e produzem alimentos. A terra pública precisa estar nas mãos de muitos que a fazem ter função social e não nas mãos de um, que tem como objetivo explorar até esgotar a terra e seus recursos naturais e depois abandoná-la, a exemplo do que ocorre

APÊNDICE VI

Informativo elaborado sobre a Campanha de Lutas pela Terra que seguiu na semana seguinte ao 8 de março (página 3)

em muitas regiões da bacia amazônica.

O estado do Pará-Brasil é responsável por 39% da área desmatada da Amazônia, conforme dados do INPE (2019). O estado é recordista em áreas degradadas conforme mostram os dados de monitoramento da Amazônia. O desmatamento é seguido pelas queimadas, que no ano de 2019 bateu recordes de focos de incêndio, conforme dados do INPE. Só o município de Nova Progresso apresentou um aumento de 300% das queimadas, em comparação ao mesmo período do ano anterior. Em investigação policial descobriu-se a organização "do dia do fogo", que contou com a participação de fazendeiros, madeireiros, empresários e delegados da polícia.

É importante ressaltar que esta região do estado do Pará é marcada pela violência no campo, grilagem de terras, trabalho escravo e muitas outras violações de direitos humanos, portanto é fundamental que o governo do estado e o poder judiciário possa atuar na garantia e permanência destas famílias em seus lotes dando celeridade nos processos de regularização que se arrastam por anos.

O modelo econômico baseado no monocultivo e

latifúndio que impera na região é responsável pela desigualdade social, econômica e desrespeito a natureza, concentra terra, riquezas, gera grande índice de desemprego, miséria e fome. Neste sentido, a luta pela terra para morar, viver e produzir se torna a maneira que os trabalhadores e trabalhadoras encontram para sobreviver e resistir a este modelo cruel e desigual, o movimento dos pequenos agricultores tem atuado para garantia de direito à terra, ao trabalho e à justiça.

Podemos perceber a grande diversidade de produção nos territórios camponeses, mesmo ainda em processo de regularização fundiária e justamente por isso, a luta pela terra neste período de pandemia continua sendo primordial para que nossa população não passe fome!

MPA PA

APÊNDICE VII

Informativo elaborado para a Campanha #fique em casa

NÓS SEGUIREMOS PRODUZINDO SEUS ALIMENTOS

A quarentena tem sido de muito trabalho para o campesinato. Nosso trabalho é na roça, distante dos grandes centros, mas muito perto da natureza.

As famílias camponesas tem a missão de produzir alimentos saudáveis, agroecológicos, cuidando da vida da natureza e das gentes! Nessa tarefa, unimos projetos, forças e parcerias que tenham a missão de produzir de forma diversa e que preservam a natureza.

O município de Benevides, região metropolitana de Belém, integra a base do MPA e é exemplo das parcerias que unem ação, produção, sustentabilidade ambiental e solidariedade. De lá, vem o Projeto Polivalente de preservação dos igarapés em parceria com a Universidade Federal do Pará-UFPA e o Projeto Solidariedade em Ação, que concretiza as ideias coletivas de produção de alimentos e plantas medicinais nas formas de mutirão e do trabalho coletivo.

O companheiro Augusto, Militante do Movimento dos Pequenos Agricultores, do município de Benevides, fala da importância dos mutirões solidários que unem o Projeto Polivalente e o Projeto Solidariedade em Ação nos assentamentos para a superação das dificuldades e barreiras se que colocam para a agricultura camponesa.

A semana foi de muito trabalho coletivo nos lotes, de limpezas, feitura dos canteiros e valos e plantio de verduras, legumes. Os próximos dias serão também de plantio de cerca de 1000 pés de abacaxi, que vão auxiliar na geração de renda para o sustento das famílias nos lotes e na produção de comida que vai para a mesa das famílias brasileiras.

LUTAS QUE O MPA DEFENDE

- Luta por justiça social
- Luta pela reforma agrária
- Lutas pela Agroecologia
- Luta contra a desigualdade de Gênero
- Luta contra o racismo
- Luta contra a violência a mulher
- Luta pela preservação do meio ambiente
- Lutas por soberania alimentar, energética, hídrica, genética e mineral

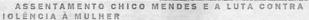

ASSENTAMENTO CHICO MENDES E A LUTA CONTRA A VIOLÊNCIA À MULHER

A quarentena é necessária e precisamos que todos e todas, que possam, fiquem em casa. Porém temos acompanhado um aumento expressivo das violências. O Pará, conforme o monitor da violência é o estado da região norte do país, que mais mata mulheres (feminicídio).

Na contramão do aumento de todas as formas de violências contra a mulher, ocorre a diminuição brusca das políticas públicas de proteção e prevenção e que se concretizam através da Lei Maria da Penha, de Medidas Protetivas e Casas de Passagem. Sem políticas públicas ocorre o abandono do Estado quando as mulheres mais precisam de proteção.

É justamente o caso da companheira D. (cujo nome resguardamos para preservar sua identidade e sua vida), que sofreu agressão, violência física, além da violência psicológica, patrimonial e moral. Dona D. realizou denúncia e nos informou que ficou completamente desamparada quando mais precisou. A Comunidade de Benevides, por indignação realizou uma passeata por repúdio à violência contra a mulher.

"A partir desse ocorrido, nós estamos apoiando 24 horas as mulheres no que quer que seja, pois elas são vítimas da sociedade, não temos uma outra fala para dizer, infelizmente continua a violência contra a mulher, em todas as partes desse país e aumentou muito com o governo atual. Nós temos que nos unir, lutar e defender uns aos outros" afirma o companheiro Augusto.

ACOMPANHE NOSSAS REDES:
www.mpabrasil.org.br
facebook.com/mpacampesinato
instagram.com/mpa.brasil
twitter.com/mpa_campesinato
youtube.com/mpagricultores

217

APÊNDICE VIII

Programa Moradia Camponesa: PNHR/RS. Antes e depois da casa nova (Paraíso do Sul, Agudo, Boqueirão do Leão e Progresso)

ANEXO I

Greve de fome em Brasília reuniu membros do Movimento dos Pequenos Agricultores (MPA) e do Movimento de Mulheres Camponesas (MMC)

Disponível em: https: https://www.brasildefato.com.br/2017/12/18/artigo-or-greve-de--fome-camponesa Acesso em: 11 maio 2021.